Harper
Collins

ANDREW RIDGELEY

WHAM!

GEORGE
& ICH

Aus dem Englischen von
Dietlind Falk und Christiane Sipeer

Harper
Collins

HarperCollins®

1. Auflage: Dezember 2019
Deutsche Erstausgabe
© 2019 für die deutsche Ausgabe by HarperCollins
in der HarperCollins Germany GmbH, Hamburg

© 2019 by Andrew Ridgeley

Die Originalausgabe erschien 2019 unter dem Titel »Wham! George & Me«
bei Michael Joseph, einem Imprint von Penguin Random House UK.

Umschlaggestaltung: Kathrin Steigerwald, Hamburg
Umschlagabbildung: Coverfoto George Michael und Andrew Ridgeley
by Brian Aris /
Regenbogen-Font: fotolia / Joachim Schiermeyer
Lektorat: Britta Fietzke / www.lektorat-sachverstand.de
Satz: GGP Media GmbH, Pößneck
Printed in Germany
Dieses Buch wurde auf FSC®-zertifiziertem Papier gedruckt.
ISBN 978-3-95967-388-4
www.harpercollins.de

Werden Sie Fan von HarperCollins Germany auf Facebook!

In Erinnerung an meinen besten Freund,
mit dem ich das Einzige gemacht habe,
was ich je wirklich machen wollte, und der der Einzige war,
mit dem ich es mir je hatte vorstellen können.

Intro

The Long Goodbye –
der lange Abschied

Samstag, 28. Juni 1986

Ich wartete auf George.

Ich wartete immer auf George. Diesmal stand ich backstage im Wembley-Stadion und wartete geduldig auf meinen Einsatz – *wartete, wartete, wartete.* Die Sonne war hinter den altehrwürdigen Zwillingstürmen der Arena versunken, und in den weit entfernten Kurven der aufsteigend angeordneten Tribünen konnte man zehntausende Menschen erahnen. Andere drängten sich als wogende, knallbunte Menge unten auf dem Fußballfeld. Junge Mädchen schwenkten Fahnen und selbstgebastelte Transparente, Kameras blitzten, und Kinder, Paare, Familien und Freunde schrien hysterisch. Zweiundsiebzigtausend Fans hatten sich zu The Final zusammengefunden, dem Abschiedskonzert von Wham!, der jugendlichen, hoffnungsvollen und schillernden Popband, aus der George und ich schon immer ein kräftiges, aber doch kurzes Feuer hatten machen wollen.

Auch vier Jahre nach der Veröffentlichung unseres ersten Albums im Jahr 1982 war Wham! in Radio- und Fernsehshows sowie Zeitschriften immer noch ein riesiges Thema. Poster von

George und mir aus Zeitschriften wie *Smash Hits* und *Just Seventeen* hielten als neonfarbene Tapete für Millionen von Teeniezimmern her, während sich Klatschblätter gierig auf jede noch so kleine Neuigkeit stürzten. Auf dem Gipfel unseres Erfolgs, nach zwei Studioalben und einer beachtlichen Sammlung von weltweiten Nummer-eins-Singles, hatten wir beschlossen, uns von eben den Menschen zu verabschieden, die von diesen Singles, Konzerten und Geschichten so angezogen wurden.

Und sie alle warteten, warteten, warteten auf den Beginn der finalen Show.

Den Ablauf kannte ich in- und auswendig. George war auf der Bühne und ging mit ausgebreiteten Armen auf die Menge zu, stolzierte über den Laufsteg, der in die ersten Reihen des Wembley-Stadions hineinragte. *Das war sein Augenblick.* Er war ganz in Schwarz gekleidet, in Jeans und Leder, sein zurückgekämmtes Haar hob sich von seinem Kiefer mit perfekt gestyltem Dreitagebart ab, und jede Geste, jedes Zeichen wurde zum Call-and-Response-Spiel mit dem Publikum. George kokettierte mit der Menge, und die war wie von Sinnen. Gefolgt von zwei Tänzern drehte und bewegte er sich zum Instrumentalteil von »Everything She Wants«, das als pulsierender Soundtrack seines äußerst theatralischen Einstiegs diente. George sang diesen sarkastischen Song zum Thema Ehe gern, obwohl wir selbst jung, ungebunden und frei von jeglichen Verpflichtungen gewesen waren, als wir ihn geschrieben hatten. Er winkte den Fans in den entlegensten Ecken der wilden Wembley-Party zu. Dann kehrte er dem Publikum den Rücken zu und deutete mit dem Finger verführerisch auf die andere Seite der Bühne, ohne dass das Mikrofon bis jetzt auch nur in die Nähe seiner Lippen gekommen war. Er hatte noch kein Wort gesprochen, geschweige denn einen Ton gesungen, und dennoch warteten alle gespannt, was er als Nächstes tun würde. Ein Gefühl, das ich nur allzu gut kannte.

Weil ich eben so viel Zeit damit verbracht hatte, auf George zu warten.

Ich hatte auf George gewartet, während er sich endlos lange für die Shows fertig machte, manchmal stundenlang sein Haar glättete und toupierte. Der beißende Gestank von versengten Strähnen und Haarspray ließ mich immer vor diesem Ritual zurückschrecken, das mir übertrieben qualvoll erschien. Mit wachsendem Ruhm wurde Georges Aussehen zu einer ernsteren Angelegenheit. Bevor wir 1984 das Video zu »Careless Whisper« drehten, beschwerte er sich sogar, dass er mit seinen Locken, die bei der hohen Luftfeuchtigkeit einem widerspenstigen Wischmopp ähnelten, aussähe »wie Shirley Bassey«. Also wurde Georges Schwester Mel, die Stylistin war, um die halbe Welt geflogen, von London nach Miami, wo der Dreh stattfand, um Georges Frisur so in Form zu bringen, wie er es wollte. Die Rechnung für den Flug und ihre Arbeit belief sich angeblich auf über zehntausend Pfund.

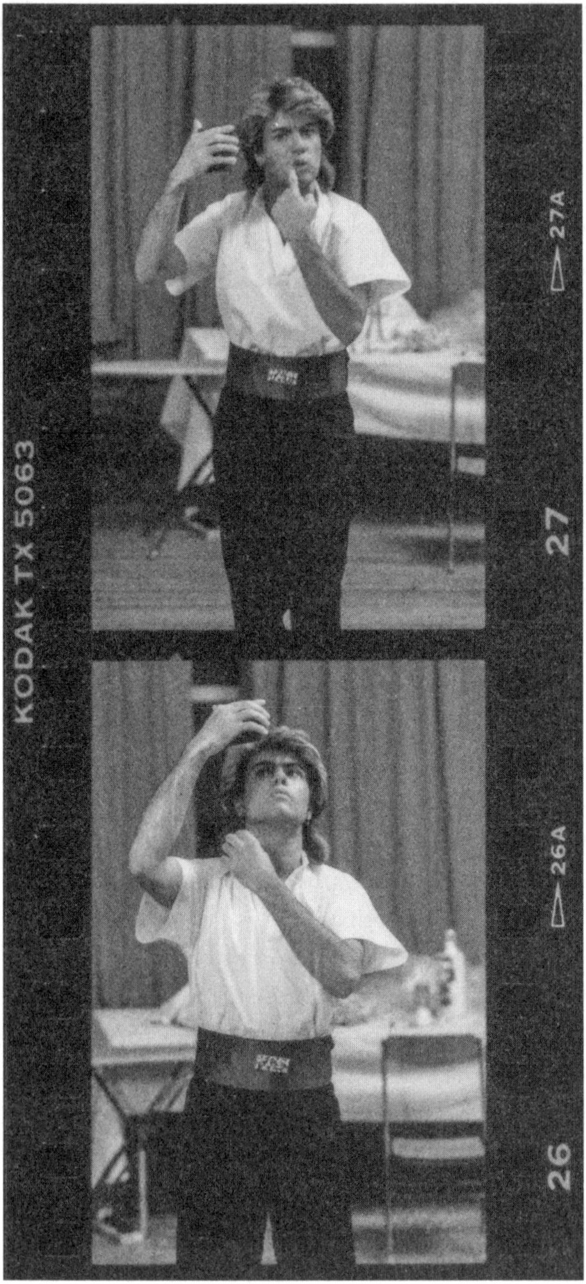
KODAK TX 5063
27
27A
26
26A

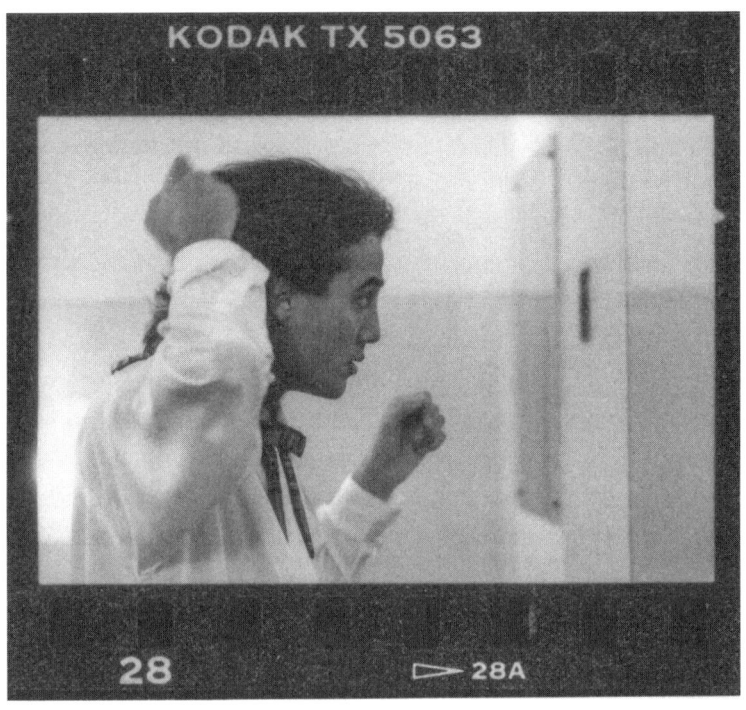

Genauso wartete ich auch auf George, wenn er wieder einmal einen Moment musikalischer Inspiration erlebte. Das geschah normalerweise entweder im Studio, wo er extrem detailversessen war, oder zu Hause, wo er dann unerwartet stundenlang verschwand, wenn ihm die Idee zu einer Melodie oder einer Gesangs-Hook gekommen war. Oftmals war es ein weiterer Geniestreich – besonders im Gedächtnis geblieben ist mir dabei ein Sonntagnachmittag im Februar 1984, als wir uns im Wohnzimmer seiner Eltern in Radlett, Hertfordshire, entspannten. Im Fernsehen lief *The Big Match*, aber George war mit den Gedanken Lichtjahre entfernt von Fußball.

Mit den Worten »Ich muss kurz weg« sprang er ruckartig vom Sofa auf und ging für über eine Stunde nach oben.

Als George zurückkam, grinste er stolz.

»Mensch, Andy«, sagte er. »Komm mal mit hoch, das musst du dir anhören …« Er war ganz aufgeregt und wusste, dass er gerade etwas Besonderes komponiert hatte. Er hatte das Grundgerüst und die Melodie eines Songs mit dem 4-Spur-Tonbandgerät aufgenommen, den er »Last Christmas« nannte. Später sollte er daraus die Herzschmerzballade machen, die zwar der größte Weihnachtshit wurde, es aber nicht an die Spitze der Charts schaffte. *Gott, wie ihn diese Statistik nervte.* Trotz seines anhaltenden Erfolges ärgerte ihn, dass es »Last Christmas« in jenem Jahr nicht gelang, die Charity-Single von Band Aid vom Thron zu stoßen – eine Vereinigung von Musikern wie Bob Geldof, U2, Duran Duran, Sting, Paul Weller und George höchstpersönlich, obwohl er dem Projekt eigentlich den Erfolg gönnte. Sein ganzes Leben lang maß man Georges Fähigkeiten als Songschreiber an der Anzahl der Hitsingles, und es störte ihn, dass seine Fans und Kollegen ihn nicht für den Besten hielten. Aber als wir an jenem Tag in seinem Zimmer saßen, genau dort, wo wir früher als Teenager die Top 40 analysiert und die ersten Schritte von Wham! geplant hatten, hörte ich mir das rudimentäre Demo mit dem Synthesizer an, mit diesem gesummten und sofort einprägsamen Refrain – und strahlte. George hatte die Essenz von Weihnachten eingefangen und den Text mit dem Schmerz einer scheiternden Liebe durchtränkt.

Ich hatte auch auf George gewartet, während er sich von dem witzigen, jedoch manchmal in sich gekehrten Teenager Georgios Panagiotou zuerst in Yog verwandelte – den Spitznamen hatte ich ihm gegeben, kurz nachdem wir uns in unserer Klasse an der Bushey Meads School kennengelernt hatten – und schließlich in George Michael, den Sänger und Songwriter und besten Freund seit meiner Schulzeit. Als wir uns auf die intensive und abenteuerliche Reise ins Rampenlicht begaben, wurde unsere Freundschaft noch enger. George entwickelte sich zu einer der wichtigsten Stimmen seiner Generation. Doch auch wenn er einige der größten Hits der Achtziger schrieb, so schien George doch immer noch daran zu arbeiten, sich selbst zu erfinden. Niemand außerhalb des unmittelbaren Umfeldes von Wham! wusste über seine Sexualität Bescheid, und zwischen seinem Privatleben als junger Schwuler und seiner Rolle als Teenie-Idol und Klatschobjekt tat sich eine große Kluft auf. Später sagte er, der enorme Widerspruch zwischen Privatleben und öffentlichem Bild haben ihn manchmal an den Rand des Wahnsinns getrieben. Während alldem war ich der Fels in der Brandung für ihn. Er war seit Jahren mein bester Freund, aber sein persönliches Schicksal ging über uns beide hinaus. Mit der letzten Wham!-Show in Wembley würde das Warten auf George ein Ende haben.

Nachdem sich alle meine Lebensträume erfüllt hatten, galt das auch für mich.

Ich trat nach unten und ging Richtung Laufsteg, unsere Background-Sängerinnen Helen »Pepsi« DeMacque und Shirlie Holliman an meiner Seite. Das ohrenbetäubende Geschrei schwoll an, das Dröhnen im Stadion wurde lauter, so viel lauter. Als ich auf die blinkenden Lichter und vorwärts drängenden Massen zuging, hörte ich aus den vorderen Reihen vereinzelt Stimmen, die durcheinander »Andrew« oder »Wir lieben euch, Wham!« riefen. Aber darüber hinaus hörte ich nichts als ein weißes Rauschen. Ich blieb am Bühnenrand stehen, während die Hysterie um mich herum widerhallte. Die Reaktion auf unser Erscheinen kam mir immer merkwürdig vor, egal, wo wir auf der Welt auftraten, und ich betrachtete den Fan-Rummel um unsere Musik weder als selbstverständlich, noch nahm ich ihn sonderlich ernst. Die kreischenden Mädchen, die Autogrammjäger und die Paparazzi – all das war hyperreal und seltsam. Daher sahen wir alles als einen Riesenspaß an. George und ich wussten beide, dass das Ganze ein Spiel war, also wollten wir immer unseren Teil beitragen und unserem Publikum die so heißersehnte Energie geben. Das war Wham!s Markenzeichen.

In den Wochen vor The Final war das Event jedoch als so etwas wie ein religiöses Ereignis beschrieben worden. Die Fans wurden als Gefolgschaft bezeichnet, und Wham! als Ikonen. In der Anfangszeit war unser Bühnenlook verspielt und quirlig gewesen, unsere Konzerte hatten wegen unserer zu kurzen Shorts und bauchfreien T-Shirts für Schlagzeilen gesorgt, während Videos wie »Club Tropicana« vor ironischen Anspielungen auf die Freuden jugendlichen Hedonismus strotzten. In Wembley wollten wir allerdings eine dramatische Atmosphäre schaffen und verzichteten auf unsere knallbunten Klamotten. George trug enge schwarze Jeans und Lederstiefel, einen Gürtel mit Glitzersteinen und eine Jacke mit Fransen und aufgestelltem Kragen. Mein Look war nicht minder auffällig: Mit Pepsis und Shirlies Hilfe streifte ich mir den schwarzen Trenchcoat ab, unter dem sich ein komplett schwarzes Outfit aus hoch geschnittener Fransenjacke im Matadorstil, schwarzer Schnürsenkel-Krawatte und funkelndem Gürtel befand. Ich musste mir das Lachen verkneifen, als ich langsam, Finger für Finger, die schwarzen Handschuhe auszog und fallen ließ. Shirlie reichte mir meine Gitarre, und ich hängte sie mir um. Showtime.

Wir hatten beide schon in Wembley gespielt, daher war uns die Umgebung nicht fremd. Ein Jahr zuvor hatte ich Backing Vocals beigesteuert, als George bei Live Aid aufgetreten war, einem Wohltätigkeitskonzert, das Millionen von Pfund gegen die Hungersnot in Äthiopien einspielte, genau wie die Weihnachtssingle von Band Aid 1984. Dieser Tag hatte sich fast angefühlt wie ein Festival. The Final war merkwürdigerweise ganz ähnlich außergewöhnlich, tausende Menschen reisten aus aller Welt dafür nach London. Das Konzert markierte das Ende.

Ein letztes Mal spielten wir die Hits »Club Tropicana«, »Bad Boys« und »Edge Of Heaven«, »Wham Rap!«, »Careless Whisper« und »Freedom«. Vor uns wogte das Wembley-Publikum, eine riesige Menschenmenge, die gemeinsam sang und tanzte. Bei der Vorbereitung des Auftritts hatten wir uns einige Überraschungen ausgedacht, eine davon war ein Gastauftritt von Elton John, der mit uns gemeinsam eine überarbeitete Version seines Hits »Candle in the Wind« spielte. Der Song von seinem Album *Goodbye Yellow Brick Road* hatte für uns beide eine sentimentale Bedeutung, weil diese Platte zusammen mit anderen unsere Freundschaft begründet hatte. George sang die Melodie wunderschön, beinahe mühelos. Er betrachtete sich zwar in erster Linie als Songwriter, aber seine großartigste und eloquenteste Ausdrucksmöglichkeit war schon immer seine

Stimme gewesen. Sie wurde bereits früh zu seinem Markenzeichen, und meiner Meinung nach konnte es damals in puncto Stimmgewalt einzig Freddie Mercury mit George aufnehmen.

George und Elton John traten bei dieser Gelegenheit nicht zum ersten Mal gemeinsam auf. Bei Live Aid hatte George zusammen mit Elton »Don't Let The Sun Go Down On Me« gesungen, und dessen Band hatte Georges bombastische Stimme begleitet. Die Verbindung zwischen George und Elton war jedoch bereits ein Jahr zuvor, 1984, bei den Aufnahmen zu *Make It Big* entstanden. In der Abgeschiedenheit unseres Studios Château Miraval in Correns in Südfrankreich erhielten George und ich einen Anruf unseres Managements in London, weil ihnen eine unerwartete Einladung ins Haus geflattert war.

»Ähm, George, Andrew, Elton John hat sich bei uns gemeldet. Er fragt, ob ihr vielleicht mit ihm mittagessen wollt?«

Wir waren beide sprachlos. *Krass, mittagessen mit Elton John?* Das kam uns irgendwie surreal vor, und wir konnten unser Glück kaum fassen. Ein paar Tage später machten wir uns also leicht nervös auf zu unserem Gastgeber, der beim gemeinsamen Essen und Trinken sehr charmant, großherzig und vor allem freundlich zu uns war. Wir hatten schon Gerüchte über Eltons opulente Gastfreundschaft gehört, und für uns beide – zwei einundzwanzigjährige Jungs aus Bushey – war das Ganze im ersten Moment ziemlich einschüchternd. Inmitten der eleganten Atmosphäre seiner sonnenbeschienenen Terrasse hielt Elton von seinem Ende des Tisches, der mit einem üppigen Festmahl beladen war, mit bissigem und schlagfertigem Humor Hof. Für unser leibliches Wohl war mehr als gesorgt, und während der Wein floss, wurde mir klar, dass unsere Nervosität vor dem Treffen viel unangenehmer gewesen war als das Treffen an sich. Wir erzählten einander Geschichten und Witze. Die Stimmung war so entspannt und natürlich, dass ich mich immer wieder daran erinnern musste, wer unser Gastgeber war.

Vor lauter Vergnügen wurde aus dem Mittagessen langsam Abend, und unsere Gruppe zog es in einen Nachtclub in der Nähe. Dort gesellte sich Eltons Songwriting-Partner Bernie Taupin zu uns. Zu dem Zeitpunkt waren wir alle schon einigermaßen angeheitert. Irgendwer erwähnte, dass die Schauspielerin Joan Collins ihre Yacht im Hafen von Saint-Tropez festgemacht hatte, und befeuert durch den Alkohol und die Erinnerung an ihren ziemlich gewagten Film *Die Stute*, in dem sie eine nymphomane Nachtclubbesitzerin spielt, stolperten wir nach draußen, und George brüllte übers Wasser: »Joan! Zeig uns dein Höschen!« Ein ungewohnt derber Ausbruch.

Es schloss sich ein Kreis, als Elton zwei Jahre später beim Abschiedskonzert von Wham! dabei war. Nach »Young Guns (Go For It)«, unserer ersten Erfolgssingle, und »Wake Me Up Before You Go-Go«, Georges unvergleichlichem Dancefloor-Aufruf, spielten wir eine anarchistische Zugabe in Form von »I'm Your Man«, für die Simon Le Bon von Duran Duran mit auf die Bühne kam. Als die Musik verstummte, hallten die Stimmen von über siebzigtausend Menschen um uns wider, und ein letztes Mal genossen wir gemeinsam den Irrsinn. Seit wir die Schule beendet hatten, hatten wir zusammen Unvorstellbares erlebt und uns seit jenem Tag aufeinander verlassen.

So gesehen war Wembley wundervoll und melancholisch zugleich. Einerseits war ich froh, dem Rampenlicht zu entkommen, dem mich das Leben in einer stadionfüllenden Popband aussetzte. Ich hatte genug von dem Zirkus, der Wham! ununterbrochen umgab. Der Hype und die Hysterie waren einfach zu viel. Mein Verhältnis zur Presse des Landes war feindselig und vergiftet. Es fiel mir nicht schwer, mich von dem Theater und Geschwätz über George und mich zu verabschieden, aber der Gedanke daran, nicht mehr mit ihm aufzutreten, stimmte mich traurig. Wir waren zusammen aufgewachsen und diese Nähe zwischen uns kam auch bei unseren Fans an. Wir waren

Backstage mit Elton John, Wembley-Stadion, 28. Juni 1986.

ein unzertrennliches Duo – *wie Brüder.* Aber selbst diese Freundschaft hatte ihre Höhen und Tiefen.

Mein bester Freund bestand im Grunde aus zwei unterschiedlichen Personen: vor Wham! und danach. Aus dem Schuljungen, den ich als Dreizehnjährigen kennengelernt hatte, der mein bester Freund werden sollte und den ich bei unseren ersten Schritten in Richtung Superstar-Thron an meiner Seite haben wollte, wurde George Michael, die Kunstfigur, die er erschaffen hatte, um seiner Karriere vom Sänger in einem erfolgreichen Popduo zum Solokünstler voller Ehrgeiz und kreativem Wagemut zu verhelfen. Bei unserem letzten Konzert war diese Verwandlung fast abgeschlossen. Mit *Faith* wurde George 1987 sogar noch berühmter. Aber er war durcheinander, was an seiner Sexualität und seinen Schwierigkeiten lag, sein wahres Ich hinter dem öffentlichen Image zu bestimmen. Erst später bekam auch die Öffentlichkeit etwas von diesen Spannungen mit.

Während und auch noch nach Wham! war die Verbindung zwischen George und mir echt und kam von Herzen. Die britische Öffentlichkeit schien sich in einer Ära, die rückblickend als ziemlich finster gilt, an unserer natürlichen Freundschaft zu erfreuen. Zuerst zu Wort gemeldet hatten wir uns mit »Wham Rap! (Enjoy What You Do?)«, dessen Text sich gegen die Verzweiflung aufgrund von Arbeitslosigkeit wandte:

Wham! Bam!
I am! A man
Job or no job,
You can't tell me that I'm not.

Danach bildete unsere Musik den Soundtrack für Großbritanniens neu erwachten Optimismus und Selbstbewusstsein. Songs wie »Club Tropicana«, »Wake Me Up Before You Go-Go«,

»Freedom« und »I'm Your Man« versprühten Hoffnung und Enthusiasmus. Alles sah aus wie müheloser Spaß, weil es *tatsächlich* müheloser Spaß war. Und aus diesem natürlichen Überschwang wurde ein riesiger kommerzieller Erfolg. Die ersten Demos, die George und ich im Wohnzimmer meiner Eltern aufgenommen hatten, brachten uns einen Plattenvertrag und letzten Endes über dreißig Millionen verkaufte Platten ein. Unser Debütalbum *Fantastic* erreichte 1983 Platz eins der Charts. Der Nachfolger *Make It Big* wiederholte diesen Erfolg ein Jahr später weltweit. Wir spielten in Großbritannien und Amerika in ausverkauften Stadien und rissen immer mehr Fans mit, bis man dem damit verbundenen globalen Rummel einen Namen gab: Whamania.

Unsere gemeinsame Zeit ging 1986 zum Teil auch deswegen zu Ende, weil Wham! als Konzept gar nicht über unsere Jugend hinaus hätte funktionieren können. Die Essenz pubertärer Gefühlswelten zu destillieren, war irgendwann nur noch eine unmögliche Zauberei – selbst für einen Songschreiber mit Georges Talent. Schon nach den allerersten Erfolgen und vor der Veröffentlichung von *Fantastic* hatten wir beschlossen, die kreativen Zügel von Wham! allein George zu überlassen, damit wir so erfolgreich wie möglich sein konnten. Ich hatte seine Begabung schon früh erkannt und selbst immer nur Musik machen wollen, also genügte es mir, im Studio zu stehen und Konzerte zu geben. Dennoch schmerzte diese (wenn auch richtige) Entscheidung ein bisschen. George entwickelte sich unverkennbar zu einem Songwriter von einzigartiger Qualität. So war es auch der Wunsch, dieses Potenzial zu verwirklichen, der ihn den Weg einer Solokarriere einschlagen ließ, um sich aus dem Korsett unserer Band zu befreien. Und nun, nach vier aufregenden Jahren, war unsere gemeinsame Zeit vorbei.

George brüllte mir etwas ins Ohr. Bei all dem Lärm und Chaos verstand ich kein Wort. Unsere Musiker und Background-Sängerinnen, mit denen wir zum Großteil schon lange zusammenarbeiteten, hatten die Bühne verlassen, um uns beiden allein die letzten Augenblicke als Wham! zu gewähren. Die Menge im Wembley-Stadion war ein pulsierendes Meer aus Geräuschen und Farben, wogte immer schneller und sang immer lauter, vor uns wimmelte es von Fahnen und Transparenten.

»*Was?* Wie bitte?«, schrie ich über den Krach hinweg, weil ich spürte, dass er etwas Wichtiges sagen wollte.

George lächelte, umarmte mich und legte mir ein letztes Mal den Kopf auf die Schulter, dann verbeugten wir uns endgültig.

»Ohne dich hätte ich das hier niemals geschafft, Andy«, sagte er.

TEIL 1

Young Guns
Furchtlose Jugend

1

Decisions, Decisions – früh entschlossen

November 1979

Wir waren beste Freunde, zwei Seiten ein und derselben Medaille. Georgios Panayiotou war ein strebsamer, schüchterner sechzehnjähriger Lockenkopf mit kleinem Bäuchlein und fragwürdiger Garderobe. Ich dagegen war aufgeschlossen und voller Selbstvertrauen. Zwar ein recht helles Köpfchen, aber auch nicht übermäßig schlau, eher ein Klugscheißer und Unruhestifter, der einen Mohairanzug aus dem Secondhand-Laden und einen Parka trug und sich um das Lernen für den Abschluss drückte, weil ich die Schule todlangweilig fand. Aber unsere gemeinsame Leidenschaft für Musik, *Monty-Python*-Sketche und pubertären Humor schweißte uns zusammen. Dann traf ich eine Entscheidung, die unser beider Leben für immer verändern sollte.

Yog, wir gründen eine Band …

Darüber dachte ich schon seit fast zwei Jahren ununterbrochen nach, und da wir in der Schule sowieso die ganze Zeit zusammenhingen, gab es nur eine Person, mit der ich Musik machen wollte: den Jungen, der einmal George Michael werden

27

sollte. Er hatte ein Händchen für Rhythmus und Melodien, viel Gefühl und war ein noch besserer Sänger. Zu Beginn unserer Freundschaft hatten wir dieselbe breite Palette von Bands und Künstlern angebetet, wie die Helden von Queen, aber auch neuere Sachen wie Joy Division aus Manchester. Im Jahr 1979 standen wir auf Ska, eine sehr moderne britische Version von Reggae, die karibischen Groove mit zackigem Gitarrenspiel verband. Bands wie The Specials, Madness, The Beat und Steel Pulse inspirierten uns, und das nicht nur musikalisch, sondern auch modisch. Nachdem der Film *Quadrophenia* ein Mod-Revival losgetreten hatte, trugen englische Kids auf einmal schicke Anzüge und Hush Puppies. Beim Friseur waren Buzzcuts angesagt. Zum Glück fehlte es meinem Leben im spießigen Hertfordshire ebenso wenig an Style wie dem der Clubkids in London oder Birmingham. *Ich wollte einfach Teil der Musikszene sein.*

»Aber Andy«, meinte Yog, als ich ihn nach der Schule anrief. »Ich will ja, aber ich kann nicht …«

Er murmelte irgendwas von Abiturstress und seinen unnachgiebigen Eltern, die ihn am liebsten von allen Ablenkungen fernhalten wollten – zum Beispiel von mir. Aber ich ließ mich davon nicht beirren. Mein Plan stand fest, und das würde ich mir nicht von Yogs Bedenken wegen seiner Eltern versauen lassen.

»Nein, wenn wir das jetzt nicht machen, ist es zu spät«, erwiderte ich. »Wir gründen noch heute eine Band.«

Yog wusste, dass ich stur sein konnte, vor allem, wenn ich mir etwas in den Kopf gesetzt hatte. Außerdem verstand er, dass ich ihn nicht fragte, sondern *ihm meine Entscheidung mitteilte.* Als er merkte, dass ich nicht lockerlassen würde, löste sich sein Widerstand langsam in Luft auf.

»Okay, Andy«, sagte er und holte tief Luft. »Tun wir's.«

Yog war dabei. Jetzt hatte ich etwas, worauf ich mich freuen konnte, ein Ziel, das ich erreichen wollte – *eine Aufgabe.*

Meiner Meinung nach gab es nichts, das wir nicht schaffen konnten, und niemanden, der uns im Weg stehen würde. Unsere Freundschaft war unzerstörbar, und ich sah unsere Charterfolge schon vor mir. Ich wusste zwar nicht, was so ein Erfolg eigentlich bedeuten würde, aber ich spürte es. *Ich wusste es.* Was dann jedoch tatsächlich passierte, überstieg meine Vorstellungskraft bei Weitem …

2

The New Boy –
der Neue

Vier Jahre zuvor

Zum ersten Mal sah ich Georgios Panayiotou vor der ersten Stunde des neuen Schuljahres. Rings um mich unterhielten sich die anderen Kids der Klasse 2A1 der Bushey Meads School aufgeregt. Jungs erzählten ausführlich von Knutschereien mit unbekannten Mädchen im Urlaub mit ihren Eltern, den die meisten in englischen Küstenorten verbracht hatten. (Mit der ganzen Familie ins Ausland zu reisen war zu der Zeit ein Luxus, den sich die wenigsten leisten konnten.) Die Mädchen kicherten und schwärmten beim Anblick von Postern von David Essex und Donny Osmond aus der *Jackie*. Die Begeisterung für Pan's People hatte einen neuen Höhepunkt erreicht. Die Tanztruppe aus *Top of the Pops* trat schon seit Jahren in der Show auf, aber inzwischen standen so ziemlich alle Jungs auf die Tänzerinnen im Elasthanoutfit, und jeder hatte eine Favoritin. Nach dem sechswöchigen Sommer der Freiheit war ich allerdings nicht so erfreut wie sonst über den lauten Trubel am ersten Schultag.

ASHFIELD JUNIOR SCHOOL, BUSHEY

Age Group _10-11 Years_   Class _4W_

Report for Autumn Term 1973   Name _ANDREW RIDGELEY_

	GRADE
MATHEMATICS	B-
ENGLISH : Expression : Written	B
Oral	B+
Reading	A-
GENERAL SUBJECTS : History, Geography, Science	B-
HANDWRITING	B+
ART AND CRAFT	B
MUSIC	B
RELIGIOUS EDUCATION	B-
PHYSICAL EDUCATION	B-
Conduct _Disruptive._	
Absences	4

NOTE: A,B,C,D,E in "Grade" column denotes that the standard
        of work is Very Good, Good, Average, Weak or Very Weak,
        in the appropriate AGE GROUP

Andrew has achieved some good results which might be
even better if he applied himself more than he does. In Maths
his work does not always match his capabilities. In English his
written work is always interesting; he writes imaginative stories and poems.
He has let himself down in General Subjects by not completing all
the work to be done. The work completed has, however, been of a good standard. His
Art work shows good imagination but again he doesn't always finish. He
tries hard in PE/Games and in music (although he no longer plays his
recorder). Andrew has a good speaking voice but unfortunately he uses it at the
wrong times as well as the right.

Teacher _R Swebas_   Headmaster _E. Halliwell_

The next term starts on Tuesday, 8th January 1974.

Ich langweilte mich.

Tatsächlich langweilte ich mich andauernd. Die Schule fand ich öde, und nachdem ich Lesen und Schreiben gelernt und die Grundschule ziemlich problemlos hinter mich gebracht hatte, war ich für meinen Teil mit dem britischen Bildungssystem mehr oder weniger durch. Zu dem Zeitpunkt verabschiedete sich jegliches Interesse an einer akademischen Laufbahn, und ich sah daher nicht ein, wofür der Unterricht gut sein sollte, was sowohl meine Lehrer und Lehrerinnen als auch meine Eltern nervte. Ein Zeugnis bezeichnete mich als »Störenfried«, und eine Reihe von Elternabenden – inklusive der unvermeidlich folgenden Standpauken – führten zu unschönen Erfahrungen. Spaß machte mir eigentlich nur die Schulfußballmannschaft. Aber entgegen Georges späteren Behauptungen hatte ich mir nie Hoffnungen gemacht, Profifußballer zu werden. Ich war Fan von Manchester United, und das deckte meine Ambitionen bereits ab.

Wegen meines Rufes wurde ich in die erste Reihe gesetzt, damit die Lehrer mich im Auge behalten und ich keinen Blödsinn machen konnte. Ich war zwölf Jahre alt und kam mit Autorität nicht gut zurecht. Mit meinem offenen obersten Hemdknopf und der gelockerten Krawatte meiner Schuluniform sah ich aus wie ein typischer übellauniger Problemteenager, weshalb der ein oder andere Lehrer wahrscheinlich kein positives Bild von mir hatte. Dabei war ich bestimmt kein Krimineller. Obwohl die Klasse 2A1 als beste des Jahrgangs galt – wenn man davon absah, dass niemand von uns am Ende der Grundschulzeit beim Eleven-Plus-Test gut genug abgeschnitten hatte, um auf eins der Gymnasien in Watford gehen zu können –, war wohl niemand von uns auf dem Weg, Nuklearphysiker oder Neurowissenschaftler zu werden.

Plötzlich änderte sich die Stimmung im Klassenzimmer. Die Gespräche über Pan's People, David Essex und peinliche

Ferienküsse ebbten ab, als unsere Klassenlehrerin Mrs. Parker mit einem nervös wirkenden Jungen im Schlepptau hereinkam. Er trug eine nagelneue Schuluniform und eine Brille mit übergroßem Metallrahmen. Seine Haare sahen aus wie eine Perücke aus rauen Kunstfasern. Und der Stress, vor einer ganzen Klasse neuer Mitschüler zu stehen, setzte ihm offensichtlich zu. Als Mrs. Parker den Neuen in der Klasse 2A1 begrüßte, wurde er rot. Die ungeschickte Vorstellung, bei der sie seinen Namen in etwa so behutsam aussprach wie ein Fuchs einen Müllsack aufbeißt, machte es auch nicht besser.

»Ihr Lieben, das ist euer neuer Mitschüler Jorios Panagiottuh«, sagte sie und sprach seinen Namen völlig falsch aus. Sie sah den entsetzten Jungen neben sich hilfesuchend an – *wie auch immer er hieß* –, aber dessen Gesicht hatte inzwischen die Farbe eines Erdbeerbonbons angenommen. Die Mädchen in der ersten Reihe kicherten, und hinten lachten die Jungs. Mrs. Parker ließ sich nicht beirren und setzte die Formalitäten fort, wobei sie es jedoch vermied, den ungewohnten südeuropäischen Namen noch einmal auszusprechen.

»Na gut, ich fände es schön, wenn sich jemand um den neuen Mitschüler kümmern könnte«, sagte sie. »Jemand Vernünftiges bitte, ein Mentor, der ihm in der ersten Woche alles zeigen kann. Das ist eine verantwortungsvolle Aufgabe, denn derjenige muss unserem Neuzugang das Gefühl geben, in Bushey Meads willkommen zu sein. Wer möchte?«

Peinliches Schweigen. Meine Klassenkameraden zögerten, und ich wusste nicht, warum. Ich hatte noch nie einen Neuen betreut, also war das eine Gelegenheit, die ich mir nicht entgehen lassen konnte, eine willkommene Abwechslung vom monotonen Unterricht. Ich riss die Hand in die Luft. Ich konnte nicht einschätzen, ob Mrs. Parker das gefiel oder nicht, weil sie zwar lächelte, mit ihrem Gesichtsausdruck aber gleichzeitig vermittelte, dass sie sich nicht für dumm verkaufen ließ. Ihre hochgezogene Augenbraue verstand ich ebenfalls als Warnung, keinen Mist zu bauen.

»Danke, Andrew, sehr nett von dir«, sagte sie schließlich und bedeutete *Wiehießergleich*, sich während der Anwesenheitskontrolle neben mich zu setzen. Dann ging Mrs. Parker die Namen im Klassenbuch durch, und alle starrten den Neuen an, der nervös zu mir rüberkam. Irgendwie tat er mir leid.

»Adams.«

»Hier, Miss.«

»Bartlett.«

»Hier, Miss.«

»Brown.«

»Hier, Miss.«

»Mein Name ist am Anfang schwer auszusprechen, das weiß ich«, sagte er und setzte sich neben mich. »Er ist griechisch«, fügte er erklärend hinzu.

Ich zuckte mit den Schultern und nickte verständnisvoll. Mit einem Namen wie Georgios, das wusste ich, hatte der Neue kein leichtes erstes Halbjahr vor sich. Aber als wir uns unterhielten, erfuhr ich ein paar Eckdaten über Bushey Meads' Neuzugang. Georgios' Vater hatte ein eigenes Restaurant. Die Familie hatte vorher in London-Kingsbury gelebt, von wo aus sie dann nach Radlett gezogen waren, was zwar nicht so nah an der Schule lag wie mein Zuhause, aber immer noch nahe genug war, um nach der Schule irgendwas gemeinsam anzustellen, falls wir uns gut verstanden. Außerdem hatte ich den Eindruck, dass Georgios' Familie ziemlich reich sein könnte, Radlett galt als eher schicke Gegend. Aber nach einem guten Start geriet unsere Unterhaltung ins Stocken: Anscheinend hatten wir nichts gemeinsam, er mochte keinen Fußball und Formel 1 schon gar nicht. Wir sahen uns an, und aus der Gesprächspause drohte ein unangenehmes Schweigen zu werden. Als ich hochschaute, musterte Mrs. Parker mich skeptisch.

Verdammt, das lief gar nicht gut.

Und dann, als ich gerade befürchtete, mir mit der Verantwortung ein Ei gelegt zu haben, gelang mir der Durchbruch.

»Und, was magst du so für Musik?«

Jetzt lächelte Georgios. *Na also!* Offensichtlich hatte ich eine Gemeinsamkeit entdeckt. Er mochte Queen genauso gern wie ich. Und während sich die Klasse 2A1 mit all den langweiligen Sachen befasste, die zu Beginn eines Schuljahres zu klären waren, unterhielten wir uns über Freddie Mercury, Brian Mays jaulende Gitarre und »Killer Queen«, den Song, der etwa ein Jahr zuvor erschienen war und mit dem die Band ihren Sound völlig neu erfunden hatte. Ebenso vielversprechend war Georgios' Vorliebe für die Beatles und David Bowie. Nachdem wir auch noch festgestellt hatten, dass wir beide Elton John mochten, befanden wir uns zweifellos im Einklang, und auf dem Weg von der Anmeldung zur ersten Stunde nannten wir uns abwechselnd unsere Lieblingssongs. »Benny And The Jets«, »Candle In The Wind« und den Titeltrack seines letzten Albums *Goodbye Yellow Brick Road* fanden wir beide toll. Am Anfang unserer ersten Französischstunde plauderten wir immer noch über Musik. Ich war abgelenkt, in einer anderen Welt, und so bekam ich gleich nach Unterrichtsbeginn einen Eintrag, weil ich nicht aufgepasst hatte.

»Ridgeley, wollen wir dieses Schuljahr vielleicht auf dem richtigen Fuß anfangen?«, fragte der mürrische Lehrer. Anscheinend hatte ich schon den nächsten Eintrag.

Als ich zu Georgios rübersah, lachte er und verdrehte solidarisch die Augen. Der Bursche ist in Ordnung, dachte ich mir. Vielleicht wird das Jahr ja doch nicht so schlimm …

Das neue Schuljahr war noch keine Stunde alt, und schon hatte ich einen neuen Kumpel.

Georgios erklärte mir, dass man seinen Namen am besten Jorgoh aussprach, was sich anhörte, als müsste man einen besonders unangenehmen Schleimklumpen hervorhusten. Es war fast unvermeidlich, dass ich daraus »Joghurt« machte, aber überraschenderweise rief der Spitzname keine große Reaktion hervor. Letzten Endes nannte ich ihn dann Yog, was viel einfacher war als sein richtiger Name. Mrs. Parkers Kollegen bekamen die griechische Aussprache leider auch nicht besser als sie hin, weshalb einer nach dem anderen einfach aufzugeben schien und einfach George zu ihm sagte, was sich wiederum bald alle außer seinen engsten Freunden angewöhnten. Wenn er sich jemandem vorstellte, benutzte Georgios selbst diesen Namen, wahrscheinlich, weil er dann weniger erklären musste.

Während der nächsten Tage erfuhr ich immer mehr über meinen neuen besten Freund. Vor allem, dass er ziemlich ehrgeizig sein konnte, wenn es darauf ankam, was so gar nicht zu meinem Ersteindruck eines schüchternen und unsicheren Teenagers passte. Yog lebte sich an der Bushey Meads schnell ein.

In seiner ersten großen Pause machte ich ihn mit dem beliebten Spiel »King of the Wall«, also Mauerkönig, vertraut. Es ging so, wie der Name vermuten ließ, und hatte ganz einfache Regeln. Ein Kind kletterte auf eine Mauer, und die anderen versuchten dann, sie oder ihn mit allen Mitteln wieder runterzuholen. Keine Einschränkungen, kein Schiedsrichter, kein Pardon.

An diesem Nachmittag nutzte ich meine leicht überdurchschnittlichen sportlichen Fähigkeiten, um den steinernen Thron zu erklimmen. *Ich war der Mauerkönig.* Ich zog meine Freunde auf und schob ein paar Konkurrenten beiseite, bis ich kalt erwischt wurde. Von Yog. Er hatte genug von der Angeberei gehabt und mir einfach einen Stoß in den Rücken verpasst. Ich fiel runter auf den Asphalt und musste peinlich berührt zugucken, wie er stolz auf der Mauer stand und über seinen Wagemut

Pelé ✓ Cruyff ✓ Robson ✓ Ridgeley ✗

*Erste Erfolge: mit meinem Cousin Martin, der stolz eine
Goldene Schallplatte für zahlreiche Singleverkäufe hochhält.*

lachte. Yog trug seine Stärke vielleicht nicht offen zur Schau, und auf dem Fußballplatz, damals das Pausenhofbarometer sportlicher Fähigkeiten, taugte er auch nicht viel, aber ich erkannte, dass er sich von niemandem einfach einschüchtern lassen würde.

Eine Woche später bestätigte sich meine Vermutung, dass Yogs Familie Geld hatte, als ich zu ihm nach Hause eingeladen wurde. Gemeinsam fuhren wir mit dem Schulbus nach Radlett. Ich war beeindruckt von dem freistehenden Haus mit vier Schlafzimmern, großem Garten und schicker Terrasse. So ganz anders als das Reihenhaus mit drei Schlafzimmern meiner Eltern. Im Gegensatz zu unseren bescheidenen, aber gepflegten Blumenbeeten gab es hinter Yogs Haus eine große Wiese, die ab der Terrasse sanft anstieg. Im Sommer aßen die Panagiotous hier im Freien zu Abend, dann gab es mediterrane Köstlichkeiten wie gefüllte Weinblätter, Hummus und Taramosalata. Verglichen mit dem traditionelleren Essen zu Hause, kam mir das alles ganz schön exotisch vor.

Nachdem wir seine Eltern begrüßt hatten, gingen wir hoch in Yogs Zimmer. Es war makellos aufgeräumt und eine wahre Fundgrube voller cooler Fanartikel und Musikinstrumente. Meins hingegen war ein chaotischer Haufen aus Klamotten und Zeitschriften, der allerhöchstens mal aufgeräumt wurde, wenn meine Eltern mir mit einer Fahrt zur örtlichen Müllkippe drohten. Yog hatte Poster von Stars wie David Bowie und Elton John an der Wand. Am überraschendsten war allerdings, dass er *Spider-Man*-Comics sammelte. Er hatte einen ganzen Stapel davon, darunter sogar eine Erstausgabe, was auch schon damals ein Schatz war. Yog erzählte mir, er hätte Elton John im Jahr zuvor live in der Vicarage Road gesehen, dem Stadion des Watford FC, dass er aber erst bei einem einzigen Fußballspiel gewesen sei – bei Arsenal. Als er mir jedoch seine Anlage zeigte, war ich mit den Gedanken schon wieder woanders: Vor dem

Bett stand ein echt starkes, perlmuttblaues Schlagzeug. Ich konnte es nicht fassen. Yogs Schlagzeug war zwar nicht in der gleichen Liga wie die von Phil Collins oder Roger Taylor von Queen, aber es haute mich um. Ich kannte niemanden, der ein Drumkit in seinem Zimmer hatte, und ehe er widersprechen konnte, saß ich schon dahinter und hämmerte einen ohrenbetäubenden Viervierteltakt auf die Snare, die Tomtoms, die Bassdrum und die Hi-Hat.

»Nein, Andrew … *Stopp!*«, brüllte Yog über den Lärm hinweg.

Ich hatte ihn verärgert, und sein entsetzter Gesichtsausdruck zeigte mir, dass ich zu weit gegangen war. Später erfuhr ich, dass Musikmachen im Hause Panagiotou nur zu bestimmten Tageszeiten gestattet war, und die hatte ich deutlich verfehlt. Etwas verblüfft entfernte ich mich vom Schlagzeug und widmete meine Begeisterung der Stereoanlage, die in der Ecke stand.

»Ich nehme jeden Sonntagnachmittag die Top 40 auf«, erklärte er. »Dann behalte ich die Songs, die mir gefallen.«

Meine Mum hatte nur einen tragbaren Kassettenspieler, aber Yog hatte ein doppeltes Tapedeck, mit dem er direkt aus dem Radio aufnehmen konnte. Ein ziemliches Upgrade. Wir waren beide eifrige Charts-Hörer, aber ebenso wie ich ging ihm der Stil der Moderatoren von Radio 1 und Capital Radio auf die Nerven. Die Übertreibungen und das kumpelhafte Gequatsche von Dave Lee Travis, Tony Blackburn und Co. fanden wir peinlich. Diese neue Gemeinsamkeit inspirierte uns dazu, selbst ein paar zusammengeflickte Jingles und Redebeiträge aufzunehmen. Eine Stunde lang spielten wir mit Yogs Kassettenrekorder rum und machten uns über die Radiomoderatoren lustig, die wir am lächerlichsten fanden. Auch wenn es uns damals nicht bewusst war, schufen wir uns unsere eigene kleine Blase und legten die Rahmenbedingungen unserer engen Freundschaft fest: Musik und Comedy. Wir improvisierten Sketche, schlugen einander Ideen vor und nahmen die Welt der Erwachsenen aufs Korn, die sich unserer Meinung nach viel zu ernst nahmen. Der Lärm, den wir dabei veranstalteten, beunruhigte und beruhigte Yogs Mum wahrscheinlich gleichzeitig. Den ganzen Abend lang durchstöberten wir seine großartige Plattensammlung. Yog hatte viele Alben von Künstlern, die ich mochte, auch von Queen. Bowie fand ich selbst ganz gut und hatte ein paar Singles, darunter »The Jean Genie«, aber Yog war ein echter Fan und hatte mehrere LPs in seiner Sammlung. Elton John war allerdings eine ganz eigene Kategorie. Yog und ich liebten ihn beide, weil er so ein großartiger Songwriter war. Er hatte derart verschiedene Stilrichtungen drauf – Singles wie »Crocodile Rock« und »Candle In The Wind« klangen völlig unterschiedlich. Ich war etwas zu jung, um seine ersten Alben zu kennen, aber seit *Goodbye Yellow Brick Road* war ich ein großer Fan und hatte mir bald auch *Madman Across The Water, Honky Château* und *Don't Shoot Me I'm Only The Piano Player* gekauft. Elton hatte die Gabe, die perfekte Musik zu den Texten von Bernie Taupin zu komponieren, besonders bei »Candle In The Wind«. Bernie fand die richtigen Worte, und Elton drückte auf melodischer Ebene die Gefühle dahinter aus. Das machten sie besser als alle anderen.

Wir liebten auch Eltons Bühnenpersönlichkeit. Es war faszinierend, wie er in seiner Rolle mit verrückter Sonnenbrille und riesigen Plateauschuhen Klavier spielte. Das hatte David Bowie mit ihm gemein. Beide Künstler wirkten überlebensgroß. Ihr sorgsam konstruiertes Image war extrem wichtig, und wir liebten die ausgefallene Art dieser Sänger. So auch Freddie Mercury – mit seinen Catsuits, der großartigen Frisur und den extravaganten Posen konnte man den Frontmann von Queen als charismatischen Künstler unmöglich ignorieren. Alle drei hatten zudem ihren Namen geändert, was Yog ebenfalls registrierte.

Yog stand auch auf härtere und ungewöhnlichere Musik. Als ihm ein Freund der Familie alle Alben von Led Zeppelin schenkte, waren wir sofort hin und weg und konnten nicht glauben, dass sie uns bis dahin entgangen waren. Bald liebten wir »Whole Lotta Love«, »Kashmir« und »When The Levee Breaks«. Es war aufregend, eine solch bahnbrechende Band erst im Nachhinein zu entdecken und sich in einem Rutsch durch ihr gesamtes Werk zu hören. Später erweckte George den Anschein, seine musikalische Erziehung habe ausschließlich aus David Bowie, Stevie Wonder und zahllosen Motown-Acts bestanden. Sicher hatte er all diese Platten irgendwo in seiner Sammlung gehabt, aber die war deutlich abwechslungsreicher gewesen, als man meinen konnte. Als wir uns an jenem Abend seine Lieblingsalben anhörten und die Songtexte samt Liner Notes studierten, war ich erstaunt, dass es noch jemanden gab, der so besessen von Musik war wie ich.

Bald darauf musste ich nach Hause, und als ich ging, war Yogs Mum Lesley mir gegenüber zwar freundlich, aber doch merklich argwöhnisch. Obwohl ich mir alle Mühe gab, war sie mir nicht so zugetan wie die Eltern meiner anderen Freunde, und ihrer Reaktion nach zu urteilen, als ich aus dem Auto meiner Mutter zum Abschied winkte, hatte sie Vorbehalte gegenüber dem selbstbewussten neuen Freund ihres Sohnes. Ich konnte mich nicht erinnern, irgendetwas gesagt oder getan zu haben, das sie verärgert haben könnte, ich war den ganzen Abend einfach ich selbst gewesen. (Was vermutlich schon gereicht haben könnte.) Aber das war mir egal, und meiner Meinung nach hatte mein erster Besuch bei Yog uns großen Spaß gemacht.

Alles lief wie am Schnürchen.

3

Parallel Lines – Parallelleben

Lesleys Sorgen bezüglich Yog waren zwar verständlich, aber es bestand bei der zielstrebigen Einstellung der Panagiotous kaum die Chance, dass ihr Sohn auf die schiefe Bahn geraten könnte. Sein Dad Jack war ein gutes Vorbild: Er war ein Arbeitstier und hatte es aus eigener Kraft geschafft. Eigentlich hieß er Kyriacos Panagiotou und war in den 1950ern nach Großbritannien gegangen, als die Spannungen zwischen der griechischen und der türkischen Bevölkerung Nordzyperns gewaltsam eskaliert waren. Nach seiner Flucht nach London benutzte Kyriacos die englische Version seines christlichen Namens und verkürzte seinen Nachnamen zu Panos. Darüber hinaus legte er eine Arbeitsmoral an den Tag, die sein Leben prägen sollte. Er arbeitete rund um die Uhr, um über die Runden zu kommen.

Später heiratete Jack Lesley, die er in London kennengelernt hatte, und eröffnete sein eigenes Restaurant in Edgware. Als ich Yog kennenlernte, arbeitete Jack immer noch unglaublich hart. Er war zwar selten zu Hause, aber wenn er Zeit mit seiner Familie verbringen konnte, war seine Gegenwart deutlich zu spüren. Er war kein Mann großer Worte, immer wenn Jack mit mir

sprach, war er schroff und direkt, manchmal fast schon furchteinflößend. Außerdem fand er, ich hätte einen schlechten Einfluss auf seinen Sohn. Wenn Yogs Dad zu Hause war, gab ich
mir meistens Mühe, mich zurückzuhalten. Lesley mochte ich
später sehr, obwohl sie der Freundschaft zwischen ihrem Sohn
und mir anfangs skeptisch gegenüberstand. Sie war eine sehr
liebenswerte Frau.

Yog und ich hatten mindestens eine Sache gemeinsam: Wir
hatten beide Väter mit Migrationshintergrund. Mein Vater
wurde 1933 als Albert Mario Zacharia in Alexandria, Ägypten,
als Sohn einer Italienerin und eines Ägypters jemenitischer Ab-
stammung geboren. Damals stand Ägypten unter britischer
Herrschaft, und Alexandria war ein Schmelztiegel der Kulturen. Mein Vater wuchs mehrsprachig auf, konnte Englisch, weil
er das zu Hause mit seinem Bruder sprach, und konnte daher
problemlos die britische Jungenschule in Alexandria besuchen.
Nach seinem Abschluss wurde er an derselben Schule Lehr-
amtsreferendar. Aber die Lage spitzte sich zu. Als 1956 die
Suez-Krise ausbrach, wurde die Familie meines Vaters im Zuge
des aufkommenden Nationalismus aus Ägypten vertrieben und
zog nach Essex. Genau wie Jack musste Dads Familie wegen
eines Konfliktes die Heimat verlassen. Aber Mitte der Fünfziger galt noch die Wehrpflicht, und als die Royal Air Force erfuhr, dass Dad mehrere Sprachen beherrschte, schickte man ihn
nach Schottland an die Universität Saint Andrews, um in Vorbereitung auf einen Air-Force-Einsatz im Kalten Krieg in Berlin Russisch und Deutsch zu studieren.

Nachdem seine Familie in Ägypten so unangenehm diskri-
miniert worden war, gab sich mein Vater besondere Mühe bei
der Integration in seine neue Heimat. Bevor die Royal Air
Force ihn nach Saint Andrews schickte, sah er vom Bus aus ein
Straßenschild, auf dem »Ridgeley Gardens« stand. Ein sehr
englischer Name, dachte er. Zacharia könnte mir vielleicht

Was für ein Wonneproppen!

Hochzeit in letzter Minute in den Home Counties.
Albert Ridgeley und seine Braut Jennifer, Sommer 1962.

Mein Großvater John Frederick Dunlop mit dem kleinen Andrew Ridgeley. Ein wunderbarer, liebevoller Mann, der mich immer zum Lachen brachte!

Im Urlaub in Devon um 1972. Damals schien im Sommer noch die Sonne!

Probleme bereiten, also ... nahm er diesen Namen an. Albert Ridgeley, der fließend Arabisch, Deutsch, Russisch, Französisch und Italienisch sprach, besuchte nach Saint Andrews die Joint Services School for Linguistics und wurde dann als Dolmetscher beim Geheimdienst der Air Force nach Berlin versetzt. Trotz seiner multikulturellen Wurzeln fühlte sich Dad sofort als Brite – genau wie ich. Als ich jung war, fiel mir zwar auf, dass mein Teint etwas dunkler war als der meiner Freunde, aber wir waren Teil derselben Kultur: genauso englisch wie die Tennismeisterschaften in Wimbledon oder Bacon and Eggs. Yogs Familie hingegen schien mehr an ihrer zypriotischen Herkunft festzuhalten. Während mein Dad durch und durch wie ein Engländer klang, war Jacks Akzent immer noch deutlich herauszuhören.

Meine Eltern lernten sich kennen, als mein Vater die Royal Air Force schließlich 1960 verließ und in einem Kamerageschäft anfing, was ihm als begeistertem Amateurfotografen Spaß machte. Meine Mutter Jennifer Dunlop war erst achtzehn und ging noch zur Schule, als sie sich begegneten. Trotz ihres Alters war sie sowohl willensstark als auch unabhängig, und die beiden verliebten sich ineinander. Als sie schwanger wurde, heiratete Dad sie aus Pflicht- und Ehrgefühl. Ich, der Grund für diese hastig arrangierte Hochzeit, kam im Januar 1963 zur Welt, und Paul Ridgeley folgte im Februar 1964. Erst an ihrem fünfundzwanzigsten Hochzeitstag wurde mir bewusst, dass Mum bereits im dritten Monat schwanger gewesen war, als sie und Dad 1962 vor den Altar traten – und somit einen kleinen Skandal abgewendet hatten.

Das Leben der Familie Ridgeley spielte sich zunächst in einem kleinen Haus in einer Sozialbausiedlung im ländlichen Egham ab. Durch das bescheidene Heim schallten die Stimmen von Mum, Dad, zwei kleinen Jungs und meinem Großvater väterlicherseits, der manchmal aus einer ganz anderen Welt zu kommen schien. Mein Bruder und ich hatten keine Ahnung, was er erlebt hatte und welche Traumata er im Zweiten Weltkrieg erlitten hatte, also nannten wir ihn Drac, weil er nie lächelte und so ähnlich aussah wie Graf Dracula. Großvater trank dosenweise Coca-Cola und qualmte wie ein Schlot. Als wir 1968 in ein Reihenhaus aus den 1930ern in der Ashfield Avenue 40 in Bushey umzogen, blieb Großvater in Egham, wo ihm die Zigaretten ein paar Jahre später den Rest gaben.

Als Paul und ich beide zur Vorschule gingen, nutzte Mum die Gelegenheit, eine Karriere zu starten, und schrieb sich am Wall Hall Teacher Training College ein. Zu dem alten Gebäude im neogotischen Stil gehörte ein Freibad, wo Mum uns manchmal mit hinnahm, wenn es warm war. Ich planschte gern im Wasser herum. Aber als ich älter wurde und auf dem heruntergekommenen Freizeitgelände King George V in Bushey herumhängen durfte, spielte sich mein soziales Leben hauptsächlich dort ab, was überwiegend dem Fußballfeld, den Tennisplätzen und dem Café zu verdanken war. Aber die größte Anziehungskraft hatte auch dort der Pool. Nach der Schule beeilte ich mich immer, nach Hause zu kommen, meine Badehose einzupacken und zum »Rec«, kurz für Recreation Ground, zu gehen. Mir kam es vor wie eine Wasserwunderwelt. Stundenlang perfektionierte ich meine Arschbombentechnik, um möglichst viel Wasser aus dem Becken spritzen zu lassen, und gab den Sprüngen Namen wie der Prediger, der Dosenöffner oder der Nussknacker. Mit jedem davon versuchte ich, die Mädchen nass zu machen, die sich in der Nähe sonnten. Dank Wall Hall und dem Rec kamen mir die Siebziger vor wie ein einziger endloser Sommer.

Als Grundschüler war Paul und mir klar, dass wir uns *gefälligst* benehmen sollten. Mum griff schon mal zum hölzernen Kochlöffel und jagte uns Hintern versohlend durch den Garten, wenn wir ihre Geduld überstrapaziert hatten. Ich kann mich zwar nicht erinnern, ein besonders ungezogenes Kind gewesen zu sein, aber ich war auf jeden Fall manchmal widerspenstig und äußerst neugierig. So kam es auch, dass ich eines Morgens nach einer Party meiner Eltern ganz früh aufstand, um herauszufinden, was genau die Erwachsenen am Abend zuvor getrieben hatten. Ich war erst sieben Jahre alt, und weil meine Eltern an diesem Sonntag ausnahmsweise mal ausschliefen, überredete ich meinen kleinen Bruder, mitzumachen. Also schlichen wir nach unten, um Nachforschungen anzustellen.

Zuerst stießen wir auf eine offene Dose Watneys Party Seven, ein Bier, das in den Siebzigern auf keiner Party fehlen durfte. Wir tranken beide einen Schluck und spuckten das Zeug sofort wieder aus, so eklig war es. Ohne uns beirren zu lassen, öffneten wir danach Mums handgeschnitztes Holzkästchen, das mit Zigaretten gefüllt war und nur zu besonderen Anlässen zum Einsatz kam. Mit je einer Zigarette und einer Schachtel Streichhölzer bewaffnet, stahlen wir uns in den Garten und zündeten uns eine an, pafften wie die Großen, husteten und prusteten. Dann brachen wir das Abenteuer gleich wieder ab und versteckten die Beweismittel im Müll.

Aber wir waren gesehen worden.

Mr. Smith, unser notorisch neugieriger Nachbar, hatte alles beobachtet und musste es natürlich Mum auftischen. Die hatte die ultimative Bestrafung in petto: *Wartet nur, bis euer Vater nach Hause kommt.* Die nächsten paar Stunden fürchteten wir uns vor den unvermeidlichen Konsequenzen. Als es soweit war, wurden wir nach unten beordert und durften uns die Mutter aller Standpauken abholen. Dann prügelte Dad uns ohne Abendessen ins Bett. Ich bin mir nicht sicher, ob das eine angemessene Bestrafung für unser Vergehen war, aber es hat zweifellos funktioniert: Ich habe seitdem nie wieder einen Schluck Watneys getrunken.

Als ich klein war, hatte mein Vater großen Einfluss auf mich. Aufgrund seiner militärischen Ausbildung war Dad fasziniert

Wie der Vater, so die Söhne: eine de Havilland DH.106 Comet,
eine Hawker Hurricane und zwei kleine Jungs.

Albert Ridgeley, erster Militärtrommler. Irgendwo in Deutschland, Ende
der 1950er. Mein Vater übte früh musikalischen Einfluss auf mich aus.

vom Zweiten Weltkrieg und sammelte Zeitschriften über dessen Geschichte. Immer wenn die Hefte in der Post waren, las ich sie von vorn bis hinten durch. Ich kann die Kampfflugzeuge dieser Zeit immer noch allein anhand ihrer Umrisse erkennen. Später ging mein Interesse sogar so weit, dass ich Airfix-Modellbausätze bastelte, und als Zwölfjähriger gab ich mein ganzes Geld, das ich beim Zeitungsaustragen verdiente, oftmals für Modellflugzeuge, Panzer und Schiffe sowie den überaus wichtigen Klebstoff und die Farben aus.

Ich konnte froh sein, überhaupt Geld zu haben, weil ich bestimmt der schlechteste Zeitungsausträger der Welt war: faul, nutzlos und ständig am Trödeln. Ich ließ mich so leicht ablenken, dass die Zeitungen am Wochenende meistens erst mittags im Briefkasten lagen. Die Kunden beschwerten sich. Manche gingen los, um mich zu suchen. Sie hatten auch jedes Recht, verärgert zu sein, vor allem die Frau, die mich eines Sonntagmorgens dabei erwischte, wie ich den Piccolo trank, den sie in der Garage gelassen hatte. Ich wurde auf frischer Tat ertappt und mit Schimpf und Schande fortgeschickt. Wenig verwunderlich folgte kurz darauf die Kündigung.

Aber auf einem anderen Gebiet war Dads Einfluss viel entscheidender: *Musik*.

Dad war erster Trommler einer Kapelle der Royal Air Force gewesen, und ihm und Mum war es sehr wichtig, dass wir Jungs auch ein Instrument lernten: Also bekam ich Keyboardunterricht, seit ich sieben war. Zu Hause hatten wir ein Klavier, auf dem ich üben konnte. Schnell wurde mir klar, dass ich nicht nur die Stücke aus den Lehrbüchern spielen wollte, die meine Lehrerin mir gegeben hatte, ich komponierte auch selbst gern Musik. Tatsächlich gefiel es mir sogar noch besser, mir eigene Melodien auszudenken – und das Klavier war mein Werkzeug dafür. Wahrscheinlich überrascht es kaum, dass ich irgendwann nicht mehr zum Unterricht ging. Das Instrument entdeckte ich erst als Teenager wieder, als ich dank meiner neu erweckten Musikleidenschaft wieder Songs schreiben wollte. Aber der frühe Musikunterricht hat sich anscheinend gelohnt.

Dads ganzer Stolz war die Stereoanlage in unserem Esszimmer, und seine Platten hörte er am liebsten mit seinen teuren Kopfhörern von Sennheiser. In den seltenen Momenten, wenn gerade nicht zwei Jungs durchs Haus tobten, setzte er die Kopfhörer auf, schloss die Augen und gab sich der Musik hin. Am Sonntagabend versammelte sich jedoch die ganze Familie vor den Lautsprechern, um die Top 40 zu verfolgen. Dabei war aber keinesfalls an Lachen, Tanzen oder sonstigen Unfug zu denken. Wir saßen mit unserem Abendessen in einer Reihe auf dem Kunstledersofa und hörten uns bei diesem wöchentlichen Ritual Acts wie The Sweet, Slade und Alvin Stardust an, was meine Liebe zu Pop und Rock 'n' Roll weckte. Gleichzeitig entdeckte ich da die Vorstellung von Musik als lebensbejahender Kraft.

Unsere Plattensammlung mag zwar bescheiden gewesen sein, aber beeinflusst hat sie mich allemal. Immer wieder schaute ich die LPs meiner Eltern durch, hörte mir Alben von den Beatles, den Everly Brothers und eine Rolling-Stones-Compilation namens *Big Hits (High Tide and Green Grass)* an, auf der alle frühen Hits wie »Paint It Black«, »It's All Over Now«, »(I Can't Get No) Satisfaction« und »Get Off of My Cloud« vertreten waren. Die Stones klangen ungeschliffen, eindringlich; alles an ihnen war aufregend, aber meine Zuneigung mussten sie sich mit *Help!* von den Beatles und einer Sammlung namens *Twenty-Five Rock 'n' Roll Greats* teilen, auf der Songs wie »Tutti Frutti« von Little Richard, »Rock Around The Clock« von Bill Haley & His Comets und »Hound Dog« von Elvis waren. Ich drehte die Lautstärke auf und vollführte Twists und Jives im Wohnzimmer – aber nur, wenn ich sicher war, alleine zu sein. Immer wenn ich die Haustür zuschlagen hörte, hechtete ich zum Plattenspieler, setzte mich dann schnell wieder hin und versuchte, mir nicht anmerken zu lassen, dass ich außer Atem war. Es wäre unfassbar peinlich gewesen, mitten beim Twist erwischt zu werden.

Ich weiß gar nicht mehr, welche Single oder welches Album meine eigene Sammlung begründete, aber bald wurde es mein Lieblingshobby, Plattenregale nach Exemplaren zu durchstöbern, für die ich mein Taschengeld ausgeben konnte. Elton Johns *Goodbye Yellow Brick Road* war eine meiner ersten einprägsamen Entdeckungen. Das Album hatte ich mir gekauft, nachdem unser Busfahrer es bei einem Schulausflug ins Wye Valley auf seinem topmodernen Achtspur-Tape-Player hatte rauf- und runterlaufen lassen, und das Cover machte es noch besonderer. Man konnte es aufklappen, und innen waren alle Songtexte zusammen mit einer Illustration abgedruckt. Die Bilder waren klasse: Marilyn Monroe zu »Candle In The Wind«, eine Pistole zu »Roy Rogers« und ein Drache zu »Grey Seal«. Eltons *Captain Fantastic and the Brown Dirt Cowboy* war noch üppiger ausgestattet und beinhaltete drei oder vier Booklets, eins davon mit Texten und ein zweites mit Cartoons. Später erfuhr ich, dass eine andere Version sogar ein Pop-up-Cover hatte.

Yog und ich gingen oft zusammen Platten kaufen, und ich erinnere mich noch gut daran, wie wir die Hülle des 1977er-Albums *Out of the Blue* von Electric Light Orchestra bestaunten, auf dem auch ihr Hit »Mr. Blue Sky« war, während wir am Bahnhof Golders Green auf die Bahn warteten.

In jungen Jahren waren wir beide ziemlich besessen von Plattenhüllendesigns, und ich verbrachte Ewigkeiten damit, Cover wie das von *Tales from Topographic Oceans* der Prog-Rock-Band Yes zu studieren. Ich kaufte Alben zwar nie ausschließlich aufgrund ihres Designs, aber die surreale Gestaltung konnte man auch unabhängig von der Musik wertschätzen.

Zum Glück verbanden viele meiner Lieblings-Acts visuelle Leckerbissen mit tollen Songs, so wurde ich auch Fan von Genesis – entweder durch *The Old Grey Whistle Test* bei BBC Two oder meinen Freund Roy, der einen ziemlich esoterischen Musikgeschmack hatte: Gong, Genesis und Captain Beefheart zählten zu seinen Favoriten. Als Genesis 1976 ihr Album *Wind & Wuthering* herausbrachten, war ich begeistert, weil es vorn auf der Papphülle ein geprägtes Logo hatte, eine ungewöhnliche Haptik für ein Plattencover. Und die Musik war auch nicht zu verachten.

Kurz darauf begann ich dann auch, meine Lieblingsbands live zu sehen, und mein erstes Konzert war gleich unvergesslich. Als Queen 1977 in Earls Court spielten, ging ich mit Roy, der Tickets hatte, hin, und Freddie Mercury haute mich um, obwohl wir nicht weiter von der Bühne hätten entfernt sein können. Ich hatte das Riesenglück, sie zwei Jahre später noch einmal im Alexandra Palace zu sehen, diesmal zusammen mit Yog. Freddie Mercury schlug mich in seinen Bann. Bei seiner Performance trug er einen Harlekin-Catsuit. Die Band spielte alle großen Hits – »Crazy Little Thing Called Love«, »Fat Bottomed Girls«, »Bicycle Race« –, und obwohl Brian Mays außergewöhnliches Gitarrenspiel unglaublich klang, dominierte Freddie die Show mit einer Energie, die ich seitdem bei keinem Sänger mehr so erlebt habe, nicht einmal bei Prince.

Genesis waren ebenso gut, als ich sie 1977 zusammen mit Yog in Earls Court sah, nachdem wir Tickets an der Abendkasse gekauft hatten. Erstaunlicherweise bekamen wir Plätze in der dritten Reihe und sahen vor uns eine spektakuläre Bühne. Sie hatten ein topmodernes Beleuchtungskonzept: Scheinwerfer hingen in einer Reihe von der Decke und produzierten ätherisch weiße Stalaktiten. Die Band befand sich erneut in einer Verwandlungsphase und entwickelte sich mehr in Richtung Mainstream. Nach Peter Gabriels Weggang waren sie deutlich weniger verschroben und schlugen nun mit Alben wie *A Trick of the Tail* und *Wind & Wuthering* einen Ton an, den wir ansprechender fanden. Ich sah Phil Collins gern bei seiner Performance zu, es war unglaublich, wie er so voller Energie und mit seinem ganz eigenen Stil gleichzeitig Drums spielen und singen konnte. Im Jahr darauf sahen wir Genesis noch einmal, diesmal in Knebworth. Die Show war toll, aber wir hingen vierhundert Meter vor der Bühne entfernt fest, weshalb das Erlebnis nicht mit dem unvergesslichen Abend in Earls Court mithalten konnte.

Ich war immer äußerst vorsichtig, wenn ich meine Genesis- und Queen-Platten abspielte. Dads Stereoanlage war sein Schatz und mindestens so wertvoll wie das Auto oder Mums Ehering. Wir waren ständig knapp bei Kasse, renovierten selten etwas im Haus, und teure Urlaube waren unvorstellbarer Luxus für uns. Aber die Anlage war Dads einzige teure Anschaffung und einer der wenigen Gegenstände im Haus, die wirklich *ihm* gehörten. Also war es ein wahres Privileg für uns, sie benutzen zu dürfen. Als mein eigener Musikgeschmack sich langsam entwickelte, saßen wir immer noch regelmäßig davor und hörten uns die Top 40 an. Dieses Vergnügen verblasste allerdings im Vergleich zum Donnerstagabend. Um halb acht schien sich da die ganze Nation für *Top of the Pops* vor der Flimmerkiste zu versammeln. BBC Ones musikalisches Aushängeschild war während der 1970er und noch einige Jahrzehnte danach Pflichtprogramm für jeden, der sich auch nur ansatzweise für Pop interessierte. Die Familien Ridgeley und Panagiotou saßen also gleichermaßen gebannt vor dem Fernseher.

Bei den Zuschauern von *Top of the Pops* kamen Bands wie T. Rex, The New Seekers und ABBA gut an. Queen hatten mich mit ihrer Performance zu »Killer Queen« überzeugt, aber Blondie überzeugten an einem nasskalten Februarabend 1978 *alle Zuschauer.* Das lag allein am Auftritt der Lead-Sängerin Debbie Harry, die in nichts als einem weiten roten Hemd und Overknees irre sexy aussah. In der Schule gab es am nächsten Morgen kein anderes Gesprächsthema als Blondie. Und Debbie Harry stand für ein Thema, das meine Jugend prägen sollte. Langsam verstand ich die Macht eines Popstars.

4

Teenage Kicks –
Jugendträume

Schon Mitte der Siebziger wusste jeder Teenager, der etwas auf sich hielt, dass der richtige Look eine entscheidende Rolle dabei spielte, sich den Respekt seiner Freunde zu sichern – ganz zu schweigen davon, das Mädchen oder den Jungen seiner Wahl zu beeindrucken. Da bildete ich keine Ausnahme. Bereits lange vor Wham!s großem Durchbruch entwickelte ich eine Vorliebe für auffällige Klamotten und stellte mir eine extrovertierte Garderobe zusammen, mit der ich meine Persönlichkeit unterstrich.

Im Alter von dreizehn Jahren bedeutete dies: shoppen in Watford, dem nächstgelegenen Einkaufszentrum. Aus den zweiwöchentlichen Besuchen mit Mum und Paul wurden irgendwann Solotrips zum Watford Market. Bei diesen Gelegenheiten traf ich eine Menge interessanter modischer Entscheidungen, ganz zu schweigen von ein oder zwei bedauernswerten Fehlgriffen sowie ein oder zwei schlimmen Haarschnitten. Auf die Shoppingausflüge nach Watford freute ich mich immer, denn die Straßen waren gut gefüllt und voller Leben, besonders am Ende der Hauptstraße, wo ich mich gern vor der Kaffeerösterei herumdrückte, um deren wundervollen, Aromen zu genießen. Sie war eine kleine Oase der Individualität inmitten der üblichen Verdächtigen wie Woolworths, Our Price und Safeway.

Wer auch nur den geringsten Sinn für Mode hatte, wusste, dass man sich von den Allerweltsketten fernhalten und lieber den nahegelegenen Markt nach den neuesten Must-haves durchstöbern sollte. Dort passierte mir auch mein erster Fashion-Fauxpas: eine schreiend flaschengrüne Hose aus Babycord mit hohem Bund und vier Knöpfen. Wenn ich die Hände in die tiefen Taschen steckte, sah ich aus, als hätte ich einen Buckel. Aber das störte mich nicht im Geringsten, weil alle meine Freunde ja genauso idiotisch aussahen. Wenn wir zu den Hosen noch Plateaustiefel trugen, kamen wir uns vor wie die Coolsten in ganz Bushey.

Manche Anschaffungen waren extravaganter als andere. Einmal sparte ich acht Pfund an, was 1975 ein kleines Vermögen war, um mir rotbraune Springerstiefel zu kaufen. Immer wenn ein wichtiges gesellschaftliches Ereignis anstand, zog ich sie an und hoffte, damit meine Freunde und die Mädchen zu beeindrucken, falls ich welche kennenlernte. Sechs Monate später waren sie schon wieder out.

Für mich waren die modischen Versuche kein Problem: Ich hatte ein unerschütterliches Selbstvertrauen. Wo das herkam, kann ich auch nicht genau sagen, aber vermutlich spielte mein häusliches Umfeld eine Rolle. Meine Mutter bekam mich mit gerade einmal achtzehn und wurde danach Lehrerin. Sie lernte früh, mit allen Widrigkeiten des Lebens fertigzuwerden und sich davon nicht aufhalten zu lassen, wahrscheinlich habe ich mir davon was abgeguckt. Alles in allem konnte ich zu Hause ein gutes Selbstbewusstsein entwickeln. Mein Bruder und ich durften uns (in angemessenem Rahmen) ausprobieren, sei es beim Modellbau, Fußballspielen, Musikmachen oder was auch

Ich in meiner »Wet-Look-Jacke«. Pauls Regenjacke nach zu urteilen,
dürfte die kurz darauf noch viel nasser ausgesehen haben!

immer. Auch wenn ich wusste, dass für meinen Dad schulischer Erfolg äußerst wichtig war, setzte er mich nie unter Druck. Ich glaube nicht, dass das bei Yog auch so war. Sein Vater war eine starke Persönlichkeit und schien eine ziemlich eng gefasste Vorstellung davon zu haben, wie man sein Leben zu führen hatte und was sein Sohn erreichen musste, um erfolgreich zu sein. Dass Yog vermutlich sensibler war als ich, verstärkte diesen Effekt womöglich noch. Als ich älter wurde, wurden Äußerlichkeiten wichtiger für mein Selbstbewusstsein. Ich hielt mich zwar nicht für sonderlich gutaussehend, als hässlich hätte ich mich jedoch auch nicht betrachtet. Als ich den Mädchen langsam auffiel, so mit siebzehn oder achtzehn, wurde ich noch selbstsicherer. Ich hatte schon immer Selbstvertrauen daraus geschöpft, wie andere Menschen mich behandelten: Ich hatte gelernt, höflich und zuvorkommend zu sein, weshalb Erwachsene meist positiv auf mich reagierten. Außerdem ließ ich mich von nichts einschüchtern, was sich bei der Bandgründung als sehr nützlich erwies. Musiker brauchen ein unerschütterliches Selbstvertrauen, um sich auszudrücken und ihre Persönlichkeit mithilfe der Musik zu vermitteln. Um Demos an Plattenfirmen zu schicken und um Gigs betteln zu können, muss man an sich glauben. Es braucht schon eine gewisse Chuzpe, um nur eine Bühne zu betreten.

Während ich also kein Problem damit hatte, mich auszudrücken, war anhand meiner Kleiderwahl nicht immer zu erkennen, *was* ich ausdrücken wollte. Mit diesen Schwierigkeiten war ich jedoch nicht allein, denn Yog schrie aufgrund seiner Brille und der widerspenstigen Frisur schon seit seiner Ankunft in der Bushey Meads School förmlich nach einem Umstyling. Die Brille, die er hasste, und seine Haare, die er noch mehr hasste, waren wirklich das größte Problem. Wenn seine Haare nass wurden, verwandelten sie sich in ein unzähmbares Vogelnest, also war Regen echt gefährlich. Zumindest für die Brille gab es eine einfache Lösung. Yog war einer der Ersten, die ich kannte, die ihre Brille gegen Kontaktlinsen tauschten, und als er das olle Nasenfahrrad endlich loswurde, war das ein wahrer Game Changer. Als er 1977 wieder im Klassenzimmer erschien, hatte er merklich mehr Selbstbewusstsein. Aber auf seine sonstigen geschmacklichen Anwandlungen schienen die Linsen keinen Einfluss zu haben. Als er eines Morgens mit einem neuen Mantel in der Schule aufkreuzte, war ich mir sicher, er sei farbenblind.

»Das Grün gefällt mir echt«, sagte er, obwohl alle anderen eindeutig erkannten, dass er braun war. Mit Rot hatte er auch Schwierigkeiten, aber erst Jahre später erfuhr Yog, dass er *wirklich* farbenblind war.

Trotz allem musste ich Yog in der Schule nie verteidigen, und er mich auch nicht, schon gar nicht so, wie im Text zu »Young Guns (Go for It)«: »Back off, he's a friend of mine!« Er lebte sich an der Bushey Meads gut ein und kam mit den meisten gut

Meine Nick-Heyward-Imitation!

zurecht. Gegenseitig nahmen Yog und ich uns auch kaum auf den Arm. Ich wusste, wie empfindlich er wegen seiner Haare, seiner Brille und seiner Figur reagieren konnte, also war »Joghurt« echt schon hart an der Grenze. In puncto Klamotten war allerdings alles möglich.

Die Bushey-Meads-Schuldisco fand ein paarmal im Jahr in der Aula statt. In unserer Vorstellung ein Ereignis mit genauso viel Glanz und Glamour wie das Studio 54 in New York oder das Roxy in Covent Garden. Außerdem war es die einzige Gelegenheit, zu der wir uns alle aufstylen konnten, dadurch avancierte der Abend zum Coolness-Barometer. Sich den Respekt seiner Mitschüler zu verdienen war jedoch nicht mehr der einzige Grund, in ein paar scharfe Klamotten zu investieren. Das andere Geschlecht war inzwischen genauso wichtig wie der FA Cup oder *Star Wars*. Wir standen kurz vor dem fünfzehnten Geburtstag, und unsere Libido drehte durch. Auf einmal war es von größter Bedeutung, gut angezogen zu sein, vor allem, da bei der Schuldisco die Chance bestand, am Ende des Abends zu einem Schmusesong zu tanzen. Meine Erfolgsrate war unterirdisch, aber das hielt mich nie vom Versuch ab.

Einer fehlte jedoch immer bei diesen Veranstaltungen: *Yog*. Obwohl ich ihm ständig in den Ohren lag, kam er selten mit, weil er so weit weg wohnte. Sein Vater arbeitete oft bis spät abends im Restaurant, und Jack war, soweit ich das verstand, nicht gerade erpicht darauf, für seine Kinder Taxi zu spielen. Also verpasste Yog, wie seine Mitschüler zu Chic, Donna Summer, den Jacksons und den Bee Gees unter der primitiven Beleuchtung der Aula – hauptsächlich eine Reihe Stummfilme, die an die Wand projiziert wurden, sowie ein paar farbige Glühlampen am DJ-Pult – Boogie tanzten. Yog war nicht da, aber ich wollte ihn unbedingt dazu bringen, mitzufeiern.

Die nächsten Monate ging es überall nur noch um Disco, was auch am oscarprämierten Film *Saturday Night Fever* lag, der im Dezember 1977 ins Kino kam. Die Hauptrolle spielte John Travolta, den Soundtrack steuerten die Bee Gees bei, und die Handlung war in der New Yorker Clubszene angesiedelt. Travoltas Figur erweckte die Musik zum Leben, wie er so durch die Straßen der Stadt stolzierte. Der wichtigste Song des Soundtracks, »Stayin' Alive«, war bei der letzten Schuldisco der Renner gewesen und weder aus dem Radio noch *Top of the Pops* mehr wegzudenken. Yog und ich liebten das Lied. Etwas an dessen unruhiger Energie war vollkommen unwiderstehlich. Im Februar folgte dann »Night Fever«, was seinerseits außerordentlich sinnlich und aufreizend war. In der Schule redeten alle über den Film. Er war eine Sensation und bot einen Einblick in eine Welt voller Sex, Style und Glamour, der absolut sehenswert war. *Saturday Night Fever* entfachte ein Feuer in uns.

Es gab nur ein Problem: Der Film war nicht jugendfrei, man musste achtzehn sein, um reinzukommen. Da ich 1978 gerade frisch fünfzehn und Yog noch ein paar Monate jünger war, würden wir uns wahrscheinlich ordentlich blamieren, wenn wir das Kassenpersonal im Empire-Kino reinlegen wollten. Wir versuchten es trotzdem und setzten darauf, großstädtisch und weltgewandt genug rüberzukommen, wenn wir mit Mädchen im Arm auftauchten. Indem wir ihnen Tickets, Popcorn und endlose Softdrinks versprachen, konnten wir irgendwie zwei Mädchen aus unserer Stufe überreden, mitzukommen.

Am besagten Abend war ich total nervös. Ich hatte mir ein groteskes Outfit aus pfirsichfarbenen Chinos, die so eng waren, dass ich mich kaum hinsetzen konnte, einem Hemd mit breitem Kragen und schwarzen Lederschuhen mit Metallkappen zusammengestellt. Absolut trendy. Am Empire angekommen, beschlossen wir, dass ich, weil ich am ehesten an den Erfolg des Unterfangens glaubte, das Reden übernehmen würde. Yog und unsere Komplizinnen hielten sich im Hintergrund und riskierten hin und wieder verstohlene Blicke. Ich trat an den Ticketschalter, baute mich zu voller Größe auf und sagte mit tiefer Stimme: »Vier Karten für *Saturday Night Fever* bitte …« Dann schob ich der Kassiererin einen Fünf-Pfund-Schein hin.

Sie musterte mich über ihre Brille hinweg, kannte die Masche Minderjähriger, die sich in einen nicht jugendfreien Film schmuggeln wollten, anscheinend zur Genüge. Den zerknitterten Fünfer sah sie an, als wäre er ein angebissenes Wurstbrötchen. *Das klappt nie. Das klappt nie!* Uns drohte eine frühe Busfahrt zurück nach Hause. Ich lächelte, und sie lächelte zurück. Bingo! Sie riss vier Karten von der Rolle ab und nickte in Richtung Eingangstür. Wir hatten es geschafft. *Das würde sicher für Gerede auf dem Schulhof sorgen!*

Falls sich unsere Begleiterinnen Sorgen machten, dass es in der letzten Reihe zu irgendwelchen versuchten Fummeleien kommen würde, so hatten sie keinen Grund dazu. Kein Interesse. Sobald Yog und ich es uns bequem gemacht hatten, starrten wir gebannt auf die Leinwand. Danach sprachen wir wochenlang in der Schule von dem Film. Als wir wieder einmal bei Yog waren, nahmen wir ein paar Radiosketche auf, die den Film aufs Korn nahmen. Angestachelt durch unsere sexuell aufgeladene Teenagerfantasie, entwickelten wir eine Szene, in der der von John Travolta gespielte Tony Manero zum Zug kommt, ein Eigenleben. *Tony Manero lockt ein Mädchen auf die Rückbank seines Autos. Er fasst ihr unters Kleid und stellt fest, dass sie in Wirklichkeit ein Kerl ist!* Ziemlich unreif das Ganze, aber damals lachten wir uns kaputt.

Musikalisch gesehen war *Saturday Night Fever* ein Befreiungsschlag. Durch den Film wurde Tanzen auch etwas für Männer und eine Möglichkeit, Frauen näher zu kommen – in jeglicher Hinsicht. Bis dahin hatte Tanzen immer einen Beigeschmack gehabt, wenn man ein ganzer Kerl sein wollte. Das änderte sich dank *Saturday Night Fever*. Als Typ die Tanzfläche zu betreten war auf einmal cool. Von unserem Erfolg im Empire beflügelt, schmeichelten Yog und ich uns danach an Altersbeschränkungen vorbei in örtliche Nachtclubs. Später, als sich unser Selbstbewusstsein auf dem Höhenflug befand und die Aufmerksamkeit unserer Eltern auf dem absteigenden Ast, gingen wir in verborgene Kellerclubs im West End, die alle so taten, als wären sie das Studio 54 oder *Saturday Night Fever.* Der Sommer 1978 brach an. Punk wurde für viele Jugendliche zum alternativen Ventil, aber wir standen immer noch auf Disco. Das ganze nächste Jahr lang konnten Johnny Rotten und Joe Strummer sagen oder hinrotzen, was sie wollten, wir waren nicht davon abzubringen.

Jetzt brauchte ich nur noch eine Freundin. Als Jody aus meiner Klasse mich also zu einer Party bei sich zu Hause einlud und mir in Mathe ein paar Blicke über die Schulter zuwarf, war ich überzeugt, endlich mal Glück zu haben. Ich stand auf Jody, und Yog und ich freuten uns auf die Party. Danach wollte er bei mir übernachten. An dem Abend überließ ich modetechnisch nichts dem Zufall: die pfirsichfarbene Hose aus Babycord, die aussah wie angemalt, und ein hauchdünner, pfirsichfarbener Angorapulli mit U-Boot-Ausschnitt. Dieses Outfit bewegte sich zu der Zeit definitiv am Rande des Erlaubten für einen Vorstadtjungen. Ich habe keinen Schimmer, was meine Eltern dachten, als ich aus dem Haus ging. Meine Mum machte sich bestimmt keinen Kopf, aber mein Vater war wahrscheinlich entsetzt. Bei Jody angekommen, trank ich Bacardi aus der Flasche, plauderte mit Freunden und mischte mich unter die tanzenden Pärchen, die von Cider und Hochprozentigem schon angeheitert waren. Plötzlich packte mich Yog am Arm. *Er musste mir was sagen.*

»Andy, ich weiß nicht, wie ich es sagen soll«, begann er verlegen. »Es geht um meine Mum und meinen Dad. Die wollen nicht, dass du weiter zu uns kommst ...«

Ich lachte. Zuerst hielt ich das für einen Scherz. Dass ich nicht ganz nach Lesleys Geschmack war, merkte zwar ein Blinder mit Krückstock, aber inzwischen mochte ich Yogs Mum, und sie mich auch. Trotzdem stellte ich immer noch eine Ablenkung für ihren Sohn dar, weil ich eine komplett andere Einstellung zur Schule hatte als Yog. Er war ehrgeizig: Bestnoten waren für das nächste Schuljahr in greifbarer Nähe, und seine Eltern dachten, er könnte es vielleicht irgendwann auf eine vernünftige Uni schaffen – aber nur, wenn er nicht vom rechten Weg abkam. *Keine Ablenkung, kein schlechter Einfluss.* Damit war jetzt anscheinend auch ich gemeint.

»Das Problem ist …«, fuhr er fort, »wenn du nicht mehr zu mir kommen darfst, darf ich sicher auch nicht mehr zu dir.«

Ich war völlig baff. *»Was?«*

Ich konnte Yogs Logik nicht folgen. Bevor ich jedoch etwas erwidern konnte, zuckte er mit den Schultern und verschwand in der Menge tanzender Jugendlicher. Ich war sprachlos. Eben war ich noch auf einer Party und hatte Spaß, tanzte und alberte herum, und jetzt durfte ich auf einmal meinen besten Freund nicht mehr treffen. Yog hatte mir einen psychologischen Tiefschlag verpasst, der zu einem Bruch in unserer Freundschaft führen könnte – und das so kurz vor den Sommerferien. Ich hatte ohnehin schon ordentlich getankt, aber jetzt betrank ich mich aus Frust erst recht. Bald lehnte ich in der Küche an der Wand und erzählte das Ganze unter Tränen einem anderen Freund – und, was noch peinlicher war, Jodys Mum. Der Abend verwandelte sich in einen verschwommen Alptraum. Meine letzte klare Erinnerung des Abends ist, wie ich von Anthony Perkins' Vater, der zufällig Polizist war, von der Straße gezogen wurde, bis ich dann eine andere Hand spürte, die mich am Arm packte.

Überraschenderweise war es Yog.

»Na komm, Andy«, sagte er verständnisvoll. »Bringen wir dich nach Hause.«

Es war drei Uhr morgens. Bushey lag wie verlassen da, aber torkelnd schafften wir es zusammen bis zu mir nach Hause, weil Yog mich geduldig führte. Es wurde bereits hell, als wir uns reinschlichen. Einen Großteil des Heimwegs hatte ich damit verbracht, den lieben Gott im Unterholz kniend um einen schnellen und schmerzlosen Tod anzuflehen, aber als ich mich im Flurspiegel betrachtete, sah ich eigentlich ganz unbeschadet aus. Das konnte man von Yog nicht behaupten. Seine Klamotten hingen an ihm wie ein Flickenteppich aus dreckigen Geschirrtüchern. Vom Geruch ganz abgesehen.

»Mann, war das 'ne harte Nacht, oder?«, fragte ich und grinste.

Yog musterte mich von oben bis unten und lachte. »Andy, wie machst du das nur?«

Ich zuckte mit den Achseln. »Was meinst du?«

»Na, schau uns doch an! An mir würde ein Smoking nach einer einzigen Party aussehen wie ein Schlafanzug. *Und du?* Du hast dich zwei Stunden lang im Gebüsch gewälzt, aber bei dir sitzt sogar noch die Frisur ...«

Er hatte recht. Ich war emotional verwundet, aber Yogs Freundlichkeit auf dem Nachhauseweg hatte mir bewiesen, dass wir beste Freunde waren, egal, was seine Eltern dachten, und sie würden uns nicht auseinanderkriegen. Davon war ich mehr denn je überzeugt.

Und Yog ebenso.

5

Girls! Girls! Girls! – auf einmal nur das Eine im Kopf

Der Sommer 1978 sollte uns alle prägen. Meine Schulfreunde und ich stürzten uns in eine Welt aus Discosongs, feuchtfröhlichen Partys und sexuellen Experimenten. Auf einmal waren wir alle wie besessen von Sex. Unsere gemeinsame Entdeckungsreise ging los, und die sexuelle Anspannung im Klassenraum konnte man förmlich mit Händen greifen. Als dann endlich Ferien waren, gab es für die jugendlichen Begierden kein Halten mehr.

In den großen Ferien fanden andauernd Hauspartys statt. Die meisten unserer Eltern hatten anscheinend komischerweise nichts dagegen, dass sich ihr Zuhause in ihrer Abwesenheit in eine Partylocation verwandelte. Alles war erlaubt – solange das Haus nicht in Schutt und Asche gelegt wurde und niemandem der Magen ausgepumpt werden musste. Nachdem alle eingeladen waren, versammelte sich jedes Mal eine Riesenmeute in der Erwartung, trinken, tanzen und hoffentlich das andere Geschlecht um einiges besser kennenlernen zu können.

Genau wie Fummeleien und One-Night-Stands bei Partys wurde auch »miteinander gehen« für alle in unserem Jahrgang an der Bushey Meads emotional immer wichtiger. Na ja, zumindest für alle außer Yog und mir. So oft ich es auch versuchte, ich fand einfach keine Freundin. Für mich waren Mitschülerinnen wie Katie, Lara, Anna und Charlotte inzwischen genauso sexy wie die Tänzerinnen von Pan's People, und an mangelnder Auswahl lag es auch nicht. Dann wendete sich bei einem Schulausflug ins Wye Valley endlich das Blatt, als mich Charlotte dazu ermunterte, meine Hand unter ihren Pulli zu schieben. Bei einer anderen Gelegenheit stellte Nina aus der 4A2 klar, dass sie mit mir ins Bett wollte. Nachdem ich stundenlang davon geträumt hatte, auch nur auf Tuchfühlung gehen zu können, überforderte mich Ninas Direktheit völlig. Also murmelte ich irgendeine erbärmliche Ausrede und machte mich vom Acker, um mich den Rest der Party rot angelaufen zu schämen.

Wesentlich einfacher hatte es meine jugendliche Libido mit ein paar Pornoheften, die Yog auf dem Feld hinter seinem Haus gefunden hatte. Es war ein in einer Blechkiste verstautes Sammelsurium erstklassiger Veröffentlichungen wie *Club International, Mayfair* und *Men Only*. Wochenlang schenkten wir versteckt im Weizen- und Gerstenfeld den Magazinen unsere ungeteilte Aufmerksamkeit. Danach beschlossen wir, ein paar Filme für Erwachsene auszuprobieren. Zuerst sahen wir uns *Die Stute* im Odeon in Watford an, dann *Emmanuelle* im Empire, ein Film über eine Französin, die nach Bangkok reist – wir interessierten uns vor allem dafür, was sie dort alles anstellte. Und obwohl die nicht jugendfreien Filme sicher einen Fortschritt gegenüber den Zeitschriftenbildern darstellten, waren sie auch ein bisschen enttäuschend.

»Die Filme sind ja ganz schön lahm«, sagte ich zu Yog. »Ich finde, wir sollten uns was suchen, was eher Hardcore ist.«

Er fragte verwirrt: »Wie meinst du das?«

»Na ja, im Rotlichtviertel von Soho laufen alle möglichen schmutzigen Filme. Sollten wir nicht mal versuchen, uns dort in ein Kino zu schleichen?«

Es brauchte wahrlich nicht viel Überredungskunst, und schon waren wir auf dem Weg nach London. Zum Cinema XXX. Es war genauso, wie man sich ein billiges kleines, auf Pornos spezialisiertes Kino vorstellt: schäbig, schmuddelig und voller Männer in Trenchcoats, die auf ihren Sitzen herumrutschten. Für den Burschen an der Kasse waren wir sicher nicht die ersten zwei nervösen Teenies, denn der Ausdruck auf seinem ledrigen Gesicht verriet, dass er schon so ziemlich alles gesehen hatte. Einige andere Besucher sahen den Film offensichtlich als interaktive Erfahrung an, was so unangenehm war, dass wir quasi auf dem Absatz kehrtmachten.

Aber im Soho der Siebziger gab es noch mehr, das uns in Versuchung führen konnte: zwielichtige Buchläden, in Neonlicht getauchte Gassen, Eingänge, an denen einem Tanzshows, Striptease und in einem Fall auch Live-Sexshows versprochen wurden. *Männer und Frauen, die es leibhaftig vor unseren Augen trieben?* Allein schon die Vorstellung war fantastisch. Wir näherten uns dem Mann am Einlass, der uns in die unterirdische

Bar führte. Es schien ihn nicht zu stören, dass wir beide noch halbe Kinder waren. Wir hatten uns gerade hingesetzt, als eine Animierdame in Korsett und Strümpfen uns fragte, ob wir einen Drink wollten. Da wir unser Geld mit Zeitungsaustragen und Autowaschen verdienten, lehnten wir aber ab.

»Sorry, Süßer, aber so läuft das nicht«, sagte sie. »Das sind die Hausregeln. Jeder Gast bestellt ein Getränk. Eins pro Kopf, plus ein Glas Sekt für die Animierdame, also mich, insgesamt macht das zwanzig Mäuse. Also, was nehmt ihr?«

Ich räusperte mich nervös. »Äh, ich glaube, wir haben uns vertan und sind hier falsch. Entschuldigen Sie das Missverständnis. Wir gehen dann mal ...«

Sofort hatte ich eine Hand auf meiner Schulter. Der Türsteher baute sich vor uns auf. Er war gebaut wie eine Londoner Telefonzelle.

»Jungs, wenn ihr auf herkömmliche Weise rausgehen wollt, solltet ihr erst mal die nette Lady hier bezahlen«, sagte er.

Unterm Strich ein kleiner Preis. Um unser Geld erleichtert und ohne auch nur irgendwas Spannendes gesehen zu haben, machten Yog und ich uns gedemütigt, aber immerhin ansonsten unbeschadet auf den Heimweg.

Inzwischen standen Yog und ich kurz vor Beginn der Oberstufe, nachdem ich meine O-Levels in Englisch, Physik, Biologie und Kunst bestanden und in Mathe zumindest ein CSE-Zertifikat bekommen hatte. In der Oberstufe wollte ich Englisch, Geografie und Soziologie belegen, aber darauf kam es eigentlich nicht an, weil mein wahres Interesse eindeutig anderem galt. Nachdem ich beschlossen hatte, dass die Welt halbseidener Machenschaften doch nichts für mich war, wollte ich mich wieder auf die Mädchen in meiner Umgebung konzentrieren und nicht auf die aus Sohos Unterwelt. Es sprach zwar kaum etwas dafür, aber trotzdem dachte ich, ich hätte an der Dating-Front inzwischen bessere Karten. Für Yog war das

Ganze allerdings absolut deprimierend. Mit der mutigen Entscheidung, sich eine enge grüne Hose zuzulegen, hatte er sich keinen großen Gefallen getan. Anscheinend hielt er sie für die Antwort auf all seine Gebete. In Wirklichkeit würde sie jedoch jede halbwegs klar denkende (und sehende) Frau in die Flucht schlagen. Irgendwann ließ er jammernd seinen Frust bei mir ab, als wir nach einer Party besoffen nach Hause liefen.

»Ich hab meine neue Hose an, und keiner hat mir deswegen Komplimente gemacht«, heulte er. »Bestimmt seh' ich total lächerlich aus!«

Bald gab es in Sachen Mädchen aber bessere Neuigkeiten für Yog. Ohne dass wir davon wussten, gab es eine Person, der seine verstörende Kleiderwahl keine Angst machte. Lesley war ein hübsches Mädchen mit langen, glatten braunen Haaren, die schon seit Yogs Ankunft an der Bushey Meads in unsere Klasse ging. Jetzt, zu Beginn der Oberstufe, fiel sie allen auf, weil sie sich körperlich schneller entwickelte als ihre Altersgenossinnen. Sie war nett und hatte Humor. Ich stand seit Jahren auf sie, aber sie hatte nie auch nur einen Funken Interesse gezeigt. In Yogs Gegenwart war sie hingegen so aufmerksam, dass er nur einen lahmen Witz machen musste, damit sie hysterisch lachte. Als unser Freund Tom eine Party bei sich feierte, nutzten Yog und Lesley die Gelegenheit.

Tom wohnte etwas außerhalb und hatte ein großes Zelt im Garten aufgestellt, in dem wir alle herumliegen konnten. Wer so spät nicht mehr nach Hause kam, konnte dort übernachten, und für diejenigen, die es übertrieben hatten, war es ein provisorisches Krankenlager. Weil ich mich erst morgens wieder bei meinen Eltern melden musste, stürzte ich mich voller Übereifer ins Trinken und Flirten.

Nach nicht allzu langer Zeit fand ich mich im Feldlazarett wieder, da mir ein besonders übler französischer Vermouth übel mitgespielt hatte. Ich versuchte, eine bequeme Position zu finden, indem ich meinen Kopf in eine Lücke zwischen dem Boden und der Zeltplane legte. Als ich hochschaute, erblickte ich eine altbekannte Silhouette, die sich vor Toms Garagentür wand. Es war Yog, eng umschlungen mit Lesley! Seine Hände waren überall. Na also, dachte ich, nicht schlecht, mein Freund. Ich kam nicht umhin, ein bisschen neidisch zu sein, aber ich musste dennoch vor dem Erfolg meines Kumpels den Hut ziehen. Er hatte das scheinbar Unmögliche geschafft. Yog hatte eine Freundin gefunden.

Der ganze Spaß abseits der Schule konnte jedoch nicht von einem ablenken: Ich fand die Oberstufe mit jedem Tag öder und hatte den Entschluss gefasst, dass ich in meinem Leben nur eines tun wollte: *eine Band gründen*. Ich hatte nichts zu verlieren. Die Aussicht auf das Leben nach der Schule schien mir 1979 angesichts der Lage im Land ziemlich trostlos. Großbritannien stand kopf, Streiks beherrschten die Schlagzeilen, und in den Straßen türmte sich der Müll. Da hatten einzig die Ratten noch ihren Spaß. Die Schlange vorm Arbeitsamt wurde immer länger, was sich langsam zur nationalen Krise auswuchs – alle sahen der Zukunft pessimistisch entgegen. Die Gründung einer Band bot da einen Ausweg. Man musste musikalisch nicht mal zu den Besten gehören, um sich Hoffnungen auf Erfolg zu machen. Punk hatte bewiesen, dass jeder Gitarre spielen konnte – mit gerade mal drei Akkorden.

Das erweiterte meinen Horizont immens. Mit neun hatte ich noch Pilot einer Concorde werden wollen, mit sechzehn wollte ich nur noch Musik machen, in einer Band sein, Songs schreiben, Platten aufnehmen und vor solchen Massen spielen, wie ich sie in Earls Court, Alexandra Palace und Knebworth gesehen hatte. Bands wie die Specials und The Jam fingen die Stimmung im Land perfekt ein. Außerdem hatte ich den Glauben an die Discoszene verloren, die anscheinend beim Soul nach Inspiration suchte. Als McFadden & Whitehead 1979 »Ain't No Stoppin' Us Now« rausbrachten, kam mir das vor wie ein enttäuschender Wendepunkt. Meine Güte, was war nur los?, dachte ich und wandte mich anderen Genres zu. Punk hatte ich 1977 kurzzeitig aufregend gefunden, aber eher aufgrund der Haltung als der Musik. Vielmehr waren es dann die Nachfolger des Punk, die meinen Blick auf die Musik für immer verändern sollten.

New Wave hatte die ganze Energie von Punk, aber ohne die fiese, aggressive Art, und Bands wie XTC, die Pretenders und Squeeze gingen deutlich melodischer an alles heran. Da waren echte Songwriter am Werk, und das Melodiöse erinnerte mich an die Alben der Beatles und Everly Brothers aus meiner Kindheit. Als Elvis Costellos »Pump It Up« zum ersten Mal aus meinem Radio schallte, war das genauso aufregend wie Elvis Presleys »Jailhouse Rock«. Jeden Abend liefen spannende neue Bands, und The Police, U2 und die B-52s hauten Yog und mich um. Abgesehen davon waren auch das Ska-Revival und die britische Reggaeszene inspirierend, die von Steel Pulse mit dem Album *Handsworth Revolution* angeführt wurde. Es war ein abwechslungsreiches und aufregendes Kapitel zeitgenössischer Musik aus Großbritannien, das viele der größten Popstars des späten zwanzigsten Jahrhunderts beeinflussen sollte – Wham! inklusive.

Wahrscheinlich gab es an der Bushey Meads noch andere – zum Beispiel Yog –, denen der Gedanke *gefiel*, in einer Band zu sein, aber ich kann mich nicht entsinnen, dass jemand es mal als brennendes Verlangen bezeichnet hätte. Ich band es zwar auch nicht jedem auf die Nase, aber es war inzwischen mein einziges Ziel. *Ich musste einfach Musik machen.* Und ich hatte nicht den geringsten Zweifel daran, dass Yog dabei sein würde. Wir waren in unseren Ansichten über Rock und Pop – und das Leben an sich – so sehr auf einer Wellenlänge, dass ich es mir ohne ihn nicht vorstellen konnte. Aber ich hatte nie das Gefühl, dass er ebenso sehr davon träumte wie ich. Damals hatte Yog wahrscheinlich noch keine Ahnung, wie talentiert er eigentlich war – ich aber auch nicht.

Außerdem zögerte er, alles stehen und liegen zu lassen, um den musikalischen Zielen nachzueifern, die er vielleicht hatte. Mit vierzehn hatte ich Yog gegenüber zum ersten Mal die Möglichkeit erwähnt, Musik zu machen, dann hatte ich ihn überreden wollen, eine Band zu gründen, während wir für die O-Levels lernten. Aber so kurz vor den Prüfungen war ihm die Schule wichtiger gewesen.

»Nächstes Jahr, Andy«, sagte er. »Lass uns erst mal das Schuljahr zu Ende machen …«

Ich mochte zwar die Warterei nicht, aber die paar Monate Schule konnten das Feuer in mir auch nicht zum Erlöschen bringen: Ich wollte immer noch unbedingt mit Yog Musik machen. Auch wenn ihm anscheinend die *Vorstellung* gefiel, sich nur noch aufs Musikmachen zu konzentrieren – und deswegen lag ich ihm wirklich ununterbrochen in den Ohren –, wollte er sich doch nicht gegen die Wünsche seiner Eltern stellen. Am Ende war es nun mal leichter, mir gegenüber Nein zu sagen als seinen Eltern. Also rackerte sich Yog mit der Last der elterlichen Erwartungen auf dem Rücken ab, um gute Noten zu bekommen, und versprach mir, dass wir nach dem Abschluss mit dem Songwriting anfangen konnten.

Während ich auf Yog wartete, trieben mich weitere Ereignisse dazu, meine erste Band zu gründen. Mark Chivers, ein Freund aus der Vorschule, war vom Internat wieder nach Bushey zurückgekehrt und spielte mir bei warmen Crumpets mit Butter Joy Division vor. Ihr Sound war eine Offenbarung, ihre Einzigartigkeit und das überwältigende Grauen in Ian Curtis' Stimme ließen mich nicht mehr los. »Disorder«, der erste Song, machte mir Bernard Sumners Ambientgitarre mit all ihrem Hall schmackhaft. Als ich Yog Joy Division vorspielte, fand er sie genauso großartig, und sie wurden so etwas wie ein Prüfstein für uns, weil sie so entschieden anders waren als alles vorher Gehörte. *Unknown Pleasures* und ihr zweites Album *Closer* sind zwei meiner absoluten Lieblingsplatten aller Zeiten.

Aber Mark Chivers brachte mich nicht nur mit neuer Musik in Berührung, er beeinflusste mich auch auf anderen Gebieten. Nach seiner Rückkehr nach Bushey hatte er mit ein paar älteren Freunden aus der Gegend eine poppige Post-Punk-Band gegründet, die regelmäßig bei seinem Stiefvater zu Hause in Bushey Heath probte. Sie hießen The Quiffs und prügelten sich durch ein paar gitarrenlastige Nummern. Die Songs waren gut, aber ihre »Wir sind die letzte Gang der Stadt«-Attitüde zog mich ebenso an. *The Quiffs waren eine richtige Crew.* Mich inspirierte die Kameradschaft, mit der sie Musik machten, Songtitel sammelten und sich darüber unterhielten, eines Tages vielleicht in einem legendären Punkladen wie dem 100 Club in der Oxford Street spielen zu können. Ihnen beim Proben zuzuhören, bestärkte mich in meinen eigenen Plänen.

Bands wie die Quiffs bildeten oft das Herz einer Szene. Es war cool, in ihrer Nähe zu sein. Dank der Quiffs wurde das Three Crowns in der Bushey High Street zum Zentrum des sozialen Lebens. Am Freitagabend war dort immer die Hölle los, auch wenn viele von uns noch minderjährig waren. Ich gab sicher genauso viel Geld für die Jukebox aus wie für Bier. Eines Abends erfuhr ich im Pub, dass die Quiffs ein Problem hatten: Mark war schon länger auf der Suche nach einem festen Drummer, und kurz vor einem wichtigen Gig war ihnen die jüngste Besetzung abgesprungen. Wenn er keinen Ersatz fand, meinte er, würde die Band absagen müssen.

Da hatte ich eine Idee. »Wie wär's mit Yog?«, fragte ich.

Mark hörte sich mein enthusiastisches Loblied auf Yogs Talent, sein Timing und sein *Gefühl* an. Am Ende konnte ich ihn überzeugen, obwohl ich zu dem Zeitpunkt – dank der Geräuschpegelbestimmungen im Hause Panagiotou – noch nie wirklich gehört hatte, wie Yog Schlagzeug spielte. Für mich war allein die Tatsache, dass er ein Drumkit im Zimmer stehen hatte, Beweis genug, dass er es draufhatte.

»Gut, dann bring ihn mal zur Probe mit«, sagte Mark. »Kann ja nicht schaden.«

Konnte es doch, wie sich herausstellte. Nach einer einzigen Probe erteilten die Quiffs Yog einstimmig eine Absage. Nicht, weil er keinen Rhythmus gehabt hätte oder so, sondern einzig aus optischen Gründen. Er war einfach nicht Anti-Establishment. Yog sah beim besten Willen nicht danach aus, als sei er aus demselben Holz geschnitzt wie die Mitglieder von den Talking Heads oder Siouxsie and the Banshees. Aber die Quiffs machten einen auf coole »Kunststudenten«. Obwohl Yog also beim Vorspielen gut gewesen war, hatte er keine Chance, weil er einfach nicht reinpasste. Als Mark Yog erklärte, warum er nicht in die Band aufgenommen würde, wühlte ihn das sehr auf.

»Hör mal, mach dir keinen Kopf«, redete ich ihm hinterher auf dem Heimweg gut zu. »Die haben einen Riesenfehler gemacht – deren Pech.«

Und das glaubte ich wirklich.

Ich hatte jedoch nicht mit einem solchen Ausmaß an Konsequenzen nach der Sache mit den Quiffs gerechnet. Yog war wegen seines Aussehens so schon äußerst unsicher – noch unsicherer als der Durchschnittsteenager. Obwohl er seine Probleme in Sachen Haare, Gewicht und Klamotten damals ganz gut im Griff hatte, gestand Yog später, dass diese Ablehnung seinem ohnehin schon angeschlagenen Selbstbewusstsein einen noch heftigeren Schlag versetzt hatte. Damals merkte ich zwar, dass

er deswegen ein bisschen deprimiert war, aber in dem Alter sind die wenigsten Jungs mit einer sonderlichen emotionalen Intelligenz gesegnet, und ich war da leider keine Ausnahme. Mir war der Grad seiner Verzweiflung einfach nicht bewusst. Egoistischerweise beruhigte es mich sogar ein wenig, dass Yog knallhart abgeblitzt war. Mit dem Gedanken, meinen potenziellen Songwriting-Partner an eine andere Band zu verlieren, wollte ich mich lieber nicht auseinandersetzen. Wir werden nie erfahren, ob Yog die Quiffs vor dem Verschwinden in der Versenkung bewahrt hätte, denn er und ich befanden uns bald auf einem ganz anderen Weg.

6

Rude Boys (oder so) – zum ersten Mal Bandmitglieder

Alles hatte sich verändert. *Ich würde eine Band gründen.* Und Yog war dabei, ob er nun wollte oder nicht. Meiner Meinung nach konnte uns nichts aufhalten. Wir waren jung, hegten den gleichen Traum, und ich brachte genug Enthusiasmus für zwei mit. Und Selbstvertrauen. Da ich vor ein paar Jahren Klavierunterricht gehabt hatte, traute ich es mir auf jeden Fall zu – zumindest einigermaßen –, Keyboard zu spielen, und Yog hatte ja sein Schlagzeug. Zu zweit würden wir schon was komponieren können. Yog beharrte allerdings immer noch darauf, dass das mit der Musik bis nach der Schule warten müsse, doch seine Worte und seine Taten sprachen eine ganz andere Sprache. Obwohl er immer wieder protestierte, dass das Lernen wichtiger als eine Band sei, fuhr er schon seit geraumer Zeit regelmäßig mit dem Zug nach London, um dort mit unserem gemeinsamen Freund David Mortimer, der ihn an der Gitarre begleitete, in U-Bahnhöfen Straßenmusik zu machen.

Nachdem Yog und ich uns Tickets für Genesis in Knebworth gekauft hatten, fragte uns David: »Wieso wollt ihr da hin, wegen der Musik, den Weibern oder dem Gedränge?« Aber auch wenn David manchmal einen auf Macho machte, war er eigentlich ein witziger und schlagfertiger Zeitgenosse, dem wirklich etwas an Musik lag. Außerdem war er Yogs ältester Freund, auch deshalb ließ ich ihm einiges durchgehen.

Während Yogs akademischer Ehrgeiz vielleicht nur ein wenig ins Wanken geraten war, hielt ich es gar nicht mehr aus. Ich hatte keine Lust mehr, meinen Bildungsweg an der Bushey Meads Comprehensive School zu Ende zu bringen. Das Leben in der Oberstufe war alles andere als das soziale Miteinander, das ich mir ausgemalt hatte, und es dauerte nicht lange, bis ich ein Profi im Schwänzen war. Ich fälschte hochprofessionell die Unterschrift meiner Mutter, indem ich sie mit einer leeren Kugelschreibermine durch eine alte Entschuldigung durchdrückte. Dann zog ich den Abdruck mit Füller nach und hatte eine absolut glaubwürdige Fälschung, gegen die meine Lehrer nichts vorbringen konnten. Aber nachdem ich den Trick ein paar Monate lang ausgereizt hatte, musste ich der Wahrheit ins Gesicht sehen. Ich hatte keinen einzigen Finger gerührt, seit die Schule im September wieder angefangen hatte. Mir reichte es, also wandte ich mich an meine Klassenlehrerin.

»Ich gehe von der Schule ab«, teilte ich ihr mit, bevor der Unterricht nach den Ferien wieder losging.

»Ach, sehr gut, Andrew«, erwiderte sie. »Wir wollten dich nämlich auch schon bitten, abzugehen.« Hier würde man mich also nicht vermissen.

Ja, dachte ich. Ich war aber schneller, du alter Drache.

Aber ich hatte keine Zeit, weiter über die Sache nachzudenken. Wenn ich eine Konfrontation mit Mum und Dad vermeiden wollte, musste ich meine akademische Laufbahn irgendwie so lange fortsetzen, bis meine Band startklar war. Ich rief im Cassio College an, das aus einer Reihe moderner Schulgebäude auf dem alten Landgut Cassiobury bestand, und nachdem ich mich durch ein Vorstellungsgespräch gemogelt hatte, nahmen sie mich auf, damit ich in Englisch, Soziologie und Geografie meinen Abschluss machen konnte. Natürlich nur nach erfolgreichem Abschluss einer dreimonatigen Probezeit. Ihnen die Zustimmung dafür zu geben fiel mir nicht schwer, da ich gar nicht erst vorhatte, es bis zum Abschluss durchzuziehen. Mir ging es nur noch darum, Yog von der Bandgründung zu überzeugen.

Als ich den Platz am Cassio in der Tasche hatte, rief ich ihn zu Hause an.

»Yog«, verkündete ich. »Wir gründen eine Band.«

Auch wenn er sich am Anfang sträubte, war ihm eigentlich bewusst, dass er keine Wahl hatte. Gegen meine Selbstsicherheit und Entschlossenheit kam er nicht an. Ich wollte eine Band gründen, und er würde dabei sein – keine Widerrede. Mag sein, dass ich den Entschluss forcierte, aber ich wusste, dass ich mit ihm einen willigen Komplizen hatte. Irgendwann gab Yog nach, und dann war er voll und ganz dabei. Ich wusste, dass er Songs schreiben und singen und seine musikalischen Fähigkeiten ausbauen wollte. Ich hatte ihm gerade den entscheidenden Schubs verpasst, der uns in ein bedeutendes Kapitel unseres Lebens katapultierte.

Kurz darauf fügte sich auch schon alles. David Mortimer, mit dem Yog Straßenmusik machte, trat zusammen mit Andy Leaver, einem zweiten Gitarristen, der in meiner Straße wohnte, in die Band ein. Meinen Bruder Paul, der gerade erst ein Schlagzeug zu Weihnachten bekommen hatte, holten wir ebenfalls an Bord. Wir einigten uns darauf, dass Yog und ich als selbsternannte Frontmen Bandleader sein sollten und uns die Gesangsparts teilen würden. Zum Glück hatte ich Klavierunterricht gehabt, denn ich wollte auch noch das Keyboard übernehmen, auch wenn das letztlich eher beim Songwriting als bei den Gigs zum Tragen kommen sollte.

Ab dem Zeitpunkt war ich für die Organisation zuständig,

trommelte alle zusammen und fand Proberäume für uns. Am Anfang waren das größtenteils die Häuser unserer Eltern, Mum und Dad erlaubten uns mutigerweise, das Ridgeley-Heim zu nutzen – unter der Bedingung, dass alle Bandmitglieder in gleichem Maße verantwortlich waren. Die allererste Probe fand zwar bei Yog statt, unser bevorzugter Raum war dann aber bei Andy Leaver, weil sein Vater eine elektronische Orgel besaß und wir noch kein Keyboard hatten. Unsere Eltern halfen uns dabei, das wenige Equipment in verschiedenen Wohnzimmern und Gemeindesälen auf- und wieder abzubauen, und das sogar gerne, bis wir einen dauerhaften Proberaum gefunden hatten.

In unserem Songwriting schlug sich unsere geteilte Leidenschaft für Ska und Reggae deutlich nieder. Der Film *Quadrophenia* von 1979 diente uns wiederum als modische Inspiration. Es ging um Mods und Rocker in Brighton Beach, und die ganze Ästhetik war toll. Alle trugen schlichte, korrekte Anzüge, ein Look, den auch The Jam und andere Ska-Bands, vor allem die Specials, zu ihrem Markenzeichen gemacht hatten. Ich hatte keine Ahnung von der Mod-Szene der 1960er, und nach den abgerissenen Klamotten und Sicherheitsnadeln des Punk waren die gut geschneiderten Anzüge eine willkommene Abwechslung. Auch *Saturday Night Fever* spielte nach wie vor eine Rolle. In beiden Filmen hatte die Hauptfigur unter der Woche einen perspektivlosen Job und lebte nur fürs Wochenende. Damit konnte ich mich auf jeden Fall identifizieren. Im Unterricht am Cassio College sehnte ich mich immer schon nach dem Freitagabend im Three Crowns. Es dauerte nicht lange, bis ich mir einen grünen Parka kaufte – identisch mit dem, den Phil Daniels in *Quadrophenia* trug.

Obwohl wir noch nicht mal einen Namen hatten, verhielten wir uns schon wie alte Hasen. Wir warfen uns pausenlos Beleidigungen an den Kopf, und jede Probe endete mit einem laut-

Verdammt lang her. Unsere erste Band The Executive bei den Proben.

Die sechs Bandmitglieder. George steht ganz rechts, und ich bin der Zweite von links.

starken Streit. Dave improvisierte wie alle Gitarristen bis zum Gehtnichtmehr, und mein Bruder wollte anscheinend lieber auf alle Drums gleichzeitig hauen, statt einfach den Takt zu halten. Das machte Yog und mich wahnsinnig. Als Sänger war ich ziemlich zufrieden, ich war überzeugt von meinen Fähigkeiten und denen der Band. Und als wir dann anfingen, Songs zu schreiben, glaubte ich trotz den Zankereien immer mehr an die Gruppe. Warum auch immer. Zwar hatte ich ein oder zweimal im Schultheater mitgespielt, aber nie im Chor gesungen oder an der Talentshow der Schule teilgenommen. Mein einziger Beitrag hatte darin bestanden, mich sarkastisch bei Yog über den Auftritt eines Freundes zu äußern, der sich an ein paar Genesis-Covern versucht hatte. Trotzdem dachte ich, *unsere* Band sei ganz anders.

Damals deutete noch nichts auf die Schönheit hin, die Georges Stimme einmal hervorbringen sollte. Am Anfang hatte seine Gesangsstimme noch nicht viel Persönlichkeit. Er war sicherlich ein guter Sänger, aber von dem Stimmumfang und den technischen Fähigkeiten, die er einmal haben sollte, war noch nicht viel zu spüren. Er konnte zwar Sänger wie Freddie Mercury und Elton John imitieren, hatte aber weder ihre Power noch ihre Präsenz. Die Überzeugung und das Charisma dieser Künstler musste Yog erst noch in sich entdecken, und doch war er damals schon der geborene Performer.

Wahrscheinlich half es, dass wir gemeinsam sangen, weil die Chemie zwischen uns schon in der Schule und als Freunde einfach gestimmt hatte. Das spürte man bereits während der ersten Sessions.

Bei den Proben fanden wir eine schöne Balance, obwohl wir vorher noch nie wirklich zusammen gesungen hatten. Wir hatten es zwar schon in all den Stunden in Yogs Zimmer versucht, aber jetzt, als es darauf ankam, waren wir beide sofort voller Energie dabei. Wir sangen den Refrain immer gemeinsam und wechselten uns bei den Strophen ab. Bei manchen Songs sangen wir die ganze Zeit einstimmig, bei anderen mehrstimmig. Das fühlte sich von Anfang an richtig an. Endlich hatte ich Yog dazu gebracht, sich einer Band anzuschließen. Wir machten gemeinsam Musik. Ich war ziemlich zufrieden.

Zu den ersten Sessions brachten wir einen Tape-Recorder mit, damit wir die komponierten Songs aufnehmen konnten. Ein erster Track hieß »Rude Boy« und war von unseren Lieblings-Ska-Bands beeinflusst. Yog und ich sangen über einen pulsierenden Reggae-Backbeat:

> Rude boy, rude boy,
> Naughty rude boy,
> This ain't your party,
> No one invited you.

Unserer Meinung nach war das ein todsicherer Hit, daher schrieben wir ab dann in schnellem Tempo immer mindestens einen Song pro Session. Der nächste war »The Executive«, der sich inhaltlich mit der Plackerei eines Bürojobs befasste. Schön wär's. Wenn das mit der Band nicht klappte, konnten wir uns auch bald beim Arbeitsamt anstellen. Uns gefiel der knackige Titel des Songs und das irgendwie mondäne Bild, das er heraufbeschwor.

Also wurden wir The Executive.

Bei den Proben komponierten Yog und ich mit den Instrumenten, die wir gerade zur Verfügung hatten, und arbeiteten das Grundgerüst der Melodie heraus, die wir singen würden. Währenddessen klamüsterten die anderen die Drum- und Gitarrenparts aus, sodass der Song langsam Gestalt annahm. Dabei hatten Yog und ich eine ganz ähnliche Arbeitsweise. Abgesehen von meiner bescheidenen Erfahrung als Pianist hatte keiner von uns jemals wirklich gelernt, ein Instrument zu spielen, daher

Rude Boy   MUSIC GEORGIS PANAYIOTOU
                           WORDS ANDREW RIDGELEY &
Rude Boy, Rude Boy,   GEORGIS PANAYIOTOU
" "   " "
" "   " "
" "   " "

This ain't your party
No-one invited you
You've come to trouble
Don't think we haven't noticed you.
You wanna stick around?
You better play it cool.
chorus
Rude Boy, Rude Boy
Naughty Rude Boy!
" "   " " " "

You've been seen around
You've got a bad name
I've seen you skanking,
It look like you been named.
But you not one of us
You'd better play our game.

CHORUS

Break.

You don't take no heed,
Of what I tell you.
You need the strongarm act,
A-forced upon you,
Rude Boy!   Rude Boy!
You not so naughty now!   Rude Boy!
                                       Rude Boy!
CHORUS....   Rude Boy!
                                       Rude Boy!
This ain't your party   ↗
No-one invited you
You've come to trouble   Repeat to fade.
Don't think we haven't noticed you!

Repeat three times

gingen wir alles rein instinktiv an. Yog war äußerst musikalisch und lernte Songs schnell, weil er ein Gehör für Melodien hatte und sich leicht durch Musik ausdrücken konnte. Zu dem Zeitpunkt waren wir alle noch keine fähigen Musiker, aber wir hatten genug angeborenes Talent, um die Songs spielen zu können. Dabei kam uns natürlich auch zugute, dass sie weder sonderlich komplex noch schwer zu spielen waren! Als George später berühmt war, ließ er kein gutes Haar mehr an The Executive, aber damals dachte er wie ich, wir seien die Größten. Nach ein paar Monaten war ich auf jeden Fall umso mehr von unserem Potenzial überzeugt.

Von meiner akademischen Laufbahn konnte man das jedoch nicht behaupten. Am College interessierte mich mein Abschluss genauso wenig wie an der Schule, aber die Atmosphäre dort, die jedem Schüler selbst die Verantwortung für seine Anwesenheit übertrug, passte mir perfekt in den Kram. Mein Sozialleben erlebte nun einen regelrechten Aufschwung.

Partys! Musik! Mädchen!

Gelegenheiten boten sich alle naselang, und so fuhr ich zum Beispiel mit Collegefreunden nach London, um die amerikanische New-Wave-Band The B-52s zu sehen, die ich aus John Peels Radioshow kannte. Darauf folgte ein Gig von Orchestral Manoeuvres in the Dark. Mein Horizont erweiterte sich parallel zu meinem Freundeskreis, aber Yog war immer mittendrin, und The Executive blieben unsere Priorität.

Glücklicherweise hatte ich auch in Sachen Dating endlich Fuß gefasst. In den Fluren lächelten die Mädchen jetzt *mich* an. An der Bushey Meads hatte ich zwar auf die Hälfte der Mädchen in meiner Klasse gestanden, aber es war so gut wie nichts gelaufen. Das Cassio war wie eine andere Welt. Dort lernte ich auch meine erste richtige Freundin kennen: Hannah. Sie war mir zuerst in Geografie aufgefallen, als sie sich in die Reihe vor mir gesetzt hatte. Ihre gekreppten roten Haare waren ein echter

Hingucker. Sie war umwerfend und elegant, und als wir uns nach dem Unterricht unterhielten, erfuhr ich von ihrer kreativen Ader: Hannah entwarf und nähte ihre eigenen Klamotten, was sie umso interessanter machte.

Irgendwann überwand ich endlich meine Scheu, bat sie um ein Date, und Hannah sagte Ja. Da wir beide ziemlich zurückhaltend waren, gingen wir unsere Beziehung langsam an. Bis wir eines Tages im Bett ihrer Eltern miteinander schliefen, als diese übers Wochenende weg waren. Danach gab es kein Zurück mehr. Als meine Eltern verkündeten, sie würden zwei Wochen in den Urlaub fahren, war Hannah einverstanden, einmal bei mir zu übernachten. Am nächsten Morgen schliefen wir aus, bis plötzlich das Licht im Schlafzimmer anging. Mum und Dad! Sie waren ohne Vorwarnung früher zurückgekommen. Auch wenn sie uns zwar nicht auf frischer Tat ertappt hatten, hatten sie doch genug gesehen, um zu wissen, was Sache war. Es war schrecklich. Mum war stinksauer, und es brauchte eine Weile, bis sie wieder gut mit mir war. Und wie es bei Teenielieben so ist, trennte ich mich ein paar Wochen später wieder von Hannah, weil mir am College ein anderes Mädchen aufgefallen war.

Ich war jetzt siebzehn, und das Leben änderte sich in einem irrsinnigen Tempo. Das galt auch für die Musik.

7

One Step Beyond – erste Auftritte

Viele glauben, dass George bei uns schon immer den Ton angab. Als wir 1984 so weit waren, *Make It Big* aufzunehmen, war das wohl auch so, aber nicht in unserer frühen Zeit. George hegte zwar kaum Zweifel daran, dass Musik seine Bestimmung war, aber er hatte noch nicht das nötige Selbstvertrauen, diesen Traum Realität werden zu lassen. Obwohl Charterfolge für The Executive außer Reichweite waren, glaubte er nach jedem gemeinsam geschriebenen Song immer mehr an sein eigenes Talent.

Ich zweifelte nicht an meinen Fähigkeiten. Später schaffte ich es zwar nicht, gegen Georges Talent anzustinken, aber was schieres, unerschütterliches Selbstvertrauen anging, war ich ihm um Lichtjahre voraus. Von Anfang an stand jedoch fest, dass wir beide sehr gut zusammenarbeiteten, und ich war überzeugt davon, dass wir noch was schaffen, *es zu was bringen* würden. Dabei ging es mir nicht vordergründig um Ruhm, Erfolg oder Geld. Ich sehnte mich einzig und allein danach, dass ein Label oder ein Manager genug an uns und unsere Musik glaubte, um uns einen Plattenvertrag anzubieten. Den gleichen

Traum hatten Millionen andere Kids auf der ganzen Welt. Außer Jack Panagiotou.

Obwohl ich gar nicht mehr an der Bushey Meads war, lenkte ich Yog in Jacks Augen immer noch vom rechten Weg ab. Er wollte, dass Georges Bildungsweg in einen Universitätsabschluss mündete, und wenn ich ihn nicht oft sah, vermittelte er mir jedes Mal das Gefühl, ich würde seinen Sohn ins Verderben führen. Vater und Sohn hatten ein ziemlich gespaltenes Verhältnis, und Yog befürchtete, es weiter zu belasten, wenn er seine musikalischen Ambitionen weiter vorantrieb. Weil er auf die Zustimmung seines Dads hoffte, nahm Yog irgendwann all seinen Mut zusammen und spielte ihm eine Kassette mit Songs von The Executive vor. Es waren rudimentäre Demos, dennoch ließen ihre Melodien ein größeres Potenzial erkennen, als die begrenzten Möglichkeiten eines improvisierten Wohnzimmerstudios zuließen. Yog schob das Tape in den Kassettenschlitz des Autoradios.

»Was ist das?«, fragte Jack misstrauisch.

»Unsere Band, Dad. Daran arbeiten wir schon seit Monaten.«

Jack war ziemlich unbeeindruckt. »Das hat doch keinen Sinn«, blaffte er. »Komm schon, alle Siebzehnjährigen wären doch gerne Popstars, oder?«

Yog schoss zurück: »Nein, alle *Zwölfjährigen* wären gerne Popstars!«

Sein Frust über Jacks mangelnde Unterstützung trat immer deutlicher zutage.

Aber das beeinträchtigte unseren Fortschritt nicht. The Executive hatten ihren allerersten Gig klargemacht – ein echter Meilenstein für unsere Band, und zwar im Quartier der 18th Bushey & Oxhey Scouts, den Pfandfindern. Von den Wänden blätterte grüne Farbe, und in den Möbeln und Vorhängen hing ein muffiger Modergeruch, aber es hätte genauso gut Wembley sein können.

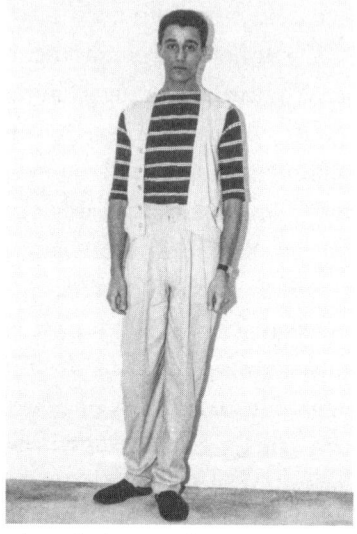

Die ersten Solofotos von uns als Bandmitglieder. So sehen Stars aus.

Noch nicht Wembley, aber fast: Die 18th Bushey & Oxhey Scout Hut.
Veranstaltungsort unseres allerersten Gigs von The Executive.

Wir hängten an der Schule und am College Plakate auf, die Nachricht verbreitete sich wie ein Lauffeuer. Außerdem mussten uns Freunde versprechen, dass sie kamen, und wir gaben uns beim Proben mehr Mühe als sonst. Irgendwie verstärkte die Aussicht auf unser erstes Konzert die Gereiztheit innerhalb der Band noch mehr. Pauls übertriebener Drumstil ging uns zwar allen auf die Nerven, aber Yog brachte er auf die Palme. Auch wenn sich also schon frühzeitig andeutete, dass The Executive musikalische Differenzen hatten, hielten wir durch.

Die Setlist für die Show stellte sich quasi von selbst zusammen. Wir hatten erst etwa ein Dutzend Songs geschrieben und übten zusätzlich noch ein paar Coverversionen ein. Eröffnen wollten wir mit einer aufrührerischen Ska-Neuinterpretation von Beethovens »Für Elise«, gefolgt von »Rude Boy« und unseren anderen hausgemachten Tracks sowie unserer Version von Andy Williams' »Can't Get Used to Losing You«.

Als Teenies waren wir damals alle knapp bei Kasse. Daher konnte sich keiner von uns den eigentlich angepeilten Look leisten: das unverkennbare Rude-Boy-Outfit, wie es Vorreiter der Ska-Szene trugen, die sich alle um das Label 2 Tone Records scharten. Dessen Logo war ein Mod in schwarzem Anzug, weißem Hemd und schwarzen Loafern. Wir alle kannten die Klamotten aus *Top of the Pops* und imitierten sie, aber wir sahen weiterhin einfach aus wie eine zusammengewürfelte Teeniegang.

Zur Vorbereitung war ich im Secondhand-Laden Sue Ryder gewesen, um mir ein Bühnenoutfit zu besorgen. Diesmal fiel meine Wahl auf eine flaschengrüne Lederjacke, ein kariertes Halstuch und eine sehr weite Hose. Das Publikum war bester Stimmung, als wir die Bühne betraten, weil alle schon in Pubs vorgeglüht hatten – es war ihnen also herzlich egal, ob wir wie eine richtige Band aussahen oder nicht.

Wir fingen mit »Für Elise« an, spielten es aber, weil wir so aufgeregt waren, viel schneller als sonst. Ich hüpfte hinter dem Keyboard auf und ab, und Yog gab ein paar wilde Dance-Moves im Stil von Chas Smash von Madness zum Besten. In der Hütte drängten sich an die hundert Kids, die vor uns hin- und herwogten wie die Menge bei den Konzerten, die ich mit Yog in London gesehen hatte. Nachdem wir zu unserem Programm sogar noch einige Zugaben spielen sollten, hatte ich das Gefühl, The Executive stünden kurz vor der Welteroberung. Zumindest bis wir hinterher abbauen und das ganze Equipment in die Autos unserer geduldigen Eltern laden mussten, damit sie uns heimfuhren. Aber sogar das konnte die Euphorie nicht mindern.

Unser erster Gig war ein Erfolg.

Jetzt war ich mehr denn je davon überzeugt, dass der Durchbruch nicht mehr lange auf sich warten lassen würde. Und, was noch besser war, seit unserem ersten Gig sah Yog das genauso – er hatte es großartig gefunden. Kurz darauf folgte noch eine verlockende Vorschau auf das, was uns bevorstehen könnte. Über den Freund eines Freundes wurden The Executive einem A&R-Mann namens Mike Burdett vorgestellt, einem jungen Typen, der bei einem kleinen Musikverlag namens Sparta Florida Music Group als Talentscout arbeitete. Mike war gerade dabei, sich in der Branche einen Namen zu machen, und kam zu einer unserer Proben. Unsere Songs beeindruckten ihn anscheinend, aber er war der Meinung, wir wären insgesamt noch zu unausgereift. Trotzdem gefiel ihm sowohl die Beziehung zwischen Yog und mir als auch unsere gemeinsame Bühnenpräsenz.

Zumindest *schien* es so, denn Mike kam immer mal wieder zu den Proben, was bei uns den Eindruck hinterließ, mit The Executive ginge es echt bergauf. Wir hatten das Gefühl, alles würde richtig gut laufen, also legten wir zusammen, um ein Stu-

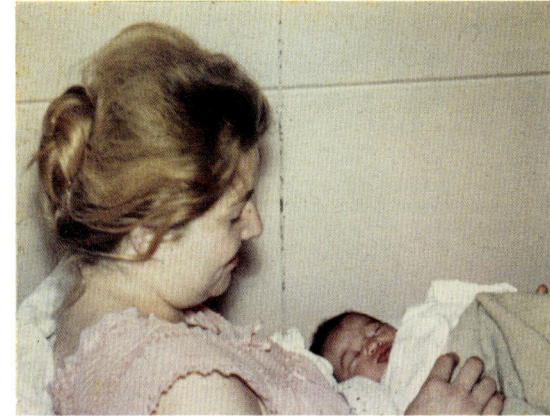

Die junge Jennifer Ridgeley mit einem noch jüngeren Andrew John Ridgeley, 26. Januar 1963.

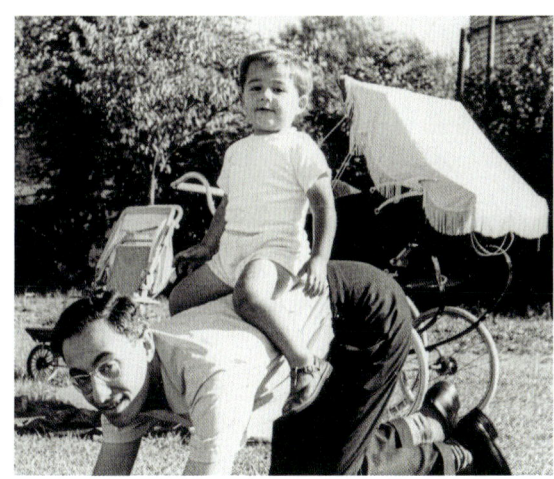

Dad verbringt einen »entspannten« Nachmittag im Garten unseres Hauses, Roundway 23.

Eins der wenigen Bilder, auf dem wir alle zu sehen sind. Normalerweise machte Dad die Fotos. Was für eine schöne Ausnahme!

Mein erster Schultag in der Merry Hill Infant School. Ich bin mächtig stolz auf meine Schuluniform!

Partnerlook: Ich und mein Bruder Paul. Ein idyllischer Sommerausflug auf der Themse, 1970.

Viele glückliche Jahre lang unser Zuhause: Ashfield Avenue 40 in Bushey.

Mum, Paul und ich im Sommerurlaub in Swanage, 1967. Klassischer englischer Ferien-Look: Socken in Sandalen!

Alljährliches Schulfoto im Mai 1972, Ashfield Primary School.

Jumbo und Spitfire Willy im Garten von Ashfield Avenue 40,
Frühling 1972.

Unbeschwerte Sommerferien. Ich und Dad in Swanage, 1972.

Gemeinsame Sache: Mum und ich mit Slinky Podge, unserer Katze.
Richtig glücklich sieht sie allerdings nicht aus.

Aufstrebende Stars: Unsere erste Band The Executive in finaler Besetzung.

Der Pulli!

Shirlie, George und ich. Nur wir drei. Das war die schönste Zeit.

Waah, die Shorts! Auf der Club-Fantastic-Tour 1983. Die Outfits! Das hat uns unsere Band nie verziehen.

Shirlie mit ihren beiden größten Fans!

»Andy, Andy,
ich hab's!« –
George haut in die
Tasten.

»… für mich eine doppelte Portion, bitte!«

dio in der Nähe von St Albans zu buchen und ein Demo aufzunehmen. Wir gaben jeder einen Zehner dazu und engagierten für die Session sogar einen Saxophonisten aus der Gegend.

Zuerst wollten wir »Rude Boy« aufnehmen. Zum ersten Mal standen also Yog und ich in einem echten Studio vor dem Mikrofon. Ganz ähnlich wie später beim Intro von »Club Tropicana« sorgten wir am Songende für Partystimmung, indem wir unsere Bandkumpanen in die Gesangskabine holten. »Für Elise« nahmen wir mit der gleichen zackigen Ska-Energie auf, mit der wir es bei unserem ersten Gig gespielt hatten, dann folgte unsere Neuinterpretation von »Can't Get Used to Losing You«.

Um unsere Chancen auf einen Plattenvertrag zu erhöhen, setzten wir auch gleich ein Fotoshooting an. Yog trug einen zerknautschten cremefarbenen Anzug, der von seinem semierfolgreichen Versuch überschattet wurde, sich einen Bart wie Barry Gibb wachsen zu lassen. Unerklärlicherweise entschied ich mich für meine weite Hose und ein Ringelshirt, das Marcel Marceau gehört haben könnte. Die Fotos trugen wohl kaum dazu bei, The Executive in Musikmagazine wie *Sounds* oder *Melody Maker* zu bringen. Genauso wenig wie unser Demo, wie sich später herausstellte. Mikes Vorgesetzte bei Sparta Florida waren unbeeindruckt und wollten nicht mit uns zusammenarbeiten. Die Nachricht war eine herbe Enttäuschung. Unsere Hoffnungen waren erst geweckt und dann zerstört worden, aber der Schlag wurde durch die Erkenntnis abgemildert, dass wir versucht hatten, zu sprinten, bevor wir überhaupt krabbeln konnten. Das Ganze war zu schön gewesen, um wahr zu sein, aber zumindest das Gefühl, eventuell ganz kurz vor einem Plattendeal gestanden zu haben, befeuerte unseren Ehrgeiz und hielt unsere Hoffnungen am Leben.

Der Lohn dafür folgte bald, als wir es schafften, bei verschiedenen Gigs ins Lineup zu kommen. Es war ein wahrer Coup,

THE EXECUTIVE

Lyrics: Andy
Music; Pog

Boy you know it's been a bad day
So many things I've had to say
Each one said a total surprise
I could see the shock in their eyes

So now I'm out back on my own
A little wiser I have grown
It's the last time I'll walk this bend
Now I'll have time to make a friend

Outside I'm old inside I'm young
These past years have been no fun
As I lie upon my bed
My working life buzzes in my head

CHORUS?
   I am the executive
   Only got one year to live
   Such is the price to pay
   For the stress so they say

May I say sir? Yes you can!
I enjoyed being your yes man
Working with figures numbs your brain
Their clammy voices are such a pain

Every day around me so much tension
In the end I get sod all pension
Directors lunches line paper
Ten years on you get a free pacemaker.

Now with such extended life!
Me, that's me and my wife
Going on a cruise spend all our money
I probably won't die won't that be funny

CHORUS
   I am the executive
   Only got one year to live
   Such is the price to pay
   For the stress so they say.

als wir die Studentenvertretung des Harrow College of Higher Education überreden konnten, uns als Vorband für The Vibrators spielen zu lassen, eine Punkband, die schon bei *Top of the Pops* aufgetreten war. Einerseits waren wir hellauf begeistert, gemeinsam mit einer bekannten Band zu spielen, machten uns andererseits aber Sorgen, wie wir wohl bei einem Saal voller Punks ankommen würden. Erstaunlicherweise hatten wir sie nach zehn Songs und einer Zugabe überzeugt und kamen davon, ohne bespuckt zu werden. Nicht nur das, wir waren auch einem Lokaljournalisten aufgefallen, der nun die erste Kritik über uns schrieb.

»Man muss schon gute Gründe haben, um nicht zur Musik von The Executive zu tanzen«, schrieb er. »Aber nicht einmal zwei gebrochene Beine wären Grund genug.« Später wurden wir interviewt, und ich beklagte mich darüber, dass wir immer noch keinen Plattenvertrag hatten. »Wir sind immer noch ziemlich naiv, wenn es um das Musikbusiness geht«, sagte ich und erklärte, dass wir an die dreißig Pfund Kosten gehabt hatten, um überhaupt spielen zu können, und dass wir nur mit Bier bezahlt worden waren. Dabei hätte ich in Wirklichkeit, wenn nötig, der Studentenvertretung des Harrow College sogar Geld für eine Auftrittsmöglichkeit geboten. Den Artikel klebte sich Mum später stolz in ihr Sammelalbum.

Dass darin die beiden Sänger von The Executive jedoch Yog Ranos und Andrew Rodgeley genannt wurden, störte niemanden im Geringsten.

8

Melody Makers –
im Rhythmus

Als sich anscheinend gerade alles für The Executive zum Guten wendete, brach jedoch das Chaos aus. Unser nächster Gig sollte am Cassio College stattfinden – ein Heimspiel für mich, und daher freute ich mich darauf besonders. Alle meine Freunde würden da sein und wir unsere Qualität unter Beweis stellen. Aber bei The Executive brodelte es. Seit der Gründung waren Jamie Gould als Bassist und Lesleys Bruder Tony als weiterer Gitarrist eingestiegen. Jetzt hatten wir drei, also eindeutig zu viele. Daher trafen wir die schwierige Entscheidung, dass wir ohne Andy Leaver weitermachen würden. Aber dann stiegen kurz vor dem Cassio-Gig auch noch Tony und Jamie aus! Wir wollten auf keinen Fall absagen, also beschlossen wir restlichen vier, trotzdem weiterzumachen. Obwohl er bisher höchstens bei den Proben mal mit dem Bass herumgespielt hatte, gelang es Yog, die Basslines unseres gesamten Sets zu lernen – aller zehn Songs! Wie durch ein Wunder machte er kaum Fehler. Und als er irgendwann doch mal einen Basslauf nicht hinbekam, improvisierte er einfach und sang den Part kurzerhand ins Mikro. Zum Glück sorgte ich zusätzlich für ausreichend Ablenkung.

Während des Gigs trug ich Kajal und ein nicht minder auffälliges Outfit.

Die gerade aufkommende New-Romantic-Szene sonnte sich im Glamour und ließ, inspiriert von Künstlern wie David Bowie und T. Rex, Geschlechtergrenzen verschwimmen. Mädchen hatten kurze Haare, Männer benutzten Make-up – vor allem kleideten sich alle extravagant. Für den Soundtrack zum Look sorgten verträumte Synthies und Popmelodien. Gary Numans Tubeway Army erlebten ihren Durchbruch mit dem Hit »Are ›Friends‹ Electric?« und öffneten damit anderen Acts wie Visage und Duran Duran Tür und Tor.

Meinem inneren New Romantic verlieh ich mit einem echten Stewart-Kilt Ausdruck, der meiner Großmutter gehört hatte und den ich mit cremefarbenen Kniestrümpfen mit verschiedenfarbigen Troddeln kombinierte. Als ich so mal zu einer Party bei Yog erschienen war, bestätigte das nur Jacks und Lesleys Meinung, dass ich einen schlechten Einfluss auf ihren Sohn hätte. Dabei war sogar Yog verwirrt. Als er mir die Tür öffnete, beäugte er mich erschrocken.

»Äh, Andy, ist das etwa ein Kilt, oder was?«

»Ja, na und?«, erwiderte ich und entschied mich für die schamlose Tour. »Sieht doch cool aus.«

Tat es nicht, aber es reichte, um meine Freunde bei dem Cassio-Gig von Yogs Bassspiel abzulenken. Am nächsten Morgen stolzierte ich erhobenen Hauptes in den Gemeinschaftsraum des Colleges. Das war noch mal gut gegangen.

Nachdem Andy, Jamie und Tony sich verabschiedet hatten, kehrten wir als leicht dezimierte Band für die nächsten Aufnahmen zurück ins Studio. Durch Proben und Shows hatten sich The Executive weiterentwickelt, also hofften wir, dass ein neues Demotape den Labels, die uns schon einmal eine Abfuhr erteilt hatten, zeigen würde, was sie sich hatten entgehen lassen. »Blood Is Thicker Than Water«, »Why?«, »Donna«, »New

Adventures« und das keck betitelte »Tell Me Have We Met Somewhere Before« wanderten auf Band. Yog und Dave Mortimer teilten sich den Bass, Yog und ich sangen, Dave und ich spielten Gitarre, wir alle steuerten Backing Vocals bei. Das Ergebnis stellte eine deutliche Steigerung gegenüber unserem ersten Versuch dar. Die Songs – noch dazu unsere eigenen – waren besser, und musikalisch hatten wir uns auch gesteigert. Diesmal dachten wir, wir hätten den Nagel auf den Kopf getroffen, und die Musikindustrie könnte uns jetzt nicht mehr ignorieren. Yog, der nun etwas mehr Freizeit hatte, und ich beschlossen, persönlich damit bei Plattenfirmen Klinken putzen zu gehen. Yog lernte nach wie vor mehr als ich, aber er hatte Musiktheorie geschmissen und belegte nur noch Englische Literatur und Kunst. Als Repräsentanten von The Executive fuhren wir zu zweit nach London, um uns einen Plattendeal zu sichern. Nachdem ich emsig die Rockgeschichte studiert hatte, war ich der Meinung, wir hätten bei großen Labels nur eine Chance, wenn wir im Foyer aufkreuzten und verlangten, dass sich jemand Wichtiges unser Demo anhörte. »Sie machen einen Riesenfehler, wenn Sie sich diese Gelegenheit entgehen lassen«, sagte ich. Alle lehnten ab. Wir warteten stundenlang in verschiedenen Empfangshallen und Warteräumen, nur um immer wieder zu hören, dass uns das gewisse Etwas fehlte. Eine herbe Enttäuschung.

Andere machen so etwas besser.

Da ist kein Hit dabei.

Einfach nicht gut genug.

Yog und ich verstanden zwar, dass die Chancen generell gegen uns standen, aber diesmal waren wir wirklich von uns überzeugt gewesen. Es war eine schmerzhafte Niederlage, die jedoch sogar noch gesteigert werden sollte.

Nach unserem demotivierenden Versagen auf der Jagd nach einem Plattenvertrag setzten wir all unsere Hoffnungen auf

Livegigs. Dave sagte, er kümmere sich gerade um einen weiteren Gig am Harrow College, diesmal als Headliner, aber er wich uns immer mehr aus, und wir waren uns bei den Einzelheiten nicht sicher. Die Daten änderten sich andauernd, es war unmöglich, ihn auf irgendeine Angabe festzunageln. Frustriert lud ich Yog zu mir ein, um die Sache zu besprechen. Wir wollten nicht weiter an der Nase herumgeführt werden, also sollte Yog Dave anrufen und die Wahrheit aus ihm rausquetschen. Mitten im Gespräch wandte sich Yog zu mir um und sagte, es gebe keinen Gig. Es war alles eine einzige Lüge gewesen.

Ich war stinksauer. Nach den Rückschlägen mit dem Demo war das Konzert für uns noch wichtiger geworden, aber Dave hatte uns für dumm verkauft. Er hatte das Interesse an The Executive verloren. Wie wir später erfuhren, liebäugelte er inzwischen mit einer anderen Band. Also war Dave draußen. Er wollte uns nicht, und wir ihn auch nicht mehr. Diese Neuigkeit teilte ich meinem Bruder mit, der daraufhin verkündete, er wolle auch aussteigen, um bei einem Jazz-Funk-Trio namens Souls Valiant mitzumachen. Paul wollte in einer Band spielen, die ihm mehr Raum für seinen ausufernden Stil gab. Yog und mich machte dieser Stil zwar wahnsinnig, aber nach Pauls Weggang waren The Executive Geschichte.

Eines Abends kam er mit einem Tape seiner neuen Band nach Hause, wollte es aber nur Mum und Dad vorspielen. Ich lauschte natürlich trotzdem. Ich muss gestehen, dass ich kein Fan von Jazz-Funk war, aber ich fragte mich trotzdem: »*Dafür* ist er bei The Executive ausgestiegen?« Ich verkniff es mir, ihm meine Meinung zu sagen, aber vermutlich wusste er, was ich dachte. Der Schaden war immens. Weil weder Paul noch Dave an uns glaubten, standen Yog und ich genau in dem Moment alleine da, als The Executive vielleicht kurz vor der Entdeckung gestanden hatten. Wir hatten also nur noch uns. Es stand außer

Frage, dass wir irgendwie weiter zusammen Musik machen würden. Und bald bekamen wir wieder Verstärkung.

Die süße, blonde und äußerst hübsche Shirlie Holliman fiel mir im Three Crowns ins Auge. Sie war in der Schule ein Jahr über mir gewesen, allerdings mit sechzehn abgegangen und nach Sussex gezogen, um Reitlehrerin zu werden. Jetzt war sie gerade nach Bushey zurückgekehrt. Ich fasste mir also ein Herz und stellte mich ihr vor – wir verstanden uns sofort blendend. Sie war warmherzig und witzig, und ich freute mich riesig, als sie sagte, dass sie mit mir ausgehen würde.

Weil wir es beide nicht erwarten konnten, verabredeten wir uns für den nächsten Abend, was im Nachhinein betrachtet vielleicht keine so gute Idee war – denn es war mein achtzehnter Geburtstag. Schon mittags trank ich mit Freunden ein paar Bier, keine Ahnung, warum es ausgerechnet Special Brew hatte sein müssen! Als der Abend vor der Tür stand, konnte ich keinen zusammenhängenden Satz mehr bilden. Ich torkelte nach Hause und ließ mich aufs Bett fallen, und das ganze Zimmer drehte sich wie ein Deckenventilator. Aber ich musste Shirlie Bescheid sagen. »Tut mir so leid«, lallte ich ins Telefon. »Ich hab ein paar auf meinen Geburtstag getrunken und wohl ein bisschen übertrieben …«

Als wir uns dann doch noch trafen, fand ich heraus, wie wahnsinnig tolerant, aufmerksam und verständnisvoll Shirlie war. Aber sie war auch viel weltgewandter und unabhängiger als die anderen Mädchen, die ich vorher kennengelernt hatte. Als ich ihr all die unschönen Details von einem sonntagmorgendlichen Besuch in einem Stripclub, dem Working Men's Club in Sheffield, erzählte, in den mich ihr ältester Bruder mitgeschleppt hatte, nahm sie es locker und war davon gleichermaßen gefesselt wie angewidert.

Bald waren wir unzertrennlich. Ich fand es toll, wie sie das

Leben in vollen Zügen genoss und erzählte ihr davon, wie es mir mit The Executive nicht gelungen war, die Plattenindustrie zu erobern, und dass Yog und ich noch keine weiteren Pläne hatten. Er war kürzlich eingeladen worden, bei einer Soul-Funk-Gruppe in North London vorzusingen. Als ich zu der Session dazustieß, stellte ich erleichtert fest, dass sie zwar technisch versiert waren, aber keine guten Songs hatten. Noch erleichterter war ich, als sie Yog einen Korb gaben.

»Du bist nicht das, wonach wir suchen«, sagte der Chef-Songwriter der Band, der keinen Schimmer hatte, welchen dicken Fisch er da an der Angel gehabt hatte.

Auf dem Nachhauseweg beschlossen Yog und ich, zusammen weiterzumachen. Und ich fand, es war an der Zeit, Yog und Shirlie einander vorzustellen. Wir drei hatten so viel gemeinsam, dass ich mir sicher war, dass die beiden sich gut verstehen würden. Als wir zu ihm nach Hause kamen, erkannte sie ihn sofort.

»Oh mein Gott, das ist ja die Brillenschlange aus der Schule!«, flüsterte sie, als wir nach oben gingen, um uns seine Plattensammlung anzusehen. Zum Glück überwand sie die Überraschung bald, und wir wurden ein unzentrennliches Trio.

Your BRIGHT new Mirror
WHAM
goes to a party

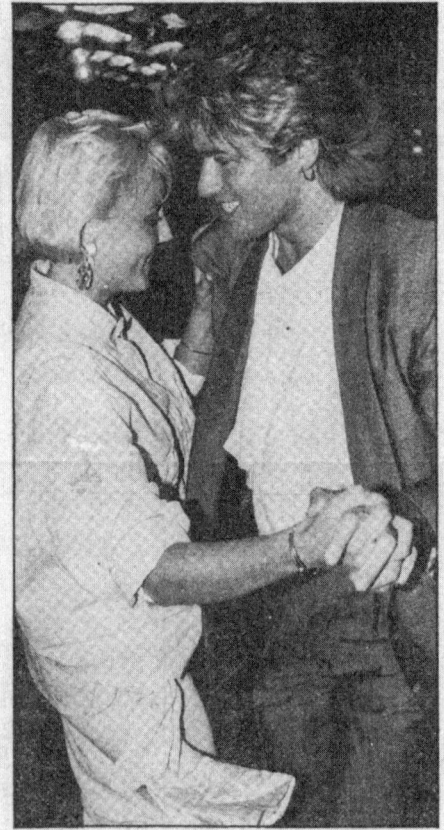

WHAT a swell party it was. Wham's George Michael and dancing girl Shirley Holliman were clearly in close harmony. And their pop buddy Andrew Ridgeley joined in the fun, as you'll see if you turn to PAGE 3.

Picture: ALAN GRISBROOK

In den darauffolgenden Wochen gingen wir drei zusammen in Clubs und bereiteten uns auf Abende in Läden wie dem Bogart's in South Harrow vor, indem wir in Yogs Zimmer Choreografien einstudierten. Wir tanzten zu »Planet Earth« von Duran Duran und Spandau Ballets »To Cut A Long Story Short« und »Chant No. 1«. Ich dachte mir einen schwungvollen Tritt zur Seite aus, den wir drei großartig fanden, auch wenn er für alle anderen wahrscheinlich lächerlich aussah. Es war unsere Kleinstadtinterpretation unserer Eindrücke aus den Londoner Clubs wie Le Beat Route oder dem Wag Club, die bei den New Romantics damals der Inbegriff von cool waren. Wir waren jung, unkompliziert und zusammen am glücklichsten. Meine Großmutter fragte sich sogar, ob bei uns irgendeine Dreiecksgeschichte lief, aber wir verstanden uns einfach wunderbar. Sogar so gut, dass Shirlie mir sagen konnte, dass sie eigentlich lieber mit Yog tanzte. »Bei dir fühlt es sich immer so an, als würde ich ein fremdes Fahrrad benutzen«, gestand sie mir eines Abends. »Du bewegst dich so ... *eckig*.« Mir machte das nichts aus – na ja, fast nichts.

Freitags und samstags war im Bogart's sowieso nicht viel

Platz zum Tanzen. Der Laden war immer brechend voll, und am Wochenende wurde zudem mehr getrunken. Da würde mein toller Sidekick eher eine Schlägerei anzetteln als an John Travolta erinnern. Aber dienstags war das anders: Da war »Alternative Night«, und wir drei tanzten zu cooleren Sachen wie »Papa's Got A Brand New Pigback« oder Blue Rondo à la Turks »Me and Mr. Sanchez«.

Manchmal gingen Yog und ich zusammen auf die Tanzfläche, und manchmal war Shirlie bei unseren gut einstudierten Choreografien dabei. Wir tranken, tanzten und wurden dabei immer dickere Freunde.

9

Wham! Bam! (I Am! A Man!) – an sich glauben

1981 glich Großbritannien einem Pulverfass. Mir war bewusst, wie frustriert meine älteren Freunde waren, die schon mit der Schule oder dem College fertig waren. Schüler und Studenten legten erstklassige Abschlussprüfungen hin, nur um sich dann in die immer länger werdende Schlange vor dem Arbeitsamt einzureihen. Ungefähr 2,5 Millionen Menschen waren arbeitslos, in den Innenstädten kam es zu Ausschreitungen. Obwohl die Feuer und Raserei in Brixton, Toxteth und Handsworth Lichtjahre entfernt schienen, sahen Yog und ich die Welt der Erwachsenen in kultureller und sozialer Hinsicht als unerbittlichen Ort an, an dem man sich nur schwer behaupten konnte. Wir lebten daher lieber im Hier und Jetzt. Wir amüsierten uns gemeinsam und ließen uns von der Musik ablenken, die dank preiswertem Heim-Equipment einen Ausweg aus einem langweiligen Normalo-Job – oder noch schlimmer: der Arbeitslosigkeit – darstellte. Das war auch besser so, weil mir Schule und Prüfungen echt schnurz waren.

Als der Sommer anbrach, wurden mir jedoch die Konsequenzen meiner nicht bestandenen Abschlussprüfungen langsam bewusst. Der Schulleiter des Cassio College, Mr. Strachan, hatte keine Geduld mehr mit meiner Gleichgültigkeit und brummte mir eine zweite Probezeit auf. Ich hatte zwar ein Händchen dafür, gerade so oft in den Lehrveranstaltungen aufzutauchen, um den Eindruck zu erwecken, ich würde mich an so etwas wie einen Stundenplan halten, aber wenn meine Lehrer von mir verlangten, fehlende Leistungen nachzuholen, hatten sie Pech. Ich interessierte mich viel mehr für Pubs, Musik und Shirlie als für meinen akademischen Werdegang. Letzten Endes entschied ich mich gegen die Teilnahme an den Prüfungen. Es hatte auch keinen Sinn: Ich hatte weder die Bücher gelesen noch einen einzigen Aufsatz geschrieben. Dann wollte ich nach der Verkündung der Ergebnisse meinen Eltern die schlechte Neuigkeit überbringen. Das verschaffte mir ein paar Monate Luft, um mir eine Ausrede einfallen zu lassen.

Wir lebten, als hätten die Pflichten des richtigen Lebens rein gar nichts mit uns zu tun. David Mortimer, unser ehemaliger Bandkollege bei The Executive, hatte einen Job als Bademeister in Watford bekommen, also hingen wir dort herum. Nachdem wir *Der Weiße Hai* im Empire in Watford gesehen hatten, fürchtete Yog sich vor dem offenen Meer, aber für das Freibad galt das glücklicherweise nicht. Er, Shirlie und ich vertrödelten gemütlich die Nachmittage im Wasser. Zu Hause war entspanntes Rumhängen zu dem Zeitpunkt kaum noch möglich. Seit wir in die Chiltern Avenue auf der anderen Seite des King-George-V-Freizeitgeländes in Bushey gezogen waren, war Mum mächtig stolz auf unser Heim. Wir hatten jetzt mehr Geld, und ihr wurden Aufmachung und Äußerlichkeiten immer wichtiger. Das neue Haus war nicht mehr so behaglich wie das alte, was rückblickend verständlich ist. Mum hatte jahrzehntelang entbehrungsreich gelebt, damit es uns Jungs an nichts fehlte. Ich war stolz darauf, wie weit sie und Dad es gebracht hatten, aber es nervte mich trotzdem, dass jeder unter achtzehn an der Haustür die Schuhe ausziehen musste. Da bekam man das Gefühl, einen königlichen Palast zu betreten – ziemlich übertrieben. Außerdem nahmen mir Mum und Dad jede Woche zwanzig Pfund ab, damit ich bei ihnen leben durfte.

Yog hatte es im Hause Panagiotou auch nicht leichter, ganz im Gegenteil, denn Jack hatte ihm ein Ultimatum gestellt:

»Wenn du innerhalb von sechs Monaten keinen Plattenvertrag oder einen Job hast«, sagte er, »*dann fliegst du hier raus.*«

Nach diesem heftigen Tritt in den Hintern lief uns also die Zeit davon.

Deshalb ließ Yog sich auch auf einige todlangweilige Jobs ein, zuerst als Tellerwäscher im Restaurant seines Dads, dem Angus Pride. Dann folgte ein kurzer Abstecher ins Lager von British Home Stores, die ihn aber feuerten, weil er deren Arbeitskleidung mit Hemd und Krawatte nicht tragen wollte. Dann schwitzte und stöhnte er ein paar Wochen gutbezahlt auf einer Baustelle, bevor er als Platzanweiser im Empire Cinema in Watford anfing – das Kino, in dem wir uns damals erfolgreich in die Vorstellung von *Saturday Night Fever* gemogelt hatten.

Die beiden Säulen unserer Freundschaft waren seit jeher Musik und Comedy gewesen. Ein paar Jahre zuvor hatten wir den *Monty-Python*-Film *Die Ritter der Kokosnuss* gesehen, und ich hatte so heftig lachen müssen, dass ich buchstäblich vom Stuhl gekippt war. Jetzt konnte Yog mich in Sachen Komödien auf den neuesten Stand bringen, sobald sie in Großbritannien anliefen. Außerdem kannte er alle Blockbuster schon nach ein paar Tagen auswendig. Damals liefen Filme viele Wochen lang im Kino, vor allem die erfolgreichen. Yog musste zweimal pro Tag denselben Film ertragen, und das jeden Tag, manchmal einen Monat lang. Um sich die Langeweile zu vertreiben, versuchte er immer, den Dialogtext ein paar Sekunden vor den Schauspielern zu sprechen. Ich weiß nicht, wie er das aushielt, mich hätte es völlig irre gemacht, ein und denselben Film immer wieder anschauen zu müssen.

Aber Yog hatte eine überaus gefestigte Arbeitsmoral. Zusätzlich zu seinem Job im Empire in Watford arbeitete er auch noch als Haus-DJ im Restaurant Bel Air bei Northwood. Theoretisch war das ein Traumjob für so einen musikverrückten Jugendlichen wie Yog, aber in Wirklichkeit war das Ganze eher ermüdend. Das Bel Air war ein geschmackloser Laden, in dem Abendessen mit Tanz stattfanden, bei denen die Gäste an Tischen rund um die Tanzfläche saßen und Drei-Gänge-Menüs aßen. Beim Essen legte Yog Musik auf, die von klirrenden Gläsern und plaudernden Pärchen übertönt wurde. Er durfte zwar auch ein paar Perlen aus seiner eigenen Sammlung zu Gehör bringen, aber größtenteils musste es eher gemäßigter Kram sein – bei zu viel ABBA oder The Jacksons hätten sich die Leute vielleicht an ihrem Kotelett verschluckt.

»Guten Abend«, sagte er immer, wenn es wieder Zeit für etwas anderes als Fahrstuhlmusik war. »Willkommen im Bel Air, jetzt wollen wir mal ein wenig richtige Musik spielen ...« Aber da seine Plattenteller hinter einer Säule standen, verschmolz Yog nach der Begrüßung einfach mit der tristen Restauranteinrichtung.

Auch wenn Yog verständlicherweise murrte: Er verdiente immerhin gutes Geld und ging mit etwa siebzig Kröten die Woche nach Hause. Ich nicht. Ich hatte schon mal in den Ferien in Dads Firma gejobbt – einem Spezialisten für Fotoausrüstung namens J. J. Silber – und wusste daher, dass ich darum einen großen Bogen machen wollte. Dabei war es gar nicht mal schlimm in dem Warenlager gewesen. Mit den anderen Mitarbeitern konnte man sich nett unterhalten, und Blaumachen war auch kein Problem. (Manchmal döste ich auf ein paar Pappkartons inmitten eines Labyrinths aus Gerätschaften und Waren.) Aber es hatte mir nur noch deutlicher vor Augen geführt, dass ich auf keinen Fall einen langweiligen Job machen, sondern Songs schreiben wollte. Nach meinem Abgang vom Cassio lehnte ich eine Rückkehr in die Welt der Fotoausrüstung dankend ab. Diese Weigerung, in Dads Fußstapfen zu treten, bedeutete jedoch, dass ich mich stattdessen in Maggies Arbeitslosenstatistik einreihen musste.

Wenn Yog und ich nicht gerade arbeiteten oder uns arbeitslos meldeten, tanzten wir in unseren Lieblingsclubs. Im Bogart's spielte DJ Gary Crowley von Capital Radio die neuesten Hits von Bands wie Spandau Ballet oder den Talking Heads. Irgendwann kam auch Hip-Hop dazu. Ein 1981 noch recht neues Konzept, das aus der New Yorker Block-Party-Szene stammte. Durch Singles von Grandmaster Flash und die Sugarhill Gang mit ihrem Klassiker »Rapper's Delight« wurde das Ganze Teil des Mainstreams. Yog und ich waren beide Fans, und immer wenn Gary den Song spielte, mussten wir einfach die Tanzfläche stürmen – vor allem, wenn Shirlie mit von der Partie war. Mit ihrem engen schwarzen Rock, dem Karohemd und dem breiten Gürtel um die Taille sah sie toll aus. Wie wir sie dann so zwischen uns hin und her wirbelten, was wir in Yogs Zimmer einstudiert hatten, sah es aus, als würden wir um ihre Aufmerksamkeit buhlen. Dann packte ich sie mit einer Hand und reckte die andere als Siegerfaust in die Luft.

»Wham! *Bam!* I am the man!«, skandierte ich im Takt des Songs.

Yog stimmte mit ein und wiederholte die Worte. *Wham! Bam! I am the man!* Im ersten Moment war es ein spontaner Ausruf, aber daraus wurde dann so viel mehr. »Wham! Bam! I am a man!« fing genau den Geist unserer jungen Band ein: Spaß haben, mit Freunden zu toller Musik tanzen, gewürzt mit einem bisschen frechen Selbstbewusstsein. Eine mitreißende Mischung, die uns einzigartig machen und definieren sollte.

Wenn man unsere jugendliche Energie und unseren Enthusiasmus bedenkt, überrascht es kaum, dass Yog und ich einen Song schrieben, der härter und *schneller* war als die uns inspirierende Musik. Wir verbanden das Stakkato des Rap-Sprechgesangs mit Disco, genauso wie die Sugarhill Gang ihre eigenen Reime mit der Basslinie von Chics »Good Times« unterlegt hatten. Dann mischten wir noch eine Portion Pop unter und hofften, dass wir damit etwas Interessantes, etwas Eigenes zustande bringen würden. Wir wollten unsere Stücke mit den Erfahrungen unseres Teeniedaseins erfüllen: Nach unserer Zeit im Bildungsapparat steckten wir entweder in aussichtslosen Jobs fest oder hatten erst gar keine. Gleichzeitig lebten manche unserer Bekannten von Sozialhilfe, gaben ihr weniges Geld aber fröhlich in Clubs und Secondhand-Läden aus, um sich Vintageoutfits zu kaufen, die zum New-Romantic-Style passten. *Aber wie bringt man all diese Ideen zusammen?* Ganz unerwartet erwies sich der spaßige Sprechgesang, den ich im Bogart's erfunden hatte, als Sprungbrett für den Songtext.

> Wham! Bam!
> I am! A man!
> Job or no job,
> You can't tell me that I'm not.
> Do! You!
> Enjoy what you do?
> If not, just stop!
> Don't stay there and rot!

Aus dem Text sprach die Realität unserer späten Jugend. Yog war es leid, einem Raum voller gleichgültiger Dinnergäste immer wieder dieselben Platten vorzuspielen, aber im Le Beat

Route hatte er miterlebt, welche Macht und welchen Einfluss Rap-Musik auf das Publikum haben konnte. Also fügten wir dem Song, den wir jetzt »Wham Rap!« nannten, noch einen Sprechgesang in Form von Call-and-Response hinzu.

> Do you want to work?
> No!
> Are you gonna have fun?
> Yeah!
> Said one, two, three, rap,
> C'mon, everybody,
> Don't need this crap!

Bei der Veröffentlichung warf man uns immer wieder vor, wir würden das Arbeitslosendasein verherrlichen, dabei betrachteten wir einfach unser eigenes Leben mit Humor. Yog war der »Soul Boy« im »Wham Rap!« und ich der »Dole Boy«, der Arbeitslose. Keiner von uns wollte sich mit einem drögen Nine-to-five-Job abfinden, und Jacks Ultimatum verhalf uns zu noch einer grandiosen Zeile: »Get yourself a job or get out of this house!« Beflügelt durch den Glamour von New Romantics, Hip-Hop, Disco und den Frust im England der 80er hatten wir unseren Groove als Songwriter gefunden.

Wir hätten uns keinen besseren Zeitpunkt aussuchen können, um endlich in Fahrt zu kommen.

Die Arbeitslosigkeit machte mir zwar nichts aus, aber Yog war wegen seiner Situation ziemlich angespannt. Sein Dad setzte ihn unter Druck, und um ihn herum machte nun jeder sein Ding. David Mortimer war inzwischen in Thailand, wo er sich einen Job ergaunert hatte, aber vorher hatte er seinem Freund noch eins draufgegeben. Yog hatte ihn zum Bahnhof gebracht, und während der Zug gerade aus der Victoria Station rollte, rief David aus dem Fenster: »Yog, wenn deine Tracks was taugen würden, hättest du längst 'nen Plattenvertrag. Deine Musik ist scheiße!«

Aber Yog glaubte inzwischen so sehr an seine Musik, dass ihm Daves Meinung herzlich egal war, und von diesem Abschiedshieb erzählte er mir erst Jahre später. Yog war nun ebenso felsenfest fokussiert wie ich, da würde ihn der bissige Kommentar eines Kumpels kaum aus der Bahn werfen. Schon gar nicht jetzt, wo wir an einem weiteren neuen Song arbeiteten. Wir wussten, dass wir mehr als »Wham Rap!« vorweisen mussten, wenn wir einen Plattenvertrag wollten.

»Club Tropicana« war von unseren eigenen Erlebnissen in Clubs wie dem Le Beat Route, dem Bogart's sowie dem Hedonismus der Londoner New-Romantics-Schuppen wie dem Blitz inspiriert. Die New-Romantics-Welle und die Wiedergeburt der Clubszene Londons hatten ein oder zwei Jahre zuvor in Läden wie dem Billy's, wo es regelmäßig »Bowie Nights« gab, im Le Kilt und Club For Heroes begonnen.

Damals hatte sich tanzbare Musik von Disco ausgehend zu verschiedenen Untergattungen weiterentwickelt, und zu Beginn der 80er erschienen verblüffend unterschiedliche Bands auf der Bildfläche, die aus Dance und Funk einen alternativen Sound erschufen, der sich zusätzlich noch bei Punk und New Wave bediente. Auf den Playlists der DJs standen so unvergleichbare Acts wie Haircut 100, Spandau Ballet, Blue Rondo à la Turk, ABC, The Monochrome Set und Talking Heads ganz oben.

Ab und zu gingen Yog, Shirlie und ich auch ins Le Beat Route. Dort war Androgynie angesagt: Jungs und Mädchen trugen dicke Schichten Make-up, Lidschatten und Eyeliner, sie brachten ihre Frisuren mithilfe von Unmengen Schaum und Haarspray in Formen, die jeglicher Schwerkraft zu trotzen schienen. Den Look vervollständigten Seidentücher um den

Hals und weite Hosen, die in Piratenstiefel und Pixie Boots gesteckt wurden. Manche Outfits sahen aus, als wären sie in Modekursen am Saint Martins College entworfen worden. Andere tobten sich mit ihrer Fantasie in Secondhand-Läden aus. Wir trugen ebenso exhibitionistische wie eklektische Outfits, die auf David Bowie oder auf Siouxsie Sioux anspielten. Wir fanden, wir sahen großartig aus.

Ins Le Beat Route kam man leichter rein als ins Blitz – der Club hatte bekanntermaßen selbst Mick Jagger abgewiesen. Aber man musste sich dennoch Mühe geben. Wer an der Tür als *zu vorstadtmäßig* gewertet wurde, hatte Pech und musste gedemütigt an der langen Schlange vorbei, die die halbe Straße entlangreichte. So eine bodenlose Peinlichkeit wollten Yog und ich bestimmt nicht riskieren. Also tat ich immer mein Bestes, und Yog gab ein Vermögen für einen scharlachroten Anzug aus, den er bei einem Schneider in der damals *ober*coolen King's Road kaufte.

Dabei waren die New Romantics nicht die einzige Clique, die sich gern zeigte. Im Dunkeln drückten sich auch oft Goths in zerrissenen schwarzen Jeans, mit knallrotem Lippenstift und Vogelnestfrisuren herum. Ich teilte zwar ihre Vorliebe für Siouxsie and the Banshees sowie The Cure, aber für den Vampir-Look hatte ich nicht so viel übrig. Die Rockabilly-Anhänger mit ihren Haartollen und die Punks, die immer noch rumliefen wie 1977, waren weniger durchgestylt. Beim Tanzen fühlten Yog, Shirlie und ich uns inmitten dieses kunterbunten Haufens pudelwohl – und genau dieses Gefühl von Eskapismus und Zugehörigkeit wollten wir mit »Club Tropicana« festhalten. Mit Yogs und meinen Cluberfahrungen im Hinterkopf hatte ich angefangen, den Song an der Gitarre zu schreiben. Wir wollten allerdings die Arroganz und Durchtriebenheit vermeiden, die bei den New Romantics manchmal mitschwang.

Aus der Atmosphäre des himmlischen Londoner Nachtlebens (»All that's missing is the sea …«) machten wir einen Popsong, der mit seinem Text auch den Hedonismus eines Club-18-30-Urlaubs heraufbeschwor: Cocktails am Pool, Sonnencreme und eine Menge Sex. Diesmal orientierten wir uns an einer neuen Welle von populären New-Romantic-Bands, Spandau Ballet zum Beispiel. Chic spielten, neben einem Hauch Latin-Jazz-Rhythmus, ebenfalls immer noch eine Rolle. Auch Disco stand bei mir wieder höher im Kurs, weil die Stilrichtung interessante neue Wege einschlug. Als ich »Burn Rubber On Me (Why You Wanna Hurt Me)« von The Gap Band 1980 beim Baden zum ersten Mal im Radio hörte, war ich gleich wieder voll drin. Der Synthie-Bass-Lick war schmutzig, und die harten Drums am Anfang setzten einen Song in Gang, der ein ewiger Funkklassiker und eine der wichtigsten Singles meiner Jugend werden sollte. Der Track war gleichzeitig ungeschliffen und frisch, er haute mich um. Genau diese Wirkung sollte unsere Musik auf die Zuhörer auch haben.

Nachdem wir die Melodie und den treibenden Funk-Beat von »Club Tropicana« hatten, feilten Yog und ich am Text, bis

Hedonistische Zeiten: Am Set des Videodrehs zu »Club Tropicana«.

er etwa halbfertig war. »Wham Rap!« hatten wir ja schon, somit nahm unser Plan, uns mit einer Auswahl an Songs bei A&R-Leuten von Labels vorzustellen, langsam, aber sicher Gestalt an. Im Hintergrund warteten zudem die Komponenten eines weiteren Demos bereits auf ihren Einsatz. Eine Geschichte über gebrochene Teenieherzen und Schuldgefühle auf der Tanz-fläche schickte sich an, die erste Ballade unserer namenlosen Band zu werden. Sie würde das Bild ein für alle Mal ändern, das die Welt von Georgios Panayiotou hatte – dem Mann, der George Michael werden sollte.

10

The Edge of Heaven –
es wird ernst

Zum Glück erfuhr ich nie wirklich am eigenen Leib, wie zermürbend das Leben als Arbeitsloser sein kann. Ich war es schlicht und ergreifend nicht lange genug, dass es mich hätte beengen oder definieren können. Der Besuch beim Arbeitsamt hatte sogar etwas merkwürdig Neues an sich. Na ja, zumindest die ersten paar Male. Ich wusste ja, dass ich nur Zeit totschlug, bis das mit der neuen Band richtig angelaufen war. Zum Glück ließen mir Mum und Dad zu Hause ein bisschen Spielraum, aber sie machten sich bestimmt wie alle Eltern Sorgen darüber, was zum Teufel ich eigentlich mit meinem Leben anfangen wollte.

Diese machte ich mir jedoch nicht, denn ich wollte mit Shirlie nach London ziehen, weil sie einen Job in einem Laden für Outdooraktivitäten im West End gefunden hatte. Ihre Tante lebte in Peckham und überließ uns gern ihre Souterrainwohnung für eine geringe Miete. Damals war das im Gegensatz zu heute noch alles andere als eine gute Gegend – eher wie in *Only Fools and Horses* statt voller kleiner Bäckereien und Craft-Beer-Shops. Unsere Wohnung war ziemlich heruntergekom-

men und deprimierend, also versuchte ich, sie mit etwas Farbe aufzupeppen. Das half zwar ein bisschen, aber es war dennoch ziemlich trostlos, sich bei offener Ofentür in der eiskalten Küche zu waschen und dabei in einer Schüssel mit heißem Wasser zu stehen, weil wir keine Wanne hatten.

Im Gegensatz zu dieser eher unschönen Londonerfahrung hatten meine Eltern meinen Songwriter-Träumen mit einem großzügigen Geschenk zum achtzehnten Geburtstag neuen Auftrieb gegeben: eine weiße Fender Telecaster mit schwarzem Pickguard und Griffbrett aus Palisanderholz. Sie sah unglaublich aus und wurde neben meiner Plattensammlung zu meinem wichtigsten Besitz. Jeden Abend packte ich sie nach stundenlangem Üben liebevoll in ihren Koffer und schob ihn unters

Großstadtleben in London: Ich in meinem extrem kleinen Zimmer.
So aufgeräumt war es sonst nie!

Bett des winzigen Zimmers. Ich versuchte, meine Lieblingssongs nachzuspielen, und dachte mir interessante Akkordfolgen aus, an denen Yog und ich dann arbeiten konnten. Kurz vor dem Umzug nach Peckham hatte ich eine Idee mit einem traurigen Vibe, der zu einer schwermütigen Melodie und einem getragenen Rhythmus passte. Ein paar Tage danach kam Yog vorbei, und ich spielte ihm die Sequenz vor.

»Wie findest du es?«, fragte ich und wiederholte die Akkordfolge.

Er sah mich ziemlich verwundert an. »Mein Gott, Andy. Das passt perfekt zu einer Idee, die mir schon die ganze Zeit durch den Kopf geht! Spiel noch mal …«

Ich spielte die Akkorde immer wieder, und Yog sang dazu das, was einmal die unvergessliche Saxophonmelodie von »Careless Whisper« werden würde. Durch einen unglaublichen Zufall ergänzten sich unsere Einfälle perfekt. Ich weiß nicht, ob Yogs Melodie von Anfang an das gleiche Tempo hatte wie meine, aber es schien zum Song zu passen, und so hatten wir den Grundstein gelegt. Langsam dachten wir uns im Lauf der nächsten Monate Zeilen, Refrains, den ganzen Text und weitere Nuancen aus.

Manchmal arbeiteten wir bei Yog zu Hause in Radlett an »Careless Whisper«, manchmal auch in der Wohnung in Peckham, obwohl die in kreativer Hinsicht wahrlich keine stimulierende Umgebung darstellte. Der Beziehung zwischen Shirlie und mir tat das schmuddelige Kellerapartment auch nicht gut. Wir vermissten unsere Freunde in Bushey, und sie hatte die Nase voll von ihrem Job als Verkäuferin. Deshalb kehrten wir bald wieder nach Hause zurück. Aber »Careless Whisper« wuchs und gedieh. Die größtenteils aus Mollakkorden bestehende Komposition verlangte nach einem Text voller Emotionen und Reue, also ließ Yog sich von seinen eigenen Erfahrungen als Teenager leiten. Die Geschichte des Fremdgehers, den das schlechte Gewissen plagt, war von seinen eigenen Gefühlen inspiriert, da er seine Freundin Helen Tye im Jahr zuvor betrogen hatte. Seit seiner Sommerromanze mit Lesley im Jahr 1978 hatte Yog zwar keine richtige Beziehung mehr gehabt, aber mit Helen, einem großen, exotisch aussehenden Mädchen aus seinem Kunstkurs – ihre Mutter war Schwedin und ihr Vater kam aus Südostasien – lief was. Yog hatte sie sogar seiner Mum vorgestellt. Und wenn man bedenkt, wie sehr er Lesley vergötterte, sollte das schon was heißen.

Das Unheil nahm seinen Lauf, als Yog ein Mädchen wiedertraf, das er beim Eislaufen in Queensway kennengelernt hatte, wohin er seine beiden Schwestern begleitet hatte. Als er in der Gegend herumstand, während Melanie und Yioda auf dem Eis waren, lernte Yog ein Mädchen mit langen blonden Haaren namens Jane kennen. Er fand sie sofort toll, hatte aber immer noch Probleme sowohl mit seinem Aussehen als auch mit seinem Selbstvertrauen, und Jane hatte ihn nicht weiter beachtet. Dann tauchte sie etwa ein Jahr später bei einem der ersten Gigs von The Executive auf. Sie war wohl gerade nach Bushey gezogen. Yogs dicke Brille war Geschichte, und seine Haare waren einigermaßen gut frisiert, also erkannte sie ihn nicht gleich. Aber als sie ihm verriet, sie sei von seinem Gesang beeindruckt, fingen sie an, sich hinter Helens Rücken zu treffen. Später gestand Yog Helen dann alles.

Als wir auf dem zerschlissenen Sofa in der Wohnung in Peckham saßen, ließ er seine Reue Revue passieren, damit er den Text von »Careless Whisper« schreiben konnte. Uns war beiden klar, dass dieser ein wenig klischeehaft war:

Time can never mend
The careless whispers of a good friend.
To the heart and mind ignorance is kind.

Wir gaben uns sicher auch keinen Illusionen hin, gerade einen lyrischen Klassiker erschaffen zu haben, aber darauf kam es nicht an: »Careless Whisper« ging ans Herz und passte ebenso gut zu einem Candle-Light-Dinner wie zu Schmuserei auf der Tanzfläche.

Wir wussten eigentlich in der Sekunde, in der wir meine Akkordfolge mit der Saxophonmelodie verbanden, die George im Bus auf dem Weg ins Restaurant Bel Air eingefallen war, dass der Song etwas Besonderes war. Allerdings waren nicht alle davon überzeugt, und später berichtete er, seine Schwestern hätten das Stück scherzhaft »Tuneless Whisper« getauft. Aber wir beide waren vollkommen überzeugt, einen potenziellen Hit geschrieben zu haben, und Georges wachsendes Selbstbewusstsein zeigte sich nun auch an seiner Stimme. Beim Komponieren von »Careless Whisper« hörte ich zum ersten Mal Anzeichen der emotionalen Schlagkraft, die seinen Gesang später auszeichnen würde und die er hier wie noch nie zuvor richtig zeigen konnte.

Beim Songwriting machten wir zwar Fortschritte, aber einen Namen hatte die Band immer noch nicht. Es musste etwas Einzigartiges sein, das unsere Energie und unsere Freundschaft hervorhob, und dann fiel es uns wie Schuppen von den Augen: *Wham!*

Genau wie in unserem ersten fertigen Song. Im Nachhinein ist der Name so offensichtlich, dass ich nicht mal mehr genau sagen kann, wer von uns ihn vorgeschlagen hat. Wham! war schwungvoll, direkt, witzig und stürmisch. Und das comichafte Ausrufezeichen verlangte nach Aufmerksamkeit. Dennoch waren Yog und ich am Anfang unsicher. Aber solange uns nichts Besseres einfiel, musste es eben bei Wham! bleiben. Als der Name sich mit der Zeit etablierte, konnten wir uns gar nicht mehr vorstellen, einen anderen zu benutzen.

Mit gerade einmal drei mehr oder weniger fertigen Songs im Gepäck beschlossen wir, noch ein Demo aufzunehmen. Unsere finanziellen Verhältnisse ließen keinen Studiobesuch zu. Yog hatte sich ein Fostex – ein tragbares Aufnahmegerät mit vier Spuren – von seinen Eltern zum Geburtstag gewünscht, stattdessen aber zwei antike Waffen bekommen. Ein weiteres Beispiel dafür, wie wenig Jack daran glaubte, dass sein Sohn das Zeug zu einer Musikkarriere hatte. Das ärgerte Yog immer wieder, und er tat obendrein nichts, um die eskalierenden Reibereien mit seinem Vater beizulegen. Zum Glück kannten wir über mehrere Ecken jemanden mit einem Fostex, der es uns für zwanzig Mäuse am Tag leihen würde. Dann nahmen wir bei mir zu Hause das erste Wham!-Demoband auf. Mein Bruder, dem ich seinen unüberlegten Ausflug in die Gefilde des Jazz-Funk inzwischen verziehen hatte, half uns mit Backing Vocals aus. Wir hatten gerade genug Geld, um uns das 4-Track-Gerät sowie einen Dr.-Rhythm-Drumcomputer für einen Tag zu leihen, also war die Zeit gegen uns – noch mehr für Yog als für mich. Ihm war bewusst, dass dies seine letzte Chance war, um Jacks Ultimatum einzuhalten. Wenn das mit dem Demo nichts wurde, musste er bald schwierige Entscheidungen in Bezug auf seine Zukunft treffen.

Wir standen unter Druck.

Weil es der einzige Song war, der bereits stand, nahmen wir als Erstes »Wham Rap!« auf. Wir teilten uns die Vocals im Refrain, ich spielte natürlich Gitarre, Yog sang, und alle pfuschten wir am Aufnahme-Equipment und dem Drumcomputer herum. Obwohl die anderen beiden Stücke noch nicht fertig geschrieben waren, machten wir trotzdem einfach weiter und nahmen ungefähr die Hälfte von »Club Tropicana« und noch weniger von »Careless Whisper« auf. Ich wusste, dass »Careless Whisper« der beste der drei Songs war – und das war nicht nur mir aufgefallen. Als Yog Shirlie später im Auto einen Teil des

Tapes vorspielte, fand sie den Song auch toll. Als Nächstes mussten wir das Demo jedem Label unter die Nase reiben, das es sich anhören wollte.

Was für ein Selbstvertrauen! Wir waren wirklich der festen Überzeugung, wir hätten genug aufgenommen, um damit einen Plattendeal klarzumachen. Heute kann ich das gar nicht mehr fassen, aber damals dachten wir wirklich, wir wären so gut. Wahrscheinlich hatten uns die neuen Songs einfach Mut gemacht. Wir wussten, dass wir Riesenfortschritte gemacht und quasi drei Hitsingles geschrieben hatten. Diese drei Tracks waren der Grundstein für Wham!, und ich wollte unbedingt jede noch so kleine Chance und jeden verfügbaren Kontakt nutzen, um für uns einen Fuß in die Tür zu bekommen. Dabei war mir völlig egal, bei welchem Label wir unterkamen, ich wollte einfach nur irgendeinen Vertrag.

Als ich wegen The Executive auf der Jagd nach einem Plattenvertrag gewesen war, hatte ich bereits den A&R-Mann Mark

Dean kennengelernt. Mark arbeitete bei Phonogram und hielt immer Ausschau nach neuen Bands. Aber vor allem kam er aus der Gegend und war ein paar Jahre vor mir auf dem Cassio College gewesen. Er hatte sich ein wenig für The Quiffs interessiert, und im Three Crowns unterhielt ich mich manchmal mit ihm. Aber einen Termin bei ihm zu Hause zu vereinbaren, damit er sich ein Band von The Executive anhörte, war trotzdem ziemlich furchteinflößend gewesen. Damals war mein Selbstvertrauen noch nicht so unerschütterlich, und das Ganze fühlte sich an wie ein Businessmeeting. Mark zerstörte dann alle meine Hoffnungen auf einen Schlag.

»Nee«, meinte er, nachdem ich ihm »Rude Boy« und den Rest vorgespielt hatte. »Ziemlich olle Kamellen. Hat zwar irgendwie Potenzial, ist aber nichts für mich.«

Mit »Careless Whisper«, »Club Tropicana« und »Wham Rap!« hatten Yog und ich jetzt beachtlich mehr zu bieten. Und Mark war inzwischen eine ziemlich große Nummer. Ende 1981 hatte er bereits Soft Cell unter Vertrag genommen, das Synth-Pop-Duo mit dem berühmten Hit »Tainted Love«. Auch wenn Mark sich nun also in Sphären bewegte, die für Wham! unerreichbar schienen, schickte ich ihm trotzdem unser neues Demotape und stellte eine Liste mit weiteren Labels zusammen, während wir auf seine Antwort warteten – falls überhaupt eine kommen sollte. Nach unseren Versuchen mit The Executive hatten wir Erfahrung darin, bei Plattenfirmen reinzuplatzen. Und so hatten Yog und ich bald einen Schlachtplan ausgeheckt. Wir gingen immer beide zur Rezeption und behaupteten, einen wichtigen Termin zu haben. Wenn sie den erfundenen Termin dann nicht im Kalender fanden, bauten wir Druck auf. Ich schmeichelte mich bei der Rezeptionistin ein, und Yog wurde ungeduldig. Wenn wir wollten, waren wir ein unschlagbares Duo.

»Wir sind extra deswegen in der Stadt«, sagte ich und lächelte einnehmend. »Können wir den Termin denn nicht trotzdem wahrnehmen?«

»Was soll das heißen, das steht da nicht?«, platzte Yog heraus.

Meistens ging die Sache gründlich schief, und wir wurden weggeschickt. Angeblich hatte diese Nummer aber in den 1960ern bei einigen Bands geklappt. Zwanzig Jahre später durchschauten jedoch immer mehr Empfangsmitarbeiter von Plattenfirmen das Spiel. Wenn unsere Tricks ausnahmsweise doch mal funktionierten (bei EMI zum Beispiel nahm sich wirklich jemand Zeit für uns und schmiss uns erst raus, nachdem unser Tape ganze fünfzehn Sekunden gelaufen war), schickte man uns mit den Worten weg, das Wham!-Demo sei nicht gut genug, unfertig oder irrelevant. *Ihr verschwendet eure Zeit.* Aber wir ließen uns beide nicht entmutigen, und Yog wurde immer optimistischer, nachdem er das fast fertige »Careless Whisper« im Bel Air aufgelegt hatte. »Du wirst es nicht glauben, Andy, die Leute haben dazu getanzt!«, sagte er. »Die Tanzfläche war sofort voller Paare, als ich es laufen ließ …« Ein weiterer Beweis, dass unsere Songs Potenzial hatten – auch wenn wir den gar nicht gebraucht hätten.

Und dann rief im Februar 1982 Mark Dean an.

»Andrew, könnt ihr beide heute Abend ins Three Crowns kommen?«, fragte er. »Ich muss euch was erzählen.«

Endlich war es so weit. Am Telefon wollte Mark nichts verraten, aber was sollte ein A&R-Mann schon sonst von uns wollen? Ich sagte Yog, er solle so schnell wie möglich zu mir kommen, und erklärte ihm, was los war, ohne dabei zu viel Optimismus zu verbreiten. Ich war zwar überzeugt, dass Mark genug gehört hatte, um uns eine Chance zu geben, aber ich wollte Yog keine falschen Hoffnungen machen.

Aber ich hätte mir keine Sorgen machen müssen. Als wir in den Pub kamen, war Mark schon da und gab uns einen Fünfer für Getränke.

Dann sagte er die Worte, auf die ich seit Jahren gewartet hatte: »Ich will Wham! einen Vertrag bei meinem neuen Label Innervision anbieten.«

Was?

»Das wird keine so große Sache«, fuhr er fort. »Ich versuch es einfach mal. Ihr nehmt ein oder zwei Singles auf, und dann schauen wir mal.«

Yog und ich warfen uns einen Blick zu und versuchten beide, unsere Gefühle im Zaum zu halten. Wir klopften einander auf den Rücken, blieben ansonsten aber cool. Kein Whoo!, keine High fives. So waren wir einfach nicht. Aber es war ein großartiges Gefühl zu wissen, dass jemand außer uns wirklich etwas in uns sah. Außerdem fühlte ich mich bestätigt. Unsere harte Arbeit und der Glaube an uns selbst hatten sich ausgezahlt. Wham! waren jetzt in der Lage, Musik zu produzieren, und ich würde mit meinem besten Freund eine Platte aufnehmen.

Dad dagegen war alles andere als beeindruckt. »Das ist ja gut und schön, Andrew, aber wann suchst du dir einen richtigen Job?«, wollte er wissen und schaute nicht einmal richtig von seiner Abendzeitung auf, als ich ihm später die Neuigkeiten überbrachte. Seiner Ansicht nach war man aus Spaß in einer Band, die letzten Endes doch nichts anderes bedeutete als Ablenkung. Er sah darin ganz sicher keine ernsthafte Berufswahl mit Aufstiegschancen und Krankenversicherung (von einer üppigen Rente ganz zu schweigen). Zum Glück verstand Mum es. Sie war damals erst neununddreißig und erkannte die Tragweite dessen, was gerade im Three Crowns passiert war. Also nahm sie mich fest in den Arm.

Es war nicht überraschend, dass Jack der gleichen Meinung wie mein Dad war. Er forschte bei seinen Geschäftskontakten nach, ob Mark wirklich bei einer Plattenfirma arbeitete. Dann engagierte er einen Anwalt, der unseren Vertrag gegenchecken

Der Schrein! Chiltern Avenue 73.

sollte. Es dauerte also ein paar Wochen, bis wir die Papiere endlich unterschrieben.

In der Zwischenzeit buchte Mark uns ein Studio, damit wir
im Halligan Band Centre in Holloway ein richtiges Demo mit
Studiomusikern aufnehmen konnten. Bass spielte Brad Lang,
der schon an ABCs Debütalbum *The Lexicon of Love* beteiligt
gewesen war, und unser Drummer hatte schon mit Dollar/
Bucks Fizz zusammengearbeitet. Ich spielte Rhythmusgitarre,
und Yog sang »Wham Rap!«, »Careless Whisper« und zwei
weitere Songs, »Soul Boy« und »Golden Soul« (die nie veröffentlicht wurden, weil sie nicht besonders gut waren). Als die
Tracks fertig waren, bastelte Yog »Young Guns (Go for It)«
zusammen. Manche Leute, mit denen wir immer im Pub rum-
hingen, schienen plötzlich erwachsen zu werden: Sie zogen mit
ihren Partnern zusammen, heirateten und gründeten Familien.
Wieder einmal kommentierte Yog auf ironische Weise diese
veränderten Umstände – und unsere Entschlossenheit, standhaft zu bleiben.

See me, single and free,
No tears, no fears, what I want to be.
One, two, take a look at you,
Death by matrimony!

Mit seinem lebhaften Disco-Groove kam der Song uns wie ein ähnlich vielversprechender Dancefloorhit vor wie »Wham Rap!« oder »Club Tropicana«.

Bei der Arbeit an den Aufnahmen vollendeten wir unsere Tracks zum ersten Mal richtig – eine völlig andere Nummer als die Demos in meinem Wohnzimmer. Alles klang fantastisch. Als wir uns das Demo hinterher laut über die Studioanlage anhörten, sahen wir die Zukunft von Wham! vor uns – prächtiger, lebendiger und *in Farbe*.

Am 24. März 1982 setzten Yog und ich endlich unsere Unterschrift aufs Papier. Meine Mum notierte begeistert im ersten ihrer später zahlreichen Wham!-Sammelalben: »Andrew und Yog haben Plattenvertrag mit Innervision unterschrieben … WHAM!«

Unser Abenteuer hatte begonnen.

Und beinahe sofort schaffte ich es, die gute Stimmung wieder zu trüben.

11

Becoming George –
die Geburt von George Michael

Die Trennung von Shirlie war allein meine Schuld. Wir waren seit zwei Jahren zusammen, als ich hinter ihrem Rücken mit einer anderen ins Bogart's ging. Ich hatte gedacht, sie wollte an dem Abend zu Hause bleiben, und als sie zusammen mit Yog im Club auftauchte, brauchte sie nur eins und eins zusammenzuzählen. Verständlicherweise war sie verletzt und sauer, und es dauerte Wochen, bis sie auch nur wieder mit mir sprach.

Das war definitiv nicht meine Sternstunde. Aber wir waren noch so jung. Weil wir sogar schon – wenn auch nur kurz – zusammengelebt hatten, hatten wir auch ein- oder zweimal ernsthaft über die Zukunft gesprochen, aber ich war noch nicht bereit für die Ehe oder eine wirklich feste Bindung. Natürlich gefiel es mir, eine Freundin zu haben, aber ich konzentrierte mich ansonsten voll und ganz darauf, der Band mit Yog zum Erfolg zu verhelfen, während Shirlie in Watford kellnerte und mit dem Projekt noch nichts zu tun hatte. Das ist alles weder eine Erklärung noch eine Rechtfertigung für meine Untreue, aber so war es eben.

In Sachen Wham! sah die Zukunft deutlich rosiger aus. Da wir mithilfe eines so hastig zusammengeschusterten Demos bei Innervision unterschreiben konnten, hatten wir einige Fallstricke vermieden, die jungen Bands normalerweise drohten. Wir mussten nicht in Pubs und Bars vor gelangweilten Trinkern spielen, damit uns hoffentlich jemand entdeckte. Trotzdem machten wir uns keine Illusionen darüber, dass wir völlig reibungslos und ohne Enttäuschungen in den Chart-Himmel aufsteigen würden. Yog und ich wollten uns der Herausforderung gern stellen, aber unsere schwierige finanzielle Lage machte es uns nicht gerade leichter. Wir waren pleite, und auch wenn wir auf dem Weg zum Popstar waren – wir wohnten beide noch bei unseren Eltern. Die 45 Pfund, die wir wöchentlich pro Kopf von Innervision bekamen, waren auch nicht viel mehr als das Geld vom Arbeitsamt. Der große Unterschied bestand natürlich darin, dass wir nun ein Ziel vor Augen hatten.

Um uns für hoffentlich zahlreiche Performances und TV-Auftritte vorzubereiten, probten wir bei Yog zu Hause. Wenn Jack und Lesley da waren, übten wir Tanzschritte in Yogs Zimmer. Aber wenn sie mal für ein oder zwei Stunden unterwegs waren, verwandelten wir ihr Wohnzimmer in ein provisorisches Tanzstudio und choreografierten unsere Songs.

Innervision hatte ein paar Clubkonzerte für uns arrangiert, um Aufmerksamkeit zu erzeugen: kleine Auftritte, bei denen wir ein oder zwei Songs Playback sangen, während der DJ eine Pause machte. Weil ich mich inzwischen wieder besser mit Shirlie verstand, musste ich sie einfach bitten, eine unserer Background-Tänzerinnen zu werden. Nachdem wir nun alle so lange und so innig befreundet waren, wäre es komischer gewesen, sie *nicht* zu fragen. Zusätzlich holten wir noch Mandy Washburn an Bord, ein hübsches Mädchen aus unserem Bekanntenkreis im Three Crowns. Mandy war zwar erst sechzehn, konnte sich aber gut bewegen, war selbstbewusst und

locker drauf. Zum Demo von »Wham Rap!« übte Mandy die Tanzschritte ein, die wir uns ausgedacht hatten, bis wir alle vier synchron waren. Wir waren so versessen aufs Proben, dass wir einmal, als Yog bei seinen Nachbarn babysitten sollte, sogar alle zusammen in deren Wohnzimmer übten, während die Kinder oben schliefen.

Parallel zu unseren Vorbereitungen lief auch die PR-Maschine von Innervision an, und unsere erste Single »Wham Rap!« wurde gepresst. Auf dem Label der Platte standen als Songwriter »G. Panos/A. Ridgeley«.

So schwarz auf weiß klang »G. Panos« nicht unbedingt nach Superstar. Eine Erkenntnis, die zu einer raschen Entscheidung führte. Genauso wie aus David Jones dann David Bowie und aus Farrokh Bulsara Freddie Mercury geworden war, wollte auch Yog den richtigen Namen für sich finden. Georgios Panayiotou kam einfach nicht infrage. Wenn schon seine Lehrer und Freunde ihn nicht aussprechen konnten, wären Radio- und Fernsehmoderatoren darin sicher auch nicht besser. Für seine Popkarriere brauchte er einen gängigeren Namen.

George Michael.

Zuerst fand ich so eine Aktion zwar etwas übertrieben, aber ich musste schon zugeben, dass dieser Name Starqualität besaß. Irgendwie hollywoodmäßig, wie Kirk Douglas oder John Wayne. Außerdem war er sofort zufrieden damit. George war natürlich nur die englische Version von Georgios, aber auf Michael kam er unter anderem, weil er in der Grundschule einen griechischen Freund mit diesem Namen gehabt hatte. George, wie er sich jetzt nannte, betonte nämlich immer wieder gern, er schäme sich keinesfalls für seine griechischen Wurzeln – ganz im Gegenteil –, aber für ein Leben im Popbusiness brauchte er einfach einen Namen, bei dessen Aussprache sich niemand die Zunge brach. Mein Dad hatte mir dieses Problem damals durch seine Umbenennung von Albert Zacharia in Albert Ridgeley erspart.

Mit dem neuen Namen schien George sich gleich wohler zu fühlen, und die Veränderung bedeutete weit mehr als eine kleine kosmetische Korrektur. *Er half ihm dabei, seine neue Identität zu erschaffen.* Später erklärte er immer wieder, »George Michael« habe sich zu einer Rolle entwickelt, dank der er sein Leben im Musikgeschäft und Rampenlicht meistern und seine Unsicherheit aus der Schulzeit überwinden konnte. Ich wusste ja, dass Yog wegen seines Aussehens nicht sehr selbstbewusst war, aber weil ich selbst erst neunzehn Jahre alt war, war mir nicht bewusst, wie tief diese Probleme bei ihm wirklich gingen. Als wir uns auf die Veröffentlichung der ersten Wham!-Single vorbereiteten, waren wir wegen der anstehenden Aufgaben so aufgeregt und beschäftigt, und alles um uns herum war so durch und durch positiv, dass das Thema gar nicht zur Sprache kam. Damals behinderte es uns als Band zwar nicht, aber unter der Oberfläche hatte George immer noch mit seinem Aussehen, seinem Gewicht und seinem Selbstbild zu kämpfen. Da bot ihm die neue Rolle eine Art psychischen Schutzpanzer.

In seiner Autobiografie *Bare* aus dem Jahr 1990 schrieb George bekanntermaßen: »Darum schuf ich einen Mann [nach dem Vorbild eines Freundes], den die Welt lieben konnte, wenn sie es nur wollte; jemanden, der meine Träume verwirklichen und mich zu einem Star machen würde. Ich nannte ihn George Michael [...]«[*] Er hat nie verraten, wer dieser Freund gewesen war, auch nicht mir. Hin und wieder wurde spekuliert, er könnte mich gemeint haben. Ich weiß es wirklich nicht, überrascht hätte es mich allerdings kaum, weil es außer Shirlie und mir nicht viele Menschen gab, von denen er sich hätte inspirieren lassen können. Andere Menschen in unserem Umfeld stellten ebenfalls Vermutungen über die Dynamik bei Wham! an. Unser Musikverleger Dick Leahy, dem einmal GTO Records gehörte, sagte immer, bei Wham! habe George immer für mich und einen Freund geschrieben. Und dieser Freund sei eben George gewesen.

Vielleicht hatte George ja das Gefühl, für seinen großen Durchbruch eine Version meines Ebenbilds und Selbstvertrauens zu brauchen. Hätte er mich je gefragt, hätte ich nur gelacht und ihm gesagt, er solle sich ruhig bedienen! Mir war nicht wichtig, wie er sich nannte, und er konnte sich auch inspirieren lassen, wo er wollte. Wenn es ihm half, hatte ich nichts dagegen. Bei Wham! war ich mit George Michael unterwegs, aber mein bester Freund war Yog. Und dem hätte ich nichts abgeschlagen.

Vor der Veröffentlichung von »Wham Rap!« hatten George, Shirlie, Mandy und ich unseren ersten öffentlichen Auftritt im Level One, einem Nachtclub in Neasden. CBS, das Major Label hinter Innervision, war der Meinung, wir könnten uns mit

---

[*] George Michael, Tony Parsons: George Michael. Bare. München: Goldmann 1990. Aus dem Englischen von Thomas Ziegler. S. 9.

Auftritten in Clubs eine gute Fanbase aufbauen. Wenn es nach ihnen ging, sollten Wham! mitsamt Tänzerinnen so viele Shows wie möglich spielen. Wir vier quetschten uns in einen Kleinbus, und als wir endlich am Level One ankamen, war der Laden so groß wie ein Flugzeughangar – und brechend voll. Als der DJ Wham! ankündigte, fiel mir etwas auf: Es gab keine Bühne. Wir sollten inmitten der Menge auftreten, die zu großen Teilen aus bierseligen Clubgängern bestand. Sobald das Backing Tape lief, bekamen Shirlie und Mandy auch schon unerwünschte Aufmerksamkeit von einigen Typen, die sich zu den Tanzenden um uns herum gesellt hatten. George und ich versuchten, uns so zu bewegen, dass wir sie beschützen konnten, aber das war gar nicht so einfach. Unser erster großer Auftritt stellte sich also nicht als die Party heraus, auf die wir gehofft hatten.

Aber jetzt gab es kein Zurück mehr. Die nächsten paar Monate tingelten Wham! die Autobahn auf und ab durchs Land und spielten vor Leuten, die entweder völlig gleichgültig oder zu besoffen waren, um irgendetwas mitzukriegen. Egal, wer uns zusah – manchmal nur ein oder zwei Leute –, wir gaben bei jedem Auftritt unser Bestes und waren überzeugt, so in den Charts landen zu können. Wir verhielten uns professionell, aber es war hart. Manchmal spielten wir drei oder vier Gigs pro Abend. Weil wir damals in Nachtclubs auftraten, gab es meistens keine Garderobe. Also zogen wir uns teilweise auf der Toilette oder dem Parkplatz um.

Zu der Zeit hatten wir nicht besonders viel zu lachen, aber bei einer Show im Stringfellows in London sah ich zu George rüber und beobachtete, wie er einen besonders energischen Tritt in die Luft vollführte, bei dem dann sein Schuh ins Publikum flog. Um ein Haar hätte er jemanden in der ersten Reihe damit im Gesicht getroffen. Ohne sich was anmerken zu lassen, kickte George auch den zweiten Schuh vom Fuß und baute sein Missgeschick in die Show ein. Den Rest des Auftritts verbrachte er damit, auf Socken über den spiegelglatten Boden zu schlittern. Bestimmt war niemand so erleichtert wie er, als der Song endlich vorbei war.

Nicht wirklich überraschend, dass Innervision bei den anfallenden Ausgaben und Kosten für uns ziemlich knauserig war, und ich wurde mit der Verwaltung des Geldes betraut. Das war besonders unangenehm, wenn ich Shirlie und Mandy bezahlen musste – aber immerhin hatte das Label wie durch ein Wunder zugestimmt, die beiden zu finanzieren. Ich bekam ein Lohnbuch, in das ich ihren mickrigen Verdienst samt Durchschlag hineinkritzeln musste. Das genaue Gegenteil von dem, was ich mir unter dem Popstarleben vorgestellt hatte. Außerdem war es irgendwie peinlich, weil es die Tatsache betonte, dass die Mädchen zwar ein wichtiger Teil unseres Teams waren, aber eben *nicht* zu Wham! gehörten, auch wenn es für Außenstehende oft so aussah. Aber wir hielten durch, und als wir so durch die Nacht zu unserem nächsten Auftritt fuhren, sahen George und ich die größeren Locations wie das Stringfellows als kleine

Schritte auf dem Weg zum Hauptpreis: Wham! in die Charts zu bringen.

Letztlich war Mandy nicht aus voller Überzeugung bei der Sache. Eigentlich wollte sie lieber in der Kosmetikbranche arbeiten, und als sie einmal zu spät zu einem Meeting bei CBS erschien, beschloss George, sie rauszuwerfen. Ihren Platz übernahm Diane Sealy, die auch als Dee C Lee bekannt war, und mit ihr wurden unsere Auftritte noch professioneller. Als wir im Londoner Gay-Club Bolts auftraten, drückte man uns zu unserer Überraschung Livemikros in die Hand. Dann legte DJ Norman Scott die Instrumental-B-Seite von »Wham Rap!« auf, sodass wir keine andere Wahl hatten, als live zu singen. Zum Glück gelang uns das problemlos, und danach waren wir uns umso sicherer, dass Livekonzerte spielen das Allerbeste überhaupt war. Das hatte uns immer angetrieben und war auch einer der Gründe gewesen, warum mich das Ende von The Executive so enttäuscht hatte.

Wir sollten noch zahllose Gelegenheiten für Liveauftritte bekommen, aber zuerst mussten wir Promotion für »Wham Rap!« machen. Innervision pries uns bei der Musikpresse als so etwas wie die Retter der britischen Jugend an:

Wham! Endlich frischer Wind für Englands Jugend, die sich nach etwas Besonderem, Ehrlichem und Jungem sehnt. Genau das sind Wham! George Michael und Andrew Ridgeley bringen die ganze Lebhaftigkeit Londons mit, aber ohne die Arroganz, die man in letzter Zeit von dort gewohnt ist. Diese beiden werden die Ansichten, Träume und Vergnügungen aller Jugendlichen prägen und Platten herausbringen, die Großbritanniens Teenagern aus der Seele sprechen!

Diese Perspektive bezog sich vor allem auf den sozialkritischen Text von »Wham Rap!«, auch wenn keiner von uns sich an der politischen Debatte beteiligen wollte – das überließen wir lieber The Specials oder Billy Bragg. Aber wir wollten natürlich so viele Platten wie möglich verkaufen, und wenn Innervision der Meinung war, uns auf dieser Schiene am besten promoten zu können, dann hatten George und ich sicher nichts dagegen.

Und es funktionierte. Bald bekamen wir Interviewanfragen von Musikzeitschriften und Zeitungen. Aber wenn es darum ging, uns als junge, lebhafte und fast schon brüderliche Band zu vermarkten, stellten sich Innervisions bescheidene Mittel als Problem heraus. Einen Stylisten hatten wir schon mal nicht. Die weißen Espadrilles, die ein wichtiger Bestandteil des Wham!-Looks waren, kosteten gerade mal zehn Pfund. Nach ein paar Fotoshootings sahen sie aber schon ziemlich schmuddelig aus – und ein Paar hatte George bereits im Stringfellows verloren. Georges Lieblingsjeans kostete auch nur zehn Pfund, gehörte aber eigentlich nicht mal ihm. Er hatte sie von Shirlie »geliehen« und weigerte sich, sie zurückzugeben. Außerdem teilten wir uns ein bedrucktes Kurzarmhemd. Ich trug es zu einem Interview mit dem *Melody Maker* und George zu einem Fotoshooting und Interview mit *The Face*, sodass ich ein Netzhemd anziehen musste, das George wiederum bei einem Shooting für die Plattenfirma auf Korfu getragen hatte. Davon abgesehen besaß ich vielleicht drei Hemden und eine Hose!

Ungeachtet unserer beschränkten modischen Möglichkeiten ernteten wir positive Reaktionen auf »Wham Rap!«. *Sounds* nannte es »sozialkritischen Funk«, und der *Watford Observer* teilte seinen Lesern mit: »Wham! sind eine Band, die man auf dem Schirm haben sollte.« Doch trotz der begeisterten Kritiken schaffte es »Wham Rap!« nur gerade so in die Top 100 und kam nicht über Platz 91 hinaus. Eine herbe Enttäuschung. Besorgt fragte der Musikverlag bei verschiedenen Plattenläden nach, warum eine so gut besprochene Single sich so schlecht verkaufte. Dabei stellte sich heraus, dass »Wham Rap!« gar nicht überall in den Regalen stand, von potenziellen Käufern also gar nicht erst gefunden wurde. Diese Erkenntnis ließ George nicht kalt. Er war zwar durch und durch ein empfindsamer Künstler, besaß aber einen ebenso ausgeprägten Geschäftssinn – wenigstens das hatte er von seinem Vater. Nach der Enttäuschung bei unserem Debüt war er besessen vom Vertrieb sowie von den regionalen Verkäufen und Chartdaten aller Wham!-Releases, weil er uns als Marke etablieren wollte. Zusätzlich war es leider nicht unbedingt hilfreich, dass die Single eine kleine Kontroverse ausgelöst hatte: Einige Kritiker behaupteten, wir würden ein Leben in Arbeitslosigkeit glorifizieren. Das stimmte zwar überhaupt nicht, führte möglicherweise aber dazu, dass wir nicht so oft im Radio gespielt wurden. Zumindest mit der Radio-1-Legende John Peel hatten wir einen Fan. Aber seine Sendung lief kurz vor Mitternacht, und das dürfte unsere Zielgruppe eher weniger erreicht haben.

Leider ging es auch oft daneben, *wenn* Innervision mal in uns investierte. Vor der Veröffentlichung von »Wham Rap!« wurden George und ich nach New York geschickt, um die Single im Studio zusammen mit dem Produzenten François Kevorkian zu remixen. Der war für seine Zusammenarbeit mit dem US-Duo D-Train bekannt, das 1981 den Hit »You're the One for Me« gelandet hatte, dementsprechend begeistert waren wir. Nach New York wollten wir schon, seitdem wir *Saturday Night Fever* gesehen hatten, aber der Trip stand von Anfang an unter keinem guten Stern. Innervision hatte es versäumt, uns rechtzeitig ein Arbeitsvisum zu beantragen, also mussten wir am Abflugtag zur US-Botschaft. Nachdem wir in halsbrecherischem Tempo zum Flughafen Heathrow gerast waren, hatten wir nur noch ein paar Minuten Zeit. Normalerweise kein großes Problem, aber ich hatte mir bei einem Fußballspiel im

Regent's Park den Mittelfuß gebrochen. Das tat fürchterlich weh, und ich konnte auf keinen Fall zum Flieger rennen. Als ich auf Krücken durch den Flughafen humpelte und das Gesicht verzog, weil mir die Krücken in den Achseln wehtaten, war George alles andere als begeistert.

»Verdammt noch mal, Andrew!«, brüllte er. »Geht das nicht schneller?«

Ich warf ihm einen bösen Blick zu. »Mann, ich hab mir nicht mit Absicht den Fuß gebrochen …«

Solche Interaktionen waren typisch für George und mich. Wir waren beide gerne im Recht und diskutierten strittige Punkte lang und breit aus. Genauso wenig überließen wir dem anderen allzu leicht das letzte Wort und fetzten uns wegen Kleinigkeiten. Wir hingen ständig aufeinander und kannten uns so gut, dass wir uns meistens wie Brüder fühlten. Deshalb zofften wir uns auch wie eben solche. Unversöhnlich verkracht haben wir uns aber nie, weder musikalisch noch sonst wie. So weit ließen wir es nicht kommen. Das war auch besser so, denn als wir am Gate ankamen, schlossen sie gerade den Flugsteig. Wir flehten die Mitarbeiter der Airline an, uns doch noch einsteigen zu lassen. Vergeblich.

Als wir vierundzwanzig Stunden später endlich im Big Apple landeten, gingen wir gleich ins Mayflower Hotel am Central Park West, ein altes Gebäude aus den 1920ern, das zwar schlicht, aber komfortabel war. Zumindest wäre es das gewesen, wenn Innervision uns ein Zimmer mit zwei Einzelbetten gebucht hätte und nicht eins mit Doppelbett, sodass wir Kissen in der Mitte des Bettes auftürmen mussten, um richtig schlafen zu können. Irgendwie störte das Hotelpersonal der Gedanke, dass wir zwei Typen uns ein Zimmer teilten. Da reichte es auch nicht, dass wir ihnen versicherten, wie hätten kein Problem damit. Mitten während unseres Aufenthaltes klopften nachts zwei bullige Sicherheitsmänner an unsere Tür.

»Die Herren, uns ist aufgefallen, dass Ihre Rechnung nicht bezahlt wurde«, sagte der eine.

Ich war verwirrt. »Wie meinen Sie das? Unsere Plattenfirma kümmert sich doch um die Bezahlung.«

Beide Männer schüttelten den Kopf. Wir sollten gehen. Obwohl Mark Dean versichert hatte, es sei »alles geklärt«, war dem wohl nicht so. Ein verzweifelter Anruf bei CBS in New York am nächsten Vormittag ersparte uns dann einen demütigenden Rausschmiss. Zum Glück waren wir auch nicht so oft im Hotel, dass es uns viel ausgemacht hätte.

Nach *Saturday Night Fever* wollten wir unbedingt in die besten Clubs der Stadt und das Herz von Manhattans Partyszene erkunden. Überraschenderweise waren die innovativsten

Läden kaum mehr als offene Flächen, alte Lagerhallen oder Geschäftsgebäude. Die meisten waren karg und ungemütlich, aber für mich war mit Krücken *alles* ungemütlich. Der Jetlag machte es auch nicht besser. Ich verbrachte also einen Abend schlafend neben einer riesigen Lautsprecherbox, während George sich mit ein paar jungen New Yorkern anfreundete. Als ich wach wurde, überlegten sie gerade, ob sie noch weiterziehen sollten, und George wollte mit. Zuerst war ich etwas besorgt. Wir waren irgendwo im Nirgendwo, und New York hatte damals den Ruf einer ziemlich gefährlichen Stadt. Aber George wollte seinen Spaß haben und ignorierte daher meine Bedenken.

Glücklicherweise ging alles gut – was man jedoch von François Kevorkians Remix nicht sagen kann. Als wir ihn nach unserer Rückkehr in London zu hören bekamen, war er bei Weitem nicht das, was wir erwartet hatten.

Wir fanden ihn furchtbar.

Wenn Wham! irgendetwas aus dieser ersten Amerikareise gelernt hatten, dann das, dass das Leben als Popstar sehr merkwürdig sein konnte.

12

Party Nights, and Neon Lights –
über Nacht im Rampenlicht

Und dann kam *Top of the Pops.*

Dass wir in der Mutter aller Musikshows bei der BBC auftreten durften, war die Folge einiger verrückter Zufälle. Aber das interessierte uns gar nicht – damals waren wir einfach hellauf begeistert. »Young Guns (Go for It)« war im September 1982 herausgekommen, aber nachdem die Single es nur auf Platz 73 geschafft hatte, sah es immer weniger danach aus, dass wir mit Wham! bald Weltstars werden würden. Wir hatten zwar beide nicht mit einem Einstieg in die Top 20 gerechnet, aber es war trotzdem eine herbe Enttäuschung. Daher wurden von unserem Radiopromoter bis hin zu Mark Dean langsam alle nervös. In der darauffolgenden Woche sprang »Young Guns« jedoch auf Platz 48, und auf einmal schien es gar nicht mehr unerreichbar, mit der Platte auch die Top 40 zu knacken und es somit auf die Playlists der wichtigsten Radiosender zu schaffen. Aber dann ging scheinbar alles schief, denn in der dritten Woche purzelte unsere Single wieder auf Platz 52. Obwohl wir zahllose Auftritte absolviert und ebenso viele Artikel über uns beschworen hatten, man müsse Wham! auf dem Schirm haben, sah alles nach einem großen Versagen aus. Eine echte Katastrophe, die George besonders hart traf. Ich machte mir zwar auch ernsthaft Sorgen, aber ich konnte einfach nicht glauben, dass das nun schon das Ende der Fahnenstange gewesen sein sollte.

»Komm schon, so schlimm ist es nun auch wieder nicht«, sagte ich, als unser zweiter Release in den Charts abrutschte. »Wir sind doch schon so weit gekommen! Das ist nur ein kleiner Rückschlag.« Aber Georges Laune war im Keller. Und das aus gutem Grund, schließlich konnten wir nichts weiter tun, um dem Schicksal auf die Sprünge zu helfen. Das wusste er genauso gut wie ich. Jahre später behauptete er, er sei angesichts des Misserfolgs der Single beinahe selbstmordgefährdet gewesen. Der Gedanke, dass alles noch vor dem eigentlichen Beginn schon wieder vorbei sein sollte, machte uns krank.

Und dann hatten wir aus heiterem Himmel plötzlich Glück. Wham! wurden von der Kinderfernsehshow *Saturday Superstore* entdeckt. Wir hatten wieder einmal in einem Londoner Club voller angetrunkener, desinteressierter Leute gespielt, als jemandem im Publikum die Neuartigkeit und Energie unserer »Young Guns«-Performance auffiel. Zufällig war sie eine der Scouts für die Show, und wir wurden für das folgende Wochenende eingeladen. Was für ein großartiger Glücksfall! Die Sendung war damals sehr bekannt und bot immer wieder Acts eine Bühne, die bei ihrem jungen Publikum sicher gut ankommen würden. Jeder wusste, dass ein guter Auftritt im Studio eine Riesenchance für neue Bands war. Nachdem die Kids am Vormittag *Superstore* gesehen hatten, gaben sie ihr Geld am Nachmittag gern für Platten aus. Als hätte uns der Himmel eine Rettungsleine zugeworfen. Und natürlich sagten wir sofort zu, weil uns klar war, dass wir die Sache so vielleicht endlich in Schwung bringen konnten. Also gaben wir alles bei unserem Auftritt. Begleitet von einer Band und flankiert von zwei amerikanischen Muscle-Cars spielten wir »Wham Rap!« und

»Young Guns«. Die Performance kurbelte sofort die Verkäufe an. »Young Guns« stieg in den Charts nach oben, wenn auch nur auf Platz 42 – die superwichtigen Top 40 erreichte die Single trotzdem nicht. Ein riesiger Schritt in die richtige Richtung, aber das half uns trotzdem kaum weiter. »Wir schaffen es nur in die Chartshows im Radio, wenn wir irgendwie die Top 40 knacken«, meinte George genervt. »*Top of the Pops* lässt uns auch nicht auftreten, wenn wir nur auf der 42 sind.«

Das stimmte leider.

Natürlich gab es noch andere Sendungen wie *The Old Grey Whistle Test*, die sich auch jenseits der Top 40 umsahen, aber die waren eher auf Rockbands oder Folk- und Country-Künstler spezialisiert. Eine Weile sah es so aus, als sei der Auftritt bei *Saturday Superstore* für uns der Gipfel des Erfolgs gewesen. Und wenn beide Wham!-Singles sang- und klanglos untergingen, würde Mark Dean uns bestimmt fallen lassen wie eine heiße Kartoffel. Nachdem wir es so weit geschafft hatten, konnten wir uns aber ein so schlechtes und vorzeitiges Ende einfach nicht vorstellen.

Was dann passierte, war das wichtigste Ereignis in der Geschichte von Wham!. Völlig unerwartet und wie durch ein Wunder beschlossen die Organisatoren von *Top of the Pops*, dass wir in der Show auftreten sollten. Die Hintergründe sind bis heute nicht klar, aber anscheinend hatte eine andere Band in letzter Sekunde abgesagt. Man hat uns nicht verraten, wer das war, aber in diesem Moment belohnte uns das Universum mit unserem goldenen Ticket. Die Produzenten waren verzweifelt auf der Suche nach einem kurzfristigen Ersatz-Act und durchforsteten die Charts. Aus zwei Gründen erregte Wham! ihre Aufmerksamkeit. Erstens waren wir Chartsaufsteiger und hatten es beinahe in die Top 40 geschafft. Zweitens kamen wir aus Großbritannien und konnten von jetzt auf gleich alles stehen und liegen lassen. Also riefen sie bei Innervision an und fragten nach unserer Verfügbarkeit. *Darauf konnte es natürlich nur eine Antwort geben.* Wir packten die Chance beim Schopf.

Wenn mir jemand im Alter von zwölf erzählt hätte, dass ich eines Tages bei *Top of the Pops* stehen würde, hätte ich diese

Aussage als komplett absurd abgetan. Yog und ich waren schon seit Ewigkeiten Fans von *TOTP* und wahnsinnig aufgeregt bei dem Gedanken, in die Fußstapfen einiger unserer Lieblingsbands treten zu können. In der Nacht vor der Aufzeichnung schliefen wir beide schlecht. Das lag zwar primär an unserer Nervosität, aber Innervisions übliche Unfähigkeit spielte auch eine Rolle. Die Nacht vor Wham!s großem Durchbruch hatten sie uns in ein Hotel in der Nähe vom King's Cross einquartiert, das sonst vermutlich eher nur stundenweise gebucht wurde. Und George hatte anscheinend das schlimmste Zimmer der Absteige erwischt.

»Was zum Geier soll das sein?«, fragte er nach unserer Ankunft und zeigte auf das Kinderbett in seinem Zimmer. »Soll das echt für mich sein?«

Die Bettwäsche war aus einer Art Nylonstoff, und darunter schützte eine Plastikfolie die fleckige Matratze vor weiterer Verschmutzung. Meine Schlafstätte sah nicht besser aus, aber wenigstens hatte ich ein normal großes Bett. Georges Füße baumelten über das Matratzenende, und er hatte eine furchtbare Nacht. Ein Zimmer kostete zehn Pfund pro Nacht – immer noch reiner Wucher. Als wir um 7:30 Uhr in den BBC-Studios auf der Matte stehen mussten, waren wir beide müde und gereizt und fragten uns, warum wir zwölf Stunden vor Showbeginn da sein mussten.

Aber das war nicht das einzige Problem. Als kleiner Vorgeschmack auf die Zukunft drehte sich plötzlich alles nur noch um Georges Haar: Er verbrachte Stunden in der Maske der BBC. Seine Locken wurden geföhnt, geglättet, eingesprüht und toupiert, bis er endlich zufrieden damit war. Für alle anderen sahen seine Haare genauso aus wie vor dem ganzen Zirkus. Ich ahnte, dass George in Bezug auf seine Haare überhaupt keinen Spaß verstehen würde, also verkniff ich mir jeglichen Kommentar und ließ ihn machen.

Fernsehstudios konnten, wie ich schnell lernte, ganz schön nervenaufreibend sein. Die gesamte Erfahrung bei *Top of the Pops* schwankte zwischen stressig und wahnsinnig öde. Wir waren beide recht nervös, und die Rücksichtslosigkeit, mit der die Show durchgezogen wurde, machte es nicht besser. Das Machtgefälle zwischen *TOTP* und einer jungen Band wie uns war eklatant. Man behandelte uns den ganzen Tag von oben herab und kommandierte uns herum. Es machte den Eindruck, als sähen sie uns nur als Eintagsfliegen, die man nicht mit Respekt behandeln musste. Wir mussten unsere Performance x-mal wiederholen. Zu dem Zeitpunkt waren wir seit Wochen auf Tour, und unsere Choreografien saßen perfekt, von daher wirkte der ganze Aufwand lächerlich. Ein himmelweiter Unterschied zu der Art, wie sie uns bei *Saturday Superstore* behandelt hatten.

Aber das war es dennoch wert.

Als wir am Abend zurückkamen, um unsere Performance aufzuzeichnen, knisterte die Luft schier vor lauter Nervosität. Die Clubgigs fielen mir zwar immer leichter, aber das hier war eine große Nummer. Backstage warf ich George einen Blick zu. Das war unsere Chance! Die Gelegenheit, von der wir schon damals zu Zeiten von The Executive geträumt hatten. Mike Smith, Moderator von Radio 1, kündigte uns an, und unsere Begleitband drängte sich auf die kleine Bühne. George und ich nahmen unseren Platz in der Mitte bei Shirlie und Dee ein. Um uns herum wartete das Studiopublikum. Vor uns waren Kameras, Beleuchtung und Studioassistenten mit Klemmbrettern in der Hand aufgereiht. Ich nickte George zu. *Los geht's.* Und dann startete die Musik als Schwall aus Funk-Grooves und zackigen Trompeten.

Hey sucker!
(What the hell's got into you?)

Georges Rap setzte ein. Ich tanzte hinter Shirlie, sie stolzierte auf und ab, drehte in ihrem engen weißen Kleid Pirouetten.

Hey sucker!
(Now there's nothing that you can do.)

Auf der anderen Seite drohte Dee Shirlie mit dem Zeigefinger, was auch zu unserer gut einstudierten Choreografie gehörte. Aber es war George, der die Aufmerksamkeit der Kameras auf sich zog.

Well I hadn't seen your face around town awhile,
So I greeted you with a knowing smile.
When I saw that girl upon your arm,
I knew she'd won your heart with a fatal charm.

George trug nur eine braune Lederweste und sah nach monatelangen Clubauftritten schlank, fit und durchtrainiert aus. Von Kopf bis Fuß wie ein fertiger Popstar. Sein Anblick stach ebenso ins Auge, wie seine Performance alle mitriss.

See me, single and free.
No tears, no fears, what I want to be.

Wham! war auf der Bildfläche erschienen.

Als die Musik verklang, der Applaus und das Gekreische aber anschwollen, schaute George strahlend zu mir rüber.

»Andy, das ist es«, verkündete er, als wir zusammen hinter die Bühne gingen. »Genau das will ich den Rest meines Lebens machen.«

Ich nickte, und mir kam ein Gedanke: Jetzt kann uns nichts mehr aufhalten …

Ich hatte recht. Mein Glaube an Wham! war gerechtfertigt. Es dauerte nicht lange, bis »Young Guns« es auf Platz 3 der UK-Charts schaffte. Nun waren wir als Pop-Act in aller Ohren. Unsere Musik erschallte auf allen Kanälen, und Innervision planten eine weitere Single und ein Studioalbum. Bald sollte unsere Welt kopfstehen. Als ich an dem Abend nach Hause kam, machte Mum zur Feier des Tages eine Flasche Sekt auf. Der Korken schoss mit lautem Knall gegen die Decke und hinterließ eine Delle in der Deckenverkleidung.

Eine bleibende Erinnerung an den Abend, als Wham! die Herzen der Nation eroberten.

TEIL 2

Making It Big!
Der große Durchbruch

Etwas Zeit zum Entspannen – mit der Crew in China.

Suuuuper Mützen!

Der Pulli verfolgt mich!

Der Wagen war schon 1983 uralt!

Rumalbern mit George.

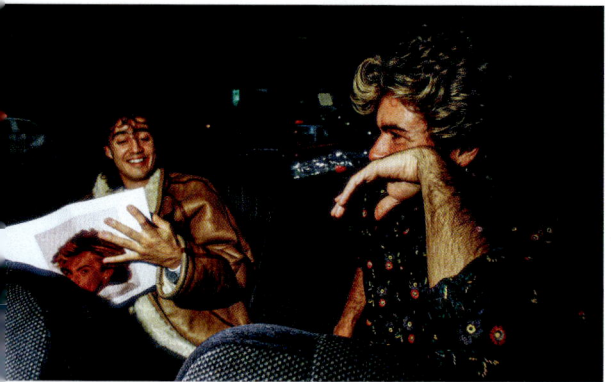

Ein Engländer in der Fremde.

Mit Offiziersmützen auf der Chinesischen Mauer. »George! Andy! Los, wir machen ein paar Fotos!«

Vor der Botschafterresidenz in Peking. Den mürrischen Gesichtern nach gab es nicht mal ein Ferrero Rocher.

Wir auf der Chinesischen
Mauer. Ein Déjà-vu.
Frage: Wie oft konnte
die internationale Presse
dasselbe Foto schießen?
Antwort: Bis es nicht
mehr ging.

Wham! in China –
falls das jemand noch nicht
mitbekommen hat.

Ich halte eine haarsträubende Rede vor
dem Kommunistischen Jugendverband und
Yog versucht krampfhaft, sein Lachen zu
unterdrücken.

Wer sind denn die
peinlichen Poser?

Es fängt an, Spaß zu machen!

»Wake Me Up Before You Go-Go« – Wir feiern unsere erste Nummer eins im Restaurant von Georges Vater Jack, dem »Angus Pride« in Edgware. Die Frau im schwarzen Wham!-Shirt ist übrigens Georges Mutter, meine Mum ist die zweite von rechts.

Miami Heiß! George und ich 1984 beim Videodreh zu »Careless Whisper«. Modisch waren die 1980er unschlagbar.

Noch ein Fotoshooting!
Stilwechsel!

Jep, ein BH.

13

Freedom – sich neu erfinden

Mit »Young Guns (Go For It!)« war der Funke übergesprungen, und weitere Hits folgten. »Wham Rap!« wurde im Januar 1983 erneut released und kletterte dank der Aufmerksamkeit, die uns unser erster Auftritt bei *Top of the Pops* beschert hatte, auf Platz 8 der UK-Charts (und auch dank der Tatsache, dass es ein verdammt guter Popsong war!). Wir halfen dem Ganzen mit einem Promovideo auf die Sprünge, in dem wir die Lyrics in Szene setzten: George stolzierte in Lederjacke und weißem T-Shirt schlecht gelaunt eine Straße hinunter, ich hockte bei meinen fiktiven Eltern auf dem Sofa. Gott weiß, was Jack Panos durch den Kopf gegangen sein muss, als die zwei Schauspieler, die meine Eltern mimten, mir die Zeile an den Kopf warfen, zu der er seinen Sohn inspiriert hatte: »Get yourself a job!« – Besorg dir einen Job! Die nächste Single, »Bad Boys«, schaffte es in den Charts auf Platz 2 und brachte uns einen weiteren Auftritt bei *Top of the Pops* ein, sodass Wham! langsam, aber sicher in aller Munde waren.

Doch George war unglücklich. Er hatte beim Schreiben von »Bad Boys« wieder einen Hit abliefern müssen und deswegen sicherheitshalber dasselbe Thema wie bei »Wham Rap!« und »Young Guns« gewählt. Wieder drehte sich alles um Teenagerfrust und enttäuschte Eltern:

Dear Mummy, dear Daddy
Now I'm nineteen as you see,
I'm handsome, tall and strong
So what the hell gives you the right to look at me
As if to say, ›Hell, what went wrong?‹

Zweifellos war »Bad Boys« cleverer und anspruchsvoller als »Wham Rap!«, und in meinen Augen eine großartige Single. Doch George waren die gefühlvollen Gedanken zu dick aufgetragen. Selbst unser tougher Jeans-und-Leder-Look im Video ging ihm auf die Nerven. Ein Punkt, bei dem wir völlig einer Meinung waren. Das Styling passte nicht zur ausgelassenen Stimmung, die wir rüberbringen wollten, sondern bekräftigte stattdessen nur den »Sozialkritik«-Stempel, den uns Teile der Musikpresse aufgedrückt hatten. Als das Presseteam von Innervision uns vorgeschlagen hatte, diesen Weg einzuschlagen, waren wir noch voll und ganz dafür gewesen. Doch wir lernten schnell dazu. Wir mussten unser Image und unsere Musik zurückerobern. Und nachdem George zu dem Schluss gekommen war, »Bad Boys« nur auf Bestellung geschrieben zu haben, distanzierte er sich vom Erfolg des Songs. Obwohl er beim Publikum gut ankam, nahmen wir ihn nur ungern mit auf die Wham!-Greatest-Hits-Sammlung *The Final*, und auf der 1997 herausgebrachten *The Best of Wham!: If You Were There* erschien er schließlich nicht mehr. Zu der Zeit bedeutete der Song allerdings, dass unser Debütalbum, das wir *Fantastic* nennen wollten, zur Hälfte fertig war.

Das Demo eines vierten Songs, »Club Tropicana«, wurde vom Produzenten Steve Brown in den Maison Rouge Studios in London überarbeitet – genau wie der Rest von *Fantastic*. Wie so vieles von unserem frühen Material kam auch »Club Tropicana« durch Zusammenarbeit mit anderen zustande. Die Bassline von Deon Estus erinnerte an Latinorhythmen, und ich arbeitete mit ihm gemeinsam am anfänglichen Groove des Songs. Während »Club Tropicana« vielschichtiger wurde, ging es mir verstärkt um ein Feeling von Sonne, Sex und Sangria. »Warum fangen wir nicht mit ein paar Soundeffekten an?«, fragte ich während der Aufnahmen und stellte mir das Geräusch eines Autos vor, das vor einem Luxushotel parkte, klackernde High Heels auf dem Weg zu einer Party und ein pulsierendes Bass- und Gitarren-Lick, das mit jedem Schritt lauter wurde. Ich stöberte in der Soundbibliothek herum und suchte Samples einer ausgelassenen Party heraus, von Stilettos auf dem Gehsteig und einem bremsenden MGB GT-Sportwagen. Das markante Intro schlug den Ton für die musikalische Glanzzeit an, die nun folgen sollte.

Je länger die Aufnahmen andauerten, desto wohler fühlte sich George im Studio. Offiziell fungierte Steve, der zuvor mit Elton John zusammengearbeitet hatte, als Produzent, doch George machte vieles selbst. Er gestaltete den gesamten Aufnahmeprozess, und schon damals war klar, dass er wusste, wie man ein Hitalbum produzierte. Das wussten wir beide. Wir hatten unsere Jugend miteinander verbracht und gemeinsam ein musikalisches Gespür entwickelt, sodass wir häufig das Gleiche wollten. Und wir wussten ganz genau, wie unser Debüt klingen sollte. Natürlich unterschieden sich die finalen Aufnahmen im Detail von dem, was uns vorgeschwebt hatte, allerdings lag das hauptsächlich daran, dass wir nun Zugang zu so etwas wie Blechbläsern oder Soundeffekten hatten. Doch während der gesamten Aufnahme von *Fantastic* war George der Boss. Er genoss es, die Zügel in der Hand zu halten, und es überraschte wohl niemanden, dass er sich auch bei seinen eigenen Platten als begabter Produzent herausstellte. Er war in der Lage, den gesamten Aufnahmeprozess im Studio zu leiten, während ich ganz einfach glücklich war, ein Teil dessen zu sein.

Kurz vor Fertigstellung des Albums waren Innervision mehr und mehr von Wham!s Potenzial begeistert, doch George und mir ging die Art, wie man uns behandelt hatte, zusehends gegen den Strich. Obwohl wir mittlerweile drei Hitsingles herausgebracht hatten, bezahlten sie uns noch immer lediglich ein mickriges Taschengeld. Durch den wachsenden Erfolg hatten wir das Gefühl, dass uns eine bessere Vergütung zustand, doch Innervision wollten nichts davon wissen. Wir steckten im ursprünglichen Vertrag fest. Und der war, wie wir später – wesentlich besser informiert – feststellten, ein ziemlich lausiger Deal. Das Ganze sorgte für heftige Spannungen zwischen uns und Mark Dean. Als das Album beinahe fertig war, wuchs Georges Frust über Innervisions Weigerung, unseren Vertrag anzupassen, derart an, dass er beschloss, die gemasterten Tapes einzubehalten und sie in seinem Garten zu vergraben. Am Ende redete ihm unser Verleger Dick Leahy diesen brisanten Plan noch einmal aus.

»Bring erst ein Hitalbum raus, George«, sagte Dick. »Dann kannst du aus einer besseren Position heraus einen guten Vertrag für dich aushandeln.«

Es lag auf der Hand, dass Wham! irgendeine Form von Management brauchten, das sich um diese Angelegenheit kümmerte und vor allem dafür sorgte, dass wir in Zukunft nicht mehr in die Stolperfallen des Business tappten. Wir engagierten Jazz Summers, einen früheren Army-Musiker, der mittlerweile als Manager arbeitete, sowie Simon Napier-Bell – eine illustre Figur, der zuvor die Yardbirds, Marc Bolan und Ultravox gemanagt und gemeinsam mit Dusty Springfield deren erste Nummer-1-Single »You Don't Have To Say You Love Me« geschrieben hatte. Zusammen nannten die beiden sich die

Mit Simon Napier-Bell, unserem neuen Manager.

Nomis – Simon rückwärtsgelesen. Als sich *Fantastic* der Vollendung näherte, trafen George und ich uns mit ihnen in Simons eleganter Wohnung am Bryanston Square in London, wo er mit seinen beiden Freunden wohnte. Ich mochte Simon, er war ein charismatischer Charakter, dessen Lebenseinstellung nicht das halbvolle, sondern ein *überlaufendes* Glas war. Er war vereinnahmend, überschwänglich und clever. Und *sehr* unterhaltsam, wie es sich eben auch für einen guten Musikmanager gehörte. Simon saß der Schalk im Nacken, und er war auf charmante Art gegen das Establishment gerichtet: Er passte wie die Faust aufs Auge zu Wham!s einzigartigem Image.

Jazz war der perfekte Mann im Hintergrund. Simon hatte riesige Ideen und große Pläne im Kopf, doch Jazz kümmerte sich um die kleinen Details und die vielen Aufgaben, die erledigt werden mussten, um diese Pläne auch in die Tat umzusetzen. Er war die Brücke, die vom Konzept zur Wirklichkeit führte. Mum und Dad hatten weder mir noch meinem Bruder jemals irgendwelche Grenzen gesetzt, und so war ich wie Simon jederzeit bereit, meinen Träumen zu folgen oder alles in die Waagschale zu werfen.

George war strenger erzogen worden, und seine Eltern hatten wesentlich höhere Erwartungen an ihn gehabt, als er noch zur Schule ging, sodass er vorsichtiger war. Vielleicht war er deshalb in den ersten Meetings skeptisch, was Jazz und Simons Managementstil betraf. Doch irgendwann behandelte er jeden Menschen so, der im Business war oder sich mit unseren Finanzen beschäftigte. Manager, Agenten, Anwälte und Buchhalter: Sie alle wurden von ihm mit Vorsicht genossen, bis sie sich als ausreichend kompetent und loyal bewährt hatten – und das häufig nicht nur einmal. Misserfolge oder falsche Absprachen führten selbst bei Nichtigkeiten schnell zu bitteren Vorwürfen. Und Simon und Jazz hatten von Anfang an beide Hände voll zu tun mit uns.

Wenn es nach uns ging, war es an ihnen, uns aus den Klauen von Innervision zu befreien. Und zwar so schnell wie möglich.

Als *Fantastic* von 1982 bis 1983 allmählich Form annahm, mussten weitere Entscheidungen getroffen werden. Wham! war eine überaus ehrgeizige Band, und George und ich hatten klare Ziele vor Augen. Ganz oben auf unserer Liste stand ein Platz-1-Album, sowohl im Vereinigten Königreich als auch in den Staaten – Letzteres war von zentraler Bedeutung, wenn wir zur weltweit größten Popband avancieren wollten (was auch auf unserer To-do-Liste stand …). Wir wollten auf der ganzen Welt touren und Konzerte in Australien und dem Fernen Osten geben. Außerdem war uns wichtig, in Arenen zu spielen, vielleicht sogar als Headliner die Stadien zu füllen. Wir machten uns selbst zusätzlichen Druck, indem wir uns eine Deadline setzten. George und ich wussten beide, dass unsere Musik aus unserem überschwänglichen Teenagerdasein schöpfte, sie verband die Energie von Jugend und Optimismus. Wir hatten nie vor, Wham! als Band erwachsen werden zu lassen. Wir wollten eine kurzlebige Sensation sein, ein Name, der kurz, aber dafür hell brannte – ein paar Jahre, wenn es hochkam – und sich dann mit einem Knall verabschiedete. Keiner von uns wollte Wham! zu lange am Leben halten, sodass wir beschlossen hatten, unsere Band aufzulösen, sobald wir unsere Ziele erreicht hätten. Keine Zugaben, kein Comeback.

Doch hinter den Kulissen war noch eine andere Entscheidung gefällt worden, die für mich persönlich unverzügliche Konsequenzen hatte: Um unsere Ziele schneller zu erreichen, würde George von nun an das Songwriting ganz allein übernehmen.

Ich liebte es, mit meinem besten Freund Musik zu machen und Songs zu entwerfen, doch zwischen unseren Fähigkeiten lagen Welten. Ich konnte Akkordfolgen und Melodien komponieren oder auch Textideen entwerfen, wie ich bei »Wham Rap!«, »Careless Whisper« und »Club Tropicana« unter Beweis gestellt hatte, doch George bewegte sich plötzlich mit Lichtgeschwindigkeit. Der große Steve Martin sagte einmal: »Manche Menschen haben einfach Sprachgefühl, und manche Menschen, äh, öh, nicht.« George gehörte zweifelsohne zu Ersteren. Trotz seiner Abneigung gegen »Bad Boys« war sein Gefühl für die Lyrics und Hooks beeindruckend. Dass ich ihm nicht das Wasser reichen konnte, war offensichtlich. Wir beide ahnten, dass ich beiseitetreten musste, wenn wir wirklich wollten, dass Wham! unsere hochgesteckten Ziele erreichte. Zunächst sprachen wir nicht darüber, und später gab George zu, dass es nicht seine Absicht gewesen war, mich völlig aus dem kreativen Prozess auszuschließen. Doch im Studio und auch jenseits dessen bauten sich Spannungen zwischen uns auf, sodass irgendwann klar war: Wir mussten reden. Eines Tages tra-

fen wir uns im Haus meiner Eltern und kamen nach dem Gespräch zu der Übereinkunft, dass George von nun an alles schreiben würde. Ich sah natürlich ein, dass es für Wham! das Beste war, wenn wir tatsächlich eine Nummer-1-Platte hinbekommen wollten, und es war eine große Erleichterung, endlich darüber gesprochen und eine Entscheidung getroffen zu haben. Nun lastete die gesamte Verantwortung auf Georges Schultern, aber wir wussten beide, dass es so am besten war.

»Club Tropicana« war unsere nächste Single. Stilistisch und inhaltlich war es eine komplett andere Richtung als alles, was wir zuvor rausgebracht hatten, doch mit Songs à la »Wham Rap!« und »Young Guns« weiterzumachen, kam uns wie eine Sackgasse vor, was sich unter anderem an Georges Frust über »Bad Boys« bereits gezeigt hatte. Doch wir wussten nicht, was wir als Nächstes aufnehmen sollten. Wir hatten an zwei weiteren Songs gearbeitet, »Golden Boy« und »Soul Boy«, doch keiner von beiden war gut genug. Da George nun allein arbeitete, konnten diese Entscheidungen leichter getroffen werden. Meine Zeit als Songwriter war leider vorbei.

Für die Band war es der richtige Schritt gewesen, doch ich kam nicht umhin, im Nachhinein damit zu hadern.

Natürlich kann man sich fragen, ob ich dem Musikmachen mit zwanzig zu überstürzt den Rücken gekehrt habe. Ich war schließlich kein Stümper, was die Aufnahme von Platten betraf. Ich war Co-Autor von »Club Tropicana«, »Wham Rap!« und »Careless Whisper«, die allesamt zu Hits geworden waren. Zudem gefiel mir der kreative Prozess. Einem Popsong Leben einzuhauchen war für mich eine wirklich befriedigende Aufgabe, die ich genoss. Vielleicht hätte ich mich damals zurücknehmen sollen, wenn der Druck im Studio am größten war, und trotzdem im Hintergrund an meinem eigenen Material weiterarbeiten sollen. Zu Beginn der Band war das, was ich schrieb, ein zentraler Teil unserer Musik gewesen, im Grunde hatte also nichts dagegen gesprochen, dass ich weiterhin etwas beitrug. Nichtsdestotrotz kam ich zu dem Schluss, dass meine Chancen, einen Song zu schreiben, der es verdiente, auf einem Wham!-Album zu erscheinen, minimal waren, sodass ich das Songwriting komplett an den Nagel hängte. Ich hatte einfach das Gefühl, dass es absolut keinen Sinn ergab, George irgendwelche Vorschläge zu machen, da er so hervorragendes Material produzierte. Schon damals war George ein sehr guter Songwriter, aus dem einer der größten werden würde. Trotzdem war unsere Entscheidung keine leichte für mich.

Ich kann nicht leugnen, dass ich mich bei Wham! etwas weniger reinhängte, nachdem ich die Pflichten des Songwritings an George abgetreten hatte. Natürlich war ich noch immer von der Band überzeugt, doch es war nicht mehr dasselbe. Ich war zwar etwas frustriert, doch das Songwriting war für mich nie die Art von Berufung gewesen wie nun für George. Für ihn wurde es zum Mittel, den George aus sich herauszukitzeln, der er werden wollte. Ich wusste genau, wer ich war. Ich hatte mir ein Ziel gesetzt: Dass unsere Band zum weltweiten Erfolg wurde, und diesen Ehrgeiz lebte ich. Trotzdem beneidete ich George um sein außergewöhnliches Talent – ich staunte darüber und bewunderte seine kreativen Fähigkeiten. Natürlich wäre es nett gewesen, wenn zumindest ein Hauch seines Naturtalents auf mich abgefärbt hätte, doch er war auch mein Freund und es war eine Freude und ein Privileg, ihm dabei zuzusehen, wie er aufblühte.

Da nun kein kreativer Druck mehr auf mir lastete, genoss ich vermehrt das Leben im Rampenlicht. Ich ging ziemlich viel feiern, war jedoch bei Weitem nicht der Partylöwe, als den mich manche Menschen später sahen. Auch George stellte mich manchmal als sexbesessenen Draufgänger dar, der von Club zu Club tingelte und sämtliche Frauen flachlegte. Ich kann nicht abstreiten, dass darin ein Quäntchen Wahrheit lag, trotzdem war ich weitaus zurückhaltender als das aufgebauschte Bild, das George von mir zeichnete. Nach dem Erfolg unserer ersten Singles wurden wir für gewöhnlich fotografiert, wenn wir ins Camden Palace oder in den Wag Club gingen und mit Bands wie Spandau Ballet, Duran Duran und Bananarama Drinks bestellten und tanzten. Allein aufgrund unserer Bekanntheit wurden wir in die coolsten Clubs gelassen: Wenn wir ankamen, spazierten wir einfach an der langen Schlange vorbei. Manchmal war ich betrunken und machte Blödsinn, aber wir gerieten nicht in Schlägereien und verwüsteten auch keine Hotelzimmer. Ich hatte einfach Spaß, aber gleichzeitig wusste ich, dass auch derlei Hedonismus Grenzen hatte. Wir mussten ein Album fertig bekommen und anschließend promoten. Weder das eine noch das andere war möglich, wenn ich um fünf Uhr morgens aus den Discos torkelte.

Als *Fantastic* schließlich fertig war und am 9. Juli 1983 released wurde, gingen all unsere Träume in Erfüllung. Das Album kletterte auf Platz 1 und blieb zwei Wochen dort, in den Charts hielt es sich insgesamt 116 Wochen. Im Grunde bestand es aus vier Singles. Alles andere wäre eine Lüge, denn der Rest war Füllmaterial. Manche der Tracks waren so nichtssagend, dass selbst ich mich nicht mehr an ihre Titel erinnern kann! Aber als Eröffnungsrelease erfüllte es seinen Zweck. *Fantastic* hatte George Michael als talentierten Songwriter etabliert und gezeigt, dass Wham! als Popphänomen in den Startlöchern standen. Mit unserer nächsten Single planten wir einen Imagewechsel, der mit etwas Glück weltweit Anklang finden würde. Mit »Club Tropicana« und dem dazugehörigen Video würden wir uns als Band neu erfinden.

Von nun an konnte man uns nicht mehr ignorieren.

14

Revelations – neue Welten

Die Achtziger läuteten eine neue Ära ein: Das Popvideo war geboren und brachte eine wahre Flutwelle cineastischer Ambitionen mit sich, die eine ganze Generation prägten. Pop- und Rockstars wurden mit gigantischen Produktionsbudgets überschüttet, um ihre dreiminütigen Meisterwerke für MTV zu filmen. Wer das Glück hatte, eine NASA-mäßige Satellitenschüssel im Garten stehen zu haben, kam schon bald in den Genuss, Duran Duran in Safarioutfits durch einen Dschungel in Sri Lanka tollen zu sehen. Doch auch im samstagmorgendlichen Fernsehen konnte man sie bewundern. Die Kids, die bei *Saturday Superstore* oder *Swap Shop* einschalteten, wurden mit ehrgeizigen Videos von Stars wie Michael Jackson, Cyndi Lauper und Billy Idol bombardiert. Wenn aus Wham! eine der bekanntesten Bands der Welt werden sollte, mussten wir in ebendieser Liga mitmischen.

»Club Tropicana« war für dieses ehrgeizige Abenteuer perfekt geeignet. Mit der hochnäsigen, obercoolen Dance-Floor-Szene in London hatte es rein gar nichts zu tun, stattdessen ging es um einen sommerlichen Teenie-Traumurlaub. Es war meilenweit entfernt von der aufwieglerischen Stimmung unserer vorherigen Singles. Wer einigermaßen hinsah, konnte erkennen, dass George und ich uns selbst nicht sonderlich ernst nahmen. Und genau diese Art Spaß und Eskapismus sollte uns in den Pophimmel katapultieren.

Als Simon und Jazz verkündeten, dass sie es irgendwie geschafft hatten, Innervision das Budget für einen Wham!-Videodreh auf Ibiza aus den Rippen zu leiern, war ich hin und weg. Wir waren beide noch nie auf Ibiza gewesen, und für junge Briten war die Insel noch ein recht unbekanntes Reiseziel. Die Balearen und ihre Acid-House-Szene, die gegen Ende des Jahrzehnts die Clubkultur definierte, steckten noch in den Kinderschuhen, und die achtzehn- bis dreißigjährigen Feierwütigen hatten Ibiza noch nicht auf dem Schirm. Genau wie der Song an sich war auch das Storyboard für das Video völliges Neuland für uns. Die erste Hälfte von »Wham Rap!«, in dem einem jungen Mann mitgeteilt wurde, er solle sich einen Job suchen oder seine Sachen packen, hatten wir in den zwei Zimmern eines bescheidenen Reihenhauses gedreht. Bei »Club Tropicana« ging es um Sonne, Cocktails, Poolpartys und sehr knappe Badeoutfits.

Der Plot, wenn man ihn denn so nennen kann, drehte sich um zwei junge Kerle und ihren Urlaub in einem schicken Hotel am Mittelmeer, zwischen den Reichen und Schönen Europas. Da kam es gelegen, dass der Dreh hauptsächlich im Pikes Hotel durchgeführt wurde, einem luxuriösen Rückzugsort im Nordwesten der Insel, zu dessen Gästen Elton John und Freddie Mercury zählten. Letzterer würde später hier seinen berühmt-berüchtigten einundvierzigsten Geburtstag feiern, bei dem dreihundertfünfzig Flaschen Moët-&-Chandon-Champagner getrunken wurden und ein so extravagantes Feuerwerk dargeboten wurde, dass man es selbst im entfernten Mallorca sehen konnte. Die Location war perfekt.

174

Auf Ibiza für die Aufnahmen von »Club Tropicana«.

Das Video fing all das ein, was George und mir im Wohnzimmer seiner Eltern vorgeschwebt hatte, ohne dass wir es je zuvor gesehen hätten. Das Pikes war derart vornehm und schick. Bevor der Shoot anfing, aßen Simon, George und ich auf der Dachterrasse zu Abend. Während die Sonne unterging, zirpten im Hintergrund die Zikaden. Wir tranken Marqués de Murrieta, einen weißen Rioja, der den süßlichen Weißwein, den mein Vater bei Sainsbury's kaufte, in einem ganz anderen Licht erscheinen ließ. Manometer, dachte ich nach dem ersten Schluck. Schon besser … George und ich waren bestimmt zwanzig Jahre jünger als alle anderen Gäste, doch wir hatten es verdient, dort zu sitzen. Und wir hatten allen Grund zu feiern.

Am Morgen nachdem der Shoot beendet war, erwachte ich vom lauten Telefonklingeln neben meinem Bett – es war George.

»Hi, Andy … kannst du mal kurz rüberkommen?«, fragte er. Ich sah auf die Uhr. Es war später Vormittag und wir hatten den Tag frei, also nahm ich an, er wolle das Frühstück planen oder die nächsten achtundvierzig Stunden besprechen. (Wir hatten beschlossen, uns auf der Insel ein wenig auszuruhen.) Ich ging über den Flur zu Georges Zimmer, und dort wartete Shirlie bereits, sie saß auf einem großen Sofa, George war noch im Bett. Als ich hereinkam, lächelte er.

Die Stimmung in der Suite war so entspannt und fühlte sich so zwanglos an, doch das, was George mir anvertrauen wollte, war offensichtlich eine große Sache für ihn.

»Ich wusste nicht, ob ich es dir sagen sollte …«, sagte er und schielte kurz zu Shirlie.

»*Was denn? …*«

»… aber ich werde das jetzt tun: Ich bin schwul.«

Ich weiß nicht, ob George Angst hatte, ich könnte negativ reagieren oder dass ich schockiert oder enttäuscht wäre, doch später erfuhr ich, dass er es Shirlie zuerst erzählt hatte. Vermutlich hatte er sich von ihr versichern lassen wollen, dass es für mich okay wäre. Shirlie kannte mich besser als die meisten anderen Menschen, und sie hatte ihn sofort beruhigt.

»Wie bist du denn drauf?«, hatte sie ihm gesagt. »Natürlich wird alles gut, er ist dein bester Freund. Sei doch nicht albern …«

Und sie hatte recht damit. Ich *war* sein bester Freund. Natürlich war das okay. Georges sexuelle Orientierung störte mich nicht im Geringsten. Ich wollte, dass er glücklich war.

»Oh, okay.« Ich zuckte mit den Achseln. »Also, das kommt natürlich ein bisschen überraschend!«

George erklärte, dass er das Ganze schon seit einer Weile mit sich herumschleppte. Auf Ibiza hatte er ein paar Jungs aus Barnsley kennengelernt, die vermutlich schwul waren, so wie er von ihnen erzählte. »Wobei ich nicht sicher bin, ob ich schwul bin oder bi«, fügte George später hinzu.

Nach dieser Offenbarung wirkte er merklich entspannter, vermutlich da ihm klar geworden war, dass die Sache für mich wirklich keinen Unterschied machte. Manche Menschen haben danach das Bedürfnis, erst mal ein paar Witze zu reißen, um jedwedes Unwohlsein zu vertreiben, aber das war bei uns nicht nötig. George schien es nach dem Gespräch gut zu gehen. Shirlie und mir war das Ganze vollkommen schnuppe, und wir gingen zu dritt zum Frühstück, als wäre nichts gewesen. Und so war es ja auch. Wir waren drei dicke Freunde, und nichts hatte sich verändert.

Dass ich schon bald nicht mehr an Georges Geheimnis dachte, sagt vermutlich mehr über unsere Freundschaft aus als jede lange Diskussion darüber. Wir standen uns auf viele Arten nahe, aber wir sprachen nicht über Beziehungen, Liebe und Herzschmerz. Wir redeten über Musik und Comedy, wir konnten stundenlang die neuesten Bands und Sketche im TV durchkauen, doch über unsere Gefühle sprachen wir nie. Darum ging es in unserer Freundschaft ganz einfach nicht.

Manchmal fragte ich mich zwar, warum George sich mir nicht eher hatte anvertrauen wollen, doch im Grunde war das eigentlich wenig überraschend gewesen: Wenn es um romantische Gefühle ging, hatte keiner von uns beiden den anderen *jemals* ins Vertrauen gezogen.

Doch nach jenem Morgen im Pikes ergaben gewisse Aspekte von Georges Leben mehr Sinn. Ich hatte mich durchaus manchmal gefragt, warum er – von den ein oder zwei in der Oberstufe abgesehen – nie eine feste Freundin gehabt hatte. Doch auch das hatte in unserer Freundschaft keine Rolle gespielt. Der Gedanke, mal zu viert mit unseren Freundinnen auszugehen, wäre uns beiden völlig bescheuert vorgekommen.

Georges Sexualität öffentlich zu machen stand nie zur Debatte. Wir waren beide der Meinung, dass das nicht notwendig war. Damals hatte man es als schwuler Mann noch sehr viel schwerer als heute, und George schwante, dass es ihm nur Ärger einbringen würde – sowohl beruflich als auch privat. Er wusste, dass sein Vater wenig begeistert auf diese Neuigkeiten reagieren würde. Und er hatte Angst davor, dass seine Sexualität sich als Karrierekiller entpuppen könnte, gerade jetzt, wo wir kurz vor dem Durchbruch standen.

Den Mädchen, die unsere Platten kauften, gefiel die Vorstellung von zwei Kumpels, die zusammen eine gute Zeit hatten. »Bad Boys« und »Club Tropicana« hatten sich jeweils über vierhunderttausendmal verkauft. Von »Wham Rap!« waren mehr als eine Viertelmillion Singles verkauft worden. Und auch wenn diese Zahlen besagten, dass unser Publikum über Teenies hinausreichte, war sich George bewusst, wie sich unser Image auf unseren Erfolg ausgewirkt hatte. Er wollte das Risiko eines Coming-outs nicht eingehen, sondern ein weltbekannter Künstler werden. Sein Privatleben sollte dabei außen vor bleiben. Für den Moment würden wir also all das für uns behalten.

Musikalisch dachte George gar nicht daran, sich zurückzulehnen. Er wollte eine endgültige Aufnahme von »Careless Whisper«. Für Innervision hatte er bereits eine Demoversion des Songs aufgenommen, doch Dick Leahy hatte Innervision daran gehindert, dieses zu veröffentlichen. Nun, da *Fantastic* ganz oben in den Charts stand, hielt George den Moment für gekommen, seine Ambitionen als Songwriter unter Beweis zu stellen. »Careless Whisper« hatte alles, was dazu nötig war: erwachsenere Themen, die sagenhafte Saxophonmelodie und einen unwiderstehlichen Refrain.

Dann unterbreitete Dick Leahy George einen interessanten Vorschlag: Warum nimmst du »Careless Whisper« nicht im Muscle Shoals in Alabama auf? George liebte den klassischen Atlanta-Soul, und so schien jenes legendäre Studio, in dem so viel davon produziert worden war, eine naheliegende Wahl zu sein. Alles von Rang und Namen hatte dort aufgenommen, unter anderem Soul-Größen wie Otis Redding, Wilson Pickett, Aretha Franklin, Paul Simon und auch die Stones. Muscle Shoals' hauseigener Produzent Jerry Wexler und die Musiker seiner Backing-Band galten als die Besten im Business. George zögerte keine Sekunde.

Oh Gott, dachte George, als er Take um Take damit verbrachte, zu erklären, wie der Song klingen sollte – das hier sind die Besten, aber sie verstehen es einfach nicht.

Wenn man sie perfekt spielte, klang Georges sprunghafte, schmerzvolle Melodie flach und leblos. Diese Erkenntnis beunruhigte ihn, und als er mit dem Mastertape nach Hause kam, merkte ich ihm sofort an, dass etwas nicht stimmte, aber er behielt seine Gedanken zunächst für sich.

George empfand so großen Respekt vor Wexler, dessen Erfolgsbilanz Bände sprach – doch vielleicht lag genau da das Problem. Die Bewunderung für diesen großen Namen hatte George dazu gebracht, sich zurückzunehmen und Wexler das Ruder zu überlassen. Doch ganz gleich, wie perfekt die Aufnahme war, die Wexler und seine Band ablieferten – an Georges glasklare Vision für den Song kam sie nicht heran.

Zwei Studiomusiker wurden aus New York und L.A. eingeflogen, um das charakteristische Intro des Songs einzufangen. Ohne Erfolg. Keinem von beiden gelang es, die Phrasierung auf den Punkt genau zu spielen, die den Song jedoch so einprägsam machte. Um wirklich über dem Backing-Track zu schweben, musste der Saxophonpart dem Beat einen Sekundenbruchteil voraus sein.

George bestellte mich in eines der Büros unseres Managements. »Was hältst du davon, Andy?«, fragte er, während er die Muscle-Shoals-Aufnahme über die Stereoanlage abspielte.

Ich hörte genau hin und sank enttäuscht in den Sessel. Sämtliche Magie, die in unserem ursprünglichen Demotape gesteckt hatte, war beim Aufpolieren des Songs fortgewischt worden. Ich merkte, dass George mein Urteil abwartete, bevor er seinem eigenen Frust Luft machen konnte.

Auch wenn wir keine gemeinsamen Songwriter mehr waren, war ich es ihm schuldig, mit meinen ehrlichen Gedanken über die Aufnahme nicht hinterm Berg zu halten. George war meine Meinung noch immer wichtig, und wir waren mehr als bereit, eine Idee über Bord zu werfen, wenn wir das Gefühl hatten, dass sie einfach nicht funktionierte. Der Glamrock-inspirierte Song »Wham! Shake«, ein Demo, mit dem wir uns abmühten, verschwand in etwa zur selben Zeit in irgendeiner Schublade. Aber »Careless Whisper« sollte doch schließlich Georges Meisterwerk werden. Die letzten Akkorde der neuen Aufnahme verklangen.

»Tja, das ist nicht annähernd so gut wie das Demo, oder?«, sagte ich schließlich.

15

Soul Boy (Let's Hit The Town) – auf Tour

Mit einem erfolgreichen Album in den Charts war es nun an der Zeit, auf Tour zu gehen, auch wenn ich mir nicht sicher war, was mich bei Wham!s erster UK-Tour erwarten würde. Unsere wenigen öffentlichen Auftritte mit Backing-Track zählten wohl kaum als ausführliche Performance-Erfahrung. Trotzdem sah ich dem, was sich schließlich als Tour mit dreißig Terminen entpuppte, gelassen entgegen. *Aberdeen, Edinburgh, Glasgow.* Liveauftritte waren mein Ziel gewesen, seit George und ich als sechzehnjährige Kids The Executive gegründet hatten. *Leicester, St Austell, Bristol.* Und eine UK-Tour bedeutete, dass George und ich die Songs, die wir uns in Wohn- und Schlafzimmern ausgedacht hatten, live vor echtem, zahlendem Publikum spielen konnten. *London, Whitley Bay, Poole.* In meinem Kopf stellte ich mir das Popäquivalent zu einem Enid-Blyton-Roman vor. Vier (relativ) unschuldige Zwanzigjährige brachen zu einem Abenteuer auf. *Swansea, Birmingham, Brighton.*

Vier Freunde auf Tour.

Für George bedeutete die Aussicht, unsere Songs vor einem Livepublikum zu performen, jedoch zusätzlichen Druck. Wir

hatten bei »Club Tropicana« ziemlich dick aufgetragen, also waren wir bei der Musikpresse unten durch, und die Klatschblätter machten aus uns eine Herzensbrecher-Boyband, so dass George Angst hatte, man würde uns nicht sonderlich ernst nehmen. Die Club-Fantastic-Tour war unsere Chance, sie eines Besseren zu belehren. Doch um erfolgreich zu sein, musste alles, was wir auf der Bühne darboten, ausgefeilt und makellos sein. Unsere Musik und sein Songwriting sollten hervorstechen. Natürlich durfte der Spaß nicht zu kurz kommen, doch wenn wir mit unserem musikalischen Repertoire on the road gingen, mussten auch der Sound und die Arrangements so sitzen wie im Studio.

Das klang recht simpel, aber weder George noch ich machten uns irgendwelche Illusionen. Unsere Platten waren nicht bei Bandproben oder Livejams entstanden. Weder hatten wir sie auf der Rückbank von Tourbussen entworfen, noch waren sie mit der Zeit gereift. Nein, George und ich hatten Songs wie »Wham Rap!« geschrieben und dann exakt so aufgenommen. Und so bestand Wham! aus einer Setlist an Songs, die aus dem

Studio kamen und noch nie live performt worden waren. Wir wussten, dass wir auch die Tanzchoreografien einbauen mussten, die die Fans von »Young Guns« und »Bad Boys« aus *Top of the Pops* kannten. Das war es schließlich, wofür sie Eintritt zahlten. Ohne ein gewisses Maß an Showeinlagen steuerten wir auf eine große Enttäuschung zu, und wir wollten in keinem Fall hinter den Erwartungen zurückbleiben.

Wir mussten es also schaffen, die Songs so auf die Bühne zu bringen, wie wir sie aufgenommen hatten. Wham! war nicht Genesis, Pink Floyd oder Emerson, Lake & Palmer. Da war kein Platz für ausufernde Grooves oder improvisierte Solos. Wir wussten, dass die Fans kamen, um die Wham!-Hits zu hören, genau wie sie im Radio klangen. Unsere Künstlerkapriolen mussten wir außen vor lassen.

Auch wenn George sich darum sorgte, ob man unserer Musik mit ausreichend Respekt begegnen würde, musste die Show den jugendlichen Elan und die Spaßbegeisterung der Band transportieren. »Club Tropicana« verkörperte reinen Hedonismus, die Jeans-und-Leder-Attitüde von »Young Guns« war passé. Stattdessen drängte ich auf den Sportklamotten-Look. Er passte besser zu dem Gefühl von Freiheit und Eskapismus, das wir unserem Publikum vermitteln wollten.

Um die Partyatmosphäre anzuheizen, beschlossen wir, statt einer Supportband den DJ Gary Crowley von Capital Radio für das Warm-up anzuheuern. Gary war einer der ersten DJs gewesen, die Wham! gepusht hatten, so dass es logisch war, dass er mit von der Partie wäre. Um die Clubatmosphäre und die Block-Party-Vibes zu komplettieren, performte die Breakdance-Gruppe Eklypse, während Gary auflegte. Das gesamte Club-Fantastic-Konzept zielte ganz unverblümt auf unsere jungen weiblichen Fans ab. Ihre angenervten Brüder oder Freunde, die sie mitgeschleppt hatten, mussten wohl oder übel die Zähne zusammenbeißen und das Beste draus machen.

Einen kleinen Vorgeschmack auf die Tour bekamen wir ein paar Wochen vor dem ersten Konzert. Wham! war zu Capital Radios Show »Best Disco in Town« ins Londoner Lyceum Theatre eingeladen worden. Zum ersten Mal kam unser Auftritt an so etwas wie ein Livesetting heran. Und nichts an unseren früheren Clubauftritten hatte uns darauf vorbereitet. Sobald wir die Bühne betraten, erhob sich ohrenbetäubendes Gekreische im gesamten Auditorium. Dicht gedrängt standen schreiende Mädchen im Saal und wedelten mit ihren Schildern und Fahnen. Man hörte sie nicht nur, man spürte sie. Ein Teddy wurde auf die Bühne geworfen. Dann etwas, das wie ein BH aussah. Ungläubig sah ich zu George hinüber.

»Heilige Scheiße«, rief ich über das Spektakel. »Damit hab' ich jetzt nicht gerechnet!«

Doch womit genau hatten wir gerechnet? »Club Tropicana« hatte die Fantasie der Menschen auf eine Weise entfacht, die wir uns niemals hätten erträumen lassen. Und Simon, unser Manager, goss im Hintergrund Öl ins Feuer. Er hatte sämtliche Showbiz-Journalisten jeder einzelnen Zeitung dieses Landes beköstigt, um sicherzustellen, dass unsere Namen tagtäglich landesweit die Schlagzeilen zierten. Die Masse an Artikeln, mit denen wir überhäuft wurden, schien selbst in dieser auf maßlose Übertreibung ausgelegten Industrie ein wenig überzogen. Schnell wurde es zu einem Fulltimejob, Fakten von Fiktion zu trennen. Die Mehrzahl der Schlagzeilen gehörten, definitiv zum Letzteren, und falls jemals ein Zweifel daran bestanden hatte, bestätigten sie den uralten Spruch: Sex sells.

Eine dieser Geschichten, die Simon »aus Versehen« beim *Evening Standard* ausgeplaudert hatte, besagte, dass George angeblich vorgeschlagen hatte, zu viert mit den Mädchen eine Suite im Pikes Hotel zu nehmen. Natürlich führte dieses Arrangement am Ende dazu, dass wir wild übereinander herfielen. Diese Story erzählte er ausführlich während eines langen und feuchtfröhlichen Lunches, und behauptete später, dies zu bereuen. Noch am selben Abend prangte auf der Titelseite des *Standard*: »Wham! Orgie!«

Die Geschichte war natürlich völlig aus der Luft gegriffen, doch wenn es nach Simon ging, bedurfte es Wasser auf den Mühlen. Was auch immer die Fans köcheln ließ, war ihm recht. Als Band wurde uns klar, dass die vielen Interviews weniger langweilig waren, wenn man ähnlich vorlaut antwortete. Wir beide waren auf so was nicht sonderlich scharf, doch im Herbst 1983, mitten in den Vorbereitungen für die bevorstehenden Shows, war uns klar, dass wir mitspielen mussten. Simon kannte sich mit Promotion besser aus als jeder andere und beschloss, dass sich die Wham!-Tickets am besten verkaufen würden, wenn wir in den Schlagzeilen blieben. Nach der ersten Reihe von Interviews wurde mir bewusst, dass es völlig egal war, was ich sagte oder wie freundlich ich es sagte. Die Story lautete immer, dass wir zwei sexbesessene Jungs waren, denen der Ritt ihres Lebens bevorstand, und nichts, was wir sagten oder taten, würde die Journalisten davon abbringen, genau das auch zu schreiben.

Zu unserem eigenen Vergnügen saugten wir uns selbst Geschichten aus den Fingern, unsere haarsträubenden erotischen Eroberungen erreichten größenwahnsinnige Ausmaße, und was dazu gedacht war, die Langeweile ein wenig zu vertreiben, machte sich schwarz auf weiß weniger gut. Nichts von dem, was wir von uns gaben, meinten wir wirklich ernst, doch die Journalisten nahmen uns beim Wort. Wenn man bedenkt, wie viel Angst wir hatten, man könne unsere Musik nicht für voll nehmen, war das Ganze ziemlich ironisch. Einmal beglückte ich einen Journalisten mit der Enthüllung, ich wäre ein »fantastischer Liebhaber«.

»Am liebsten lerne ich ein Mädchen bei einem romantischen Candle-Light-Dinner kennen«, fuhr ich fort. »Wenn wir

aufeinander stehen, gehen wir zu ihr oder in ein Hotel … Jetzt, wo wir Mädchenschwärme sind, achten wir mehr auf unser Äußeres. George geht auf die Sonnenbank, sobald er sich ein bisschen blass vorkommt, und ich versuche, nicht mehr in meinen Hausschuhen einkaufen zu gehen.«

Bitte was?!

Ich schoss mit diesem Möchtegern-Humor ziemlich übers Ziel hinaus, trotzdem füllten wir damit seitenweise die Presse.

Meine Zitate wurden fett unter die Schlagzeile »Wham Bam!« gedruckt. Abgerundet wurde das Ganze mit Fotos von unserem »Club Tropicana«-Shoot, auf denen wir uns zu zweit verführerisch in zu engen Badeshorts räkelten.

George und ich lachten ungläubig, wenn wir morgens die Zeitung lasen. Es war lächerlich.

Als Werkzeug für die Promotion ging Simons Plan jedoch zu hundert Prozent auf. Die Club-Fantastic-Tour war bis aufs letzte Ticket ausverkauft.

Die Whamania hatte begonnen.

16

The Teenage Fan Club – auf einmal Mädchenschwarm

Am Abend unserer ersten Show im Capitol Theatre in Aberdeen waren wir beide extrem aufgeregt, als wir in der Garderobe auf die Stage Time warteten. Wir konnten einfach nicht stillsitzen und tigerten mit dem Gedanken durchs Zimmer, dass uns unser erster richtiger Livegig als Headliner bevorstand. Und mit unserer Aufregung waren wir nicht alleine.

Eine Welle des Hypes und der Hysterie trug uns ab Tourbeginn von Aberdeen über Edinburgh nach Glasgow. Auf der Bühne gaben wir uns alle Mühe, das Publikum anzuheizen, wir flirteten fröhlich mit unserem neugewonnenen Playboyimage. Um die Tour zu finanzieren, hatten Simon und Jazz es irgendwie geschafft, der Sportmarke Fila einen Deal aus den Rippen zu leiern, die eher dafür bekannt war, Tennisstars mit weißen Wimbledon-Outfits zu versorgen.

Leider sahen die grellen Klamotten in Rot und Gelb, die uns geliefert wurden, ziemlich lächerlich aus. Die engen Sporthosen wurden mit Wham!-Crop-Tops und sportlichen Jacken in Szene gesetzt, die wir während des Konzertes einige Male wechselten. Heute erinnern sich alle nur noch an die Shorts, die eher wie Hotpants aussahen. George und ich konnten das irgendwie noch bringen, doch einige Mitglieder unserer Band waren definitiv weniger begeistert.

Wir spielten in unseren Crop Tops und Shorts mit unserem sportlichen Image, und die Outfits sollten ein harmloser Gag sein, doch wie so oft trieben wir den Humor auf die Spitze. George brachte die weiblichen Fans damit auf Touren, dass er einen Federball aus seiner Hose hervorzauberte und ihn verführerisch über seine Arme wandern ließ, bevor er ihn vorne in seine Shorts fallen ließ. Oh Mann, bitte nicht ... *nein*, dachte ich an unserem ersten Abend, als George ihn wieder hervorholte und in die ersten Reihen warf. Ungläubig sah ich zu, wie er Abend für Abend tausende Teenagerinnen mit dieser ungewöhnlichen Massenverführungstaktik um den Verstand brachte. Manchmal war es schwer zu begreifen, was da vor sich ging.

Was wohl meine armen Eltern davon halten werden, fragte ich mich, als sie zu einem unserer Konzerte kamen. Wie sich herausstellte, amüsierte sich mein Vater köstlich, als der 80er-Pop seines Sohnes von tausend kreischenden Mädchen übertönt wurde. Wham!s Musik und ihre anziehende Wirkung auf die Massen blieben ihm ein völliges Rätsel, er konnte einfach nicht verstehen, wie es möglich war, dass zwei zwanzigjährige Jungspunde denselben kommerziellen Erfolg hatten wie die größten Bands seiner Teenagerzeit. Meine Mum musste zunächst einen gewissen Schock überwinden, doch dann war sie Feuer und Flamme und sagte mir, wie stolz sie auf unseren Erfolg war. Sie war selbst erst vierzig. Der Gedanke, dass ihr Sohn nun ausverkaufte Shows vor völlig durchgeknallten Fans spielte, muss schier unglaublich gewesen sein.

Und uns ging es da nicht anders. Natürlich waren das Gekreische und die Heulattacken ohne Ende schmeichelhaft. Die Whamania hatte nichts damit zu tun, wie gut wir waren, aber

positive Kritiken waren mir egal – zumindest waren sie nicht so wichtig wie die Bewunderung, die uns aus dem Publikum entgegenschlug. Diese kreischenden Kids waren *unsere* Fans, *unser* Publikum, und so verspürten wir an jedem Abend große Zuneigung zu ihnen. Ich war einfach nur dankbar, dass sie Wham! anhimmelten. Ich machte mir nichts vor, indem ich dachte: Wow, ich bin über Nacht *total* attraktiv geworden. *Aber ich kann nicht leugnen, dass das Ganze ein ziemlicher Kick war!*

Auch abseits der Bühne war die Stimmung nicht weniger verrückt. Direkt nach der Zugabe – häufig eine Coverversion von Chics »Good Times« – versuchten wir, durch den Bühneneingang zu flüchten, bevor der Mob uns belagern konnte. Es gelang uns nur selten. Und obwohl wir im Auto in Sicherheit waren, war die Sache nervenaufreibend. Wir wurden auf den Sitzen ordentlich durchgeschüttelt, waren dem Pulk aus Teenagerinnen völlig ausgeliefert. Ihre Hände rüttelten an den verschlossenen Türgriffen. Dutzende Gesichter pressten sich an die Scheiben. Kommt schon, Mädels, dachte ich, wenn ich raus in das irre Treiben schaute, das unseren Wagen umgab. Beruhigt euch doch mal für einen Moment, *bitte* …

Am meisten sind mir die Schreie und die Ekstase im Gedächtnis geblieben, und der Moment, in dem sich einmal eines der Mädchen aus dem Pulk löste und sich mit einem dumpfen Krach auf unsere Motorhaube warf. »George!« Ihre Arme und Beine zappelten wie bei einem Zombie aus einem George-Romero-Film. »Andrew!«

Als ich zu George herübersah, spürte ich eine Welle der Angst. Ihn stresste diese merkwürdige Situation, und er machte sich Sorgen, dass jemand ernsthaft verletzt werden könnte, wenn zwei Tonnen Stahl auf ein Meer weinender, winkender Teenies zurollte.

Unser Fahrer legte die Hand auf die Hupe, und dort blieb sie auch. Die vielen Gesichter, denen plötzlich bewusst wurde, dass sie hier unter die Räder kommen könnten, entfernten sich gemeinsam einen Schritt, und dann noch einen, während wir uns unseren Weg durch die Menge bahnten.

Erst als wir schnell genug waren, dass die Meute in unserem Rückspiegel immer kleiner wurde, konnten wir uns entspannen. Doch endgültig geschafft hatten wir es noch nicht. Die meisten Mädchen gaben klein bei, sie weinten und schrien und umarmten einander, doch ein paar völlig wahnsinnige Einzelgängerinnen verfolgten uns und rannten in den Gegenverkehr, sie spurteten über vielbefahrene Straßen und riskierten den eigenen Hals, um noch einen letzten Blick auf George und mich zu erhaschen, wie wir nervös auf der Rückbank kicherten. Die Stimmung war *komplett durchgeknallt*.

Und somit war der Plan unseres Managements zu hundert Prozent aufgegangen.

Trotz all dieser weiblichen Aufmerksamkeit bestand das Leben auf Tour nicht annähernd aus Sex, Drugs und Rock 'n' Roll. Shirlie war unsere gute Freundin. Eine neue Sängerin war dazugekommen, Helen DeMacque, genannt »Pepsi«, da Dee beschlossen hatte, sich Paul Wellers Band, Style Council, anzuschließen, doch auch mit diesem neuen Gesicht war die Stimmung backstage so fröhlich und unkompliziert wie eh und je. Von der Abrissparty-Mentalität, die jeder mit Hardrockbands wie Motörhead und Aerosmith in Verbindung brachte, war bei uns nichts zu spüren. Und abgesehen von der ein oder anderen spontanen Togaparty war auf dieser ersten Tour an Anbandeln mit Fans nicht zu denken.

Da unser Publikum hauptsächlich aus präpubertierenden Mädchen und ihren semibegeisterten Anstandswauwaus bestand, sahen George und ich uns anderweitig um. Trotz seines Outings auf Ibiza behielt George sein Privatleben nicht nur gegenüber der Öffentlichkeit, sondern auch gegenüber der Gruppe für sich. Das war nichts Neues. George war immer dis-

 # WHAM!

No Unauthorised Entry

GEORGE, ANDREW, SHIRLIE+PEPSI

kret gewesen und würde auch jetzt nicht damit anfangen, uns die Details eventueller Toureroberungen auf die Nase zu binden. Außerdem war er der Ansicht, dass wir zu viel Aufmerksamkeit erregten, wenn wir zu zweit unterwegs waren. Wenn alle Blicke auf uns gerichtet waren, konnte er unmöglich seine Privatsphäre genießen. Wenn er allein loszog, konnte er in Bezug auf sein Liebesleben etwas mehr riskieren, und in der Londoner Schwulenszene, im Mud Club und im Wag, zeigte sich langsam, aber sicher seine wahre Sexualität. Doch jenseits eines sehr kleinen, ausgesuchten Kreises, den er ins Vertrauen zog, blieb George weiterhin vorsichtig. Wenn Wham! im Rampenlicht standen, baggerte er keine Männer an, da er noch immer ein karrieretechnisches Desaster fürchtete, selbst in der Musikindustrie, in der das Konzept der sexuellen Orientierung zunehmend fließender wurde.

Im Grunde bestand für keinen von uns beiden die Möglichkeit für ausschweifende Bettgeschichten. Dass berühmte Bands ein leichtes Leben haben und nur ab und an intensiv arbeiten müssen, ist ein Mythos: hier mal ein Konzert, dann ein glamouröses Fotoshooting, um die Zeit totzuschlagen – von wegen. Das traf auf Wham! nicht zu. Unsere Tage waren vollgepackt mit Interviews für Radiosender, Zeitungen und das Fernsehen, sodass wir auf unserer ersten Tour schlichtweg keine Zeit für ein bisschen Spaß hatten, doch auch das störte uns nicht sonderlich. Und an emotionaler Unterstützung und Freundschaft mangelte es nicht. George und ich verließen uns aufeinander, und wir waren jung und von Freundinnen wie Pepsi und Shirlie umgeben. Wir wurden eine Clique, die zusammenhielt und sich im Prinzip anfühlte wie eine kleine, vertraute Familie. Jeden Abend irgendwelche Mädchen anzuschleppen wäre etwas merkwürdig gewesen.

Und wir verloren unser Ziel, aus Wham! einen Riesenerfolg zu machen, keine Sekunde aus den Augen.

Und dann kam die Katastrophe. Dass George Abend für Abend neunzig Minuten lang sang und herumscherzte, schlug sich auf seine Stimme nieder. Ende Oktober hatten wir etwa die Hälfte der Tour hinter uns, und seine Stimmbänder waren auf dem besten Wege zu versagen, und er konnte nicht weitermachen.

»Es tut mir leid, Andrew«, sagte er, nachdem er sich durch die erste der beiden Shows in London gequält hatte. »Vielleicht müssen wir den Rest der Tour ein wenig verschieben – was meinst du?«

Ich nickte, auch wenn der Gedanke daran, die Konzerte abzusagen, schrecklich war. Ich amüsierte mich prächtig und wollte unbedingt weitermachen, doch gleichzeitig war mir klar: Wenn es wirklich so schlimm um seine Stimme stand, dass George den Vorschlag machte, die Tour zu verschieben – nun, dann war es ernst. Er war mit Sicherheit kein Drückeberger, und niemand wusste besser als er, wie wichtig unsere erste Tour war. Trotzdem wollte George diese Entscheidung nicht allein treffen. Wenn es um die Musik ging, schien er so selbstsicher, doch wenn es um wirklich wichtige Fragen ging, brauchte er noch immer den Zuspruch von außen. In derlei Situationen wandte er sich immer an mich.

Er wusste, dass wir beide denselben Blick auf die Welt hatten, und vor allem, dass mein Blick von unserer Freundschaft geprägt wurde, nicht von äußerem Einfluss – komme, was wolle. Das erwarteten wir schlicht und ergreifend voneinander.

Noch bevor seine Stimmprobleme anfingen, bemerkte ich, dass George das Touren nicht so viel Spaß machte wie mir. Im Songwriting steckte so viel von seiner Persönlichkeit. Im Studio hatte er die Kontrolle. Jenseits davon, auf Tour, gab es so viele Unwägbarkeiten, um die er sich kümmern musste – so vieles, was schiefgehen konnte. Das stresste ihn sehr. Wenn er nicht gerade im Hotel war oder irgendeinen Promotermin wahr-

nahm, war George häufig früh an der Location, um sicherzugehen, dass jedes Detail unserer Liveshow saß. Unser Sound musste perfekt sein. Er hatte ein unfassbar gutes Gehör, und nahm Störimpulse und Schieflagen wahr, die den meisten anderen Menschen entgangen wären. Wenn es ein Problem mit einem Mikrofon oder einem der Monitore gab, war er selbstbewusst genug, der Technik Befehle zuzurufen, auch wenn er dabei eine einsame Stimme war. Doch er hatte jedes einzelne Mal recht.

Und seine Liebe zum Detail trug Früchte. Die ausverkaufte Club-Fantastic-Tour war ein voller Erfolg, unser Debütalbum ein Verkaufsschlager. Doch während ich mich glücklich schätzte, Teil eines tourenden Popacts zu sein und unsere explodierende Beliebtheit zu genießen, wollte George noch mehr. *Das hier war für ihn nur der Anfang.* Sobald ihm klar wurde, dass auch Wham! im Jahr 1983 so erfolgreich wie David Bowie, Michael Jackson oder Billy Joel sein konnten, wuchsen sein Ehrgeiz und sein Selbstvertrauen exponentiell an. Ihn beschäftigte nur noch eine einzige Frage: *Wie schnell kommen wir ans Ziel?* Der nächste Hit, die nächste Bestätigung seiner Fähigkeiten, hatte für ihn absolute Priorität.

Im Gegensatz dazu war mein Leben viel unkomplizierter. Ich lebte den Moment und machte mir keine großen Gedanken darum, wie lange unser Abenteuer andauern oder uns die Menschen in Erinnerung behalten würden. Doch ich hatte auch nie das Gefühl gehabt, dass Wham!s Musik mich so sehr definierte wie ihn. Ganz einfach ein *Teil* dieser Band zu sein, bedeutete bereits, dass ich den Gipfel meiner musikalischen Ambitionen erreicht hatte.

Ich genoss es in vollen Zügen, in einem Tourbus quer durchs Land zu tingeln, denn unser Quartett entpuppte sich als gut gelaunte Gang. George dagegen waren sein Zuhause und sein Familienleben wichtig. Das hatte mit den unterschiedlichen

Facetten seines privaten und öffentlichen Lebens zu tun. Zu Hause konnte er Georgios sein, Yog, *er selbst*, für ihn war diese Stabilität wichtig. Auf Tour mit Wham! musste George ein öffentliches Image aufrechterhalten, das für ihn ungewohnt war.

Wenn wir in einem Hotel übernachteten, zog er es vor, in seinem Zimmer zu bleiben, um nicht von den draußen wartenden Fans gestört zu werden. Er war selten begeistert von den bereisten Orten, sie interessierten ihn einfach nicht. Ich glaube auch, dass ihm die Monotonie der Auftritte missfiel, Abend für Abend dieselben Songs wieder und wieder performen zu müssen. Das wurde für ihn schnell zur lästigen Routine. George war viel glücklicher, wenn er Songs schreiben und aufnehmen, wenn er an neuem Material arbeiten konnte. Und natürlich lastete bei unseren Liveauftritten auf ihm viel mehr Druck, eine tolle Show hinzulegen, als auf mir. Ich konnte auf der Bühne nach Belieben die Aufmerksamkeit auf mich lenken und mich dann wieder zurückziehen.

Und ich musste nicht singen.

Zu Beginn machte uns das Hin und Her wegen Georges Stimme und dem Rest der Tour absolut wahnsinnig. Eine Zeit lang wollte man uns dazu bringen, trotz allem die Konzerte zu spielen. Doch George blieb standhaft, obwohl sowohl die Promoter als auch das Management versuchten, ihn zum Weitermachen zu überreden. Die restlichen Tourdaten wurden verschoben, damit er sich erholen konnte.

Doch die Tatsache, dass seine Stimme in so einem wichtigen Moment versagt hatte, sein *Instrument*, bereitete ihm große Sorgen. George war kein Sänger, der vor dem Auftritt Tonleitern sang, eine Warm-up-Routine durchging oder abends beruhigenden Tee mit Honig und Zitrone für seine Stimmbänder trank. Damals wussten wir auch noch nicht, dass George Polypen hatte, die später operativ entfernt werden mussten. Auf der Club-Fantastic-Tour blieb es uns ein Rätsel, warum seine Stimme versagt hatte, und es bereitete uns einige Sorgen.

Die restlichen Konzerte wurden auf das Jahresende verschoben, und so kehrte ich heim zu meinen Eltern. Zwar war ich in absoluter Hochstimmung, da meine Band eines der erfolgreichsten Breakout-Alben des Jahres abgeliefert und eine ausverkaufte UK-Tour gespielt hatte, und mein Gesicht so ziemlich jedes Teenie-Magazin des Landes zierte, aber pleite war ich immer noch. Jazz und Simon waren noch weit davon entfernt, uns erfolgreich aus unserem Plattenvertrag mit Innervision zu befreien, doch als ich in meinem kleinen Zimmer lag, zerbrach ich mir nicht den Kopf darüber. Genau wie George ahnte ich, was noch vor uns lag. Unser Abenteuer hatte gerade erst begonnen.

Häufig standen Fans vor unserer Tür, aber Mum begrüßte sie immer mit einem Lächeln.

17

Fun and Games –
wilde Zeiten

Als sich Georges Stimme erholt hatte, ging unsere kochend heiße Tour unter Mädchengekreische ihrem Ende entgegen. Gleichzeitig hielten Jazz und Simon Wort und lösten unseren Vertrag mit Innervision.

Als letzten Schlag ins Gesicht veröffentlichte das Label ohne unser Einverständnis einen grässlichen *Club Fantastic Megamix* unserer bisherigen Hits. Wir konnten sie nicht daran hindern, aber mehr würden sie von Wham! nicht bekommen. Wir machten einen neuen Deal mit Epic Records in England und Columbia in den Staaten und freuten uns darauf, für unsere Mühen gerechter entlohnt zu werden. Nun konnten wir das nächste Album planen.

George hatte genug Songideen, um die kreative Arbeit im Handumdrehen zu verrichten, und wir nahmen schnell die erste Single auf, indem wir die Studiozeit nutzten, die ursprünglich für »Wham Shake!« gebucht worden war, ein Projekt, das wir nicht mehr verfolgen wollten. Inhaltlich war der Song von einem witzigen Zufall inspiriert: Eines Abends hatte ich vor dem Schlafengehen ein Post-it an den Kühlschrank meiner

Ein Post-it wird zum Riesenhit …

Eltern geklebt. Darauf stand:»Mum, wake wake me up up before you go go.«

Warum genau ein zwanzigjähriger Popstar morgens geweckt werden wollte, werden wir wohl nie erfahren, und warum ich up und go gleich zweimal hinschrieb, kann man vielleicht erraten. In jedem Fall fiel George der Zettel ins Auge und ließ ihn an die spritzigen Rock-'n'-Roll-Platten der Fünfziger und Sechziger denken. Der Song, der so entstand, fing all das ein – und noch viel mehr. Angefangen beim Jitterbug und den schnipsenden Fingern im Intro, strotzte jeder Part von »Wake Me Up Before You Go-Go« nur so vor Spaß und Energie. Ein Ohrwurm, bei dem niemand stillsaß und jeder den Refrain mitsang – einfach unwiderstehlich. Mit »Wake Me Up« hatte das neue Album einen würdigen Eröffnungstrack. Als Nächstes war der Song an der Reihe, mit dem wir schließlich das Album ausklingen lassen würden:»Careless Whisper«.

Nachdem George die Muscle-Shoals-Aufnahme verworfen hatte, buchte er sich 1984 mit einem Soundtechniker in die SARM West Studios in London ein. Wir lebten mittlerweile seit drei Jahren mit dem Song und wussten beide, wie er klingen musste. George machte sich daran, unsere Vorstellung endlich einzufangen, in einem Studio, ohne äußeren Einfluss. Als er schließlich das SARM mit dem fertigen Mastertape wieder verließ, trug die neue Aufnahme von »Careless Whisper« haargenau diesen Zauber in sich, und noch mehr. Viel mehr. Nachdem er zehn Saxophonisten gebucht und wieder gefeuert hatte, bekam George von Nummer elf schließlich das zu hören, wonach er suchte. Endlich fand die nuancierte Melodie, die er so lange im Kopf mit sich herumgetragen hatte, durch einen Saxophonisten Ausdruck, und das virtuos, mit viel Soul und ebenso viel Gefühl.

Es war *die* Aufnahme. Und mit der Zeit wurde der Song zu einem dieser seltenen Klassiker, die von zahlreichen Künst-

US Singles

1	1	WAKE ME UP BEFORE YOU GO GO, Wham!, Columbia/CBS
2	4	OUT OF TOUCH, Daryl Hall & John Oates, RCA
3	3	I FEEL FOR YOU, Chaka Khan, Warner Brothers
4	2	PURPLE RAIN, Prince & The Revolution, Warner Brothers
5	5	BETTER BE GOOD TO ME, Tina Turner, Capitol
6	8	ALL THROUGH THE NIGHT, Cyndi Lauper, Portrait
7	12	THE WILD BOYS, Duran Duran, Capitol
8	9	PENNY LOVER, Lionel Richie, Motown
9	7	STRUT, Sheena Easton, EMI-America
10	11	NO MORE LONELY NIGHTS, Paul McCartney, Columbia/CBS
11	13	SEA OF LOVE, Honeydrippers, Es Paranza
12	6	CARIBBEAN QUEEN (NO MORE LOVE ON THE RUN), Billy Ocean, Jive

lern gecovert werden, von Gloria Gaynor bis hin zu der Alternative-Metal-Band Seether. George hatte sein erstes Meisterwerk erschaffen, und niemand freute sich mehr darüber als ich. »Careless Whisper« war ein Song, den wir gemeinsam geschrieben hatten.

Nach Georges Tod wurde behauptet, er habe mich nur aus Großzügigkeit als Co-Autor angegeben, was wohl implizieren sollte, dass ich ihm *unmöglich* beim Schreiben hätte behilflich sein können. Wer das behauptet, hat die Beziehung nicht verstanden, die wir zueinander hatten, als wir mit Wham! anfingen. Was das musikalische Talent angeht, steht außer Frage, dass George in einer völlig anderen Liga spielte als ich – was im Übrigen für nahezu jeden gilt!

Doch in dieser frühen Zeit spielten wir uns gegenseitig musikalisch den Ball zu, ohne es überhaupt zu merken. Ich war sein Resonanzkörper und sein kreativer Sidekick, der ein instinktives Verständnis mit George teilte. Das Schreiben von »Careless Whisper« war untrennbar mit unseren gemeinsamen

Erfahrungen verbunden. Wir standen uns so nahe, dass es keinen von uns überraschte, wenn wir unabhängig voneinander
zu denselben Ideen kamen. Es wäre merkwürdig gewesen,
wenn wir *nicht* auf derselben Frequenz gedacht hätten. Als wir
»Careless Whisper« schrieben, kommunizierten wir beinahe
ausschließlich mithilfe von Späßen, Insiderwitzen und Comedy-
zitaten. Das ging so weit, dass Simon uns mit Butch Cassidy
und Sundance Kid verglich.

Doch so nahe wir uns auch weiterhin standen, unsere Beziehung veränderte sich. Ich fand mich in einer merkwürdigen
Position wieder. Unsere Entscheidung, das Songwriting komplett George zu überlassen, bedeutete für mich, dass ich mich
blind auf ihn verlassen musste. Während George Material für
unser zweites Album zusammensammelte, bereute ich so langsam, nicht mehr in unseren musikalischen Schaffensprozess so

eingebunden zu sein wie früher. Ich verstand zwar, warum es besser so war, und war damit voll und ganz einverstanden gewesen, doch es fehlte mir, zusammen mit George herumzualbern und an Melodien, Texten und Arrangements zu feilen. Der Gedanke daran, einfach nur berühmt zu sein, weil ich bei Wham! war, sagte mir nicht zu. Ganz im Gegenteil zu dem, was manche Klatschblätter druckten – und das mit zunehmendem Enthusiasmus –, liebte ich es, Musik zu machen und auf der Bühne zu stehen. Da zu Ersterem nun keine Möglichkeit mehr für mich bestand, war es schwierig, nicht ins Kreuzfeuer der Presse zu geraten, die sich über meine wenig bedeutsame Rolle in der Band lustig machte. Während George sich voll und ganz in den Schreib- und Aufnahmeprozess stürzte, wurde ich zunehmend zum Blitzableiter für das mediale Interesse an Wham!.

Ich warf alle Zurückhaltung über Bord und ging immer häufiger aus, sodass mein Ruf als Partylöwe und Unruhestifter immer weitere Kreise zog. Schlagzeilen wie »Randy Andy« oder »Animal Andy« blieben in den Köpfen hängen. Die Chefredakteure schienen mich nur allzu gern als Typen außer Rand und Band darzustellen, dabei verhielt ich mich nicht anders, als es wohl jeder andere Einundzwanzigjährige in meiner Situation getan hätte. Ich verbrachte gerne Zeit mit meinen Freunden und trank dabei ein paar Bier. Und nach meiner Trennung von Shirlie konnte ich nach Herzenslaune flirten, ohne mich auf eine Beziehung festzulegen. Nicht dass ich Zeit für eine feste Freundin gehabt hätte. Wham! stand eine globale Promotion bevor, inklusive Fotoshootings und Konzerten. So kam es in dieser Phase meines Lebens zu einigen freudigen, flüchtigen Begegnungen mit Frauen. Die kilometerlangen Zeitungsartikel, die sie üblicherweise nach sich zogen, hatten mit der Wahrheit kaum noch etwas zu tun. Und manchmal waren sie zum Kaputtlachen.

Nachdem »Wake Me Up« und »Careless Whisper« auf Band waren, wurde beschlossen, dass wir den Rest des Albums in Südfrankreich aufnehmen würden, im selben Studio, in dem Pink Floyd *The Wall* den letzten Schliff verpasst hatten. Das Studio Miraval lag versteckt in einem großen Weinanbaugebiet, sodass wir abseits des Londoner Rampenlichts friedlich und in Ruhe arbeiten konnten.

Vom ersten Moment an war ich bei unserer Arbeit in Frankreich von Georges Optimismus beeindruckt, was unser zweites Album anging, das wir *Make It Big* nennen wollten. Er war guter Stimmung, völlig in die Studioarbeit vertieft und glücklich darüber, dass er die volle Kontrolle über den kreativen Prozess hatte.

George ging als Songwriter auf. Und alles kam so schnell. Der Sprung von »Wham Rap!« zu »Young Guns« war mir damals riesig vorgekommen, doch als George an *Make It Big* schrieb, klangen selbst diese frühen Hits veraltet. »Club Tropicana« hatte genau zum richtigen Zeitpunkt neue Wege eröffnet, so dass wir das zweite Album mit einer neu gewonnenen kreativen Freiheit angehen konnten. Mit den ersten Singles hatten wir uns etwas Raum verschafft, doch nun waren, wenn es nach George ging, alle Ketten gesprengt.

Am meisten reizte ihn die Aussicht, sich auf *Make It Big* mit Themen auseinanderzusetzen, die ihm dabei helfen konnten, seine Solokarriere zu starten. Die neuen Songs waren noch immer absolut eingängig und quirlig, doch die Texte wurden erwachsener und anspruchsvoller. »Everything She Wants« besaß eine Ernsthaftigkeit und Tiefe, an die bei unserer Arbeit an den ersten Wham!-Demos nicht zu denken gewesen wäre. Es war ein beißender Kommentar über die Probleme einer jungen Ehe, ein wirklich geistreicher und kluger Song. Über der treibenden, funkigen Bassline hörte man Zeilen wie »If my best isn't good enough, how can it be good enough for two?« oder »And now you tell me that you're having my baby, I'll tell you that I'm happy if you want me to«. Hier zeigte sich deutlich, dass George nun für ein anderes Publikum schrieb, das vom Leben gezeichnet war und erfahrener als die Whamania-Kids aus der *Fantastic*-Zeit.

Wenn ein neuer Song fertig war, drehte er ihn für gewöhnlich voll auf. Ganz besonders hatte es ihm »Freedom« angetan, und er konnte es gar nicht abwarten, mir die Rohversion vorzuspielen, an der er gearbeitet hatte. Auch wenn mein kreativer Beitrag zur Band nun darin bestand, Gitarre zu spielen und die Backing-Vocals zu singen, zog George mich häufig zu Rate, um seine Eindrücke zu bestätigen, und natürlich gab ich ihm sehr gerne Feedback, wo es nötig war. Und während ich mir »Freedom« anhörte, betrachtete ich Georges Text zum ersten Mal im Licht seiner sexuellen Orientierung. *Fantastic* hatten wir aufgenommen, bevor er sich Shirlie und mir auf Ibiza anvertraut hatte, sodass ich immer davon ausgegangen war, dass er über Mädchen aus der Schule schrieb oder die Freundinnen, die er in seinen späten Teeniejahren gehabt hatte. Doch als der Refrain von »Freedom« lautete, »Girl, all I want right now is you«, und es um einen »prisoner who has his own key« ging, und einen »lover with another«, wurde ich mit einem Mal stutzig.

Hmm, was es wohl damit auf sich hat?, dachte ich.

Wer auch immer ihn zu diesem Song inspiriert hatte, George machte ein Geheimnis daraus. Eines war jedoch offensichtlich: die Qualität der Songs an sich.

Jeglicher Frust, den ich darüber empfand, bezüglich des Songswritings außen vor zu sein, wurde von dem Wissen weggewischt, dass wir bald wieder auf Tour gehen und die Songs vor hunderttausenden Fans in aller Welt spielen würden. Ich hatte mich mit der Aufgabenteilung abgefunden, meine Gefühle beiseitegeschoben und meine Rolle akzeptiert. Mit *Make*

It Big konnten wir abheben. Und wenn es nach mir ging, dann lieber früher als später, denn der Klatsch und Tratsch über mich wurde von Tag zu Tag sensationsgeiler.

In einem denkwürdigen »Exklusivbericht«, der etwas später erschien, sah man ein Foto eines Pappaufstellers von mir, der von zwei C-Promi-Models flankiert wurde. Daneben nichts als Anspielungen und Unsinn. Offenbar hatte ich beide Mädchen miteinander betrogen. In der daraus resultierenden Sensationsnachricht war ich sowohl der »super Lover« als auch ein »rücksichtsloser Rosenkavalier«. Der Artikel beschrieb, wie mich eine der beiden zurück zum Hotel gefahren hatte. Während ich ihr angeblich übers Knie streichelte und ihren Hals küsste, »griff sie nach dem Schaltknüppel ...«. Sätze wie aus einem Groschenroman. Und keine Silbe davon entsprach der Wahrheit. Ich kannte die beiden Frauen noch nicht einmal, doch wir ließen es der Presse durchgehen. Mir war klar, wie das Spiel gespielt wurde. Unsere Gesichter verkauften Zeitschriften, und im Gegenzug verkauften wir aufgrund der medialen Aufmerksamkeit mehr Platten und Konzerttickets.

Trotzdem bedeutete dies nicht, dass es für mich immer angenehm war, die Band in den Schlagzeilen zu halten, während George von der Bildfläche verschwunden war, und manchmal hatte das Ganze schlimme Konsequenzen.

Als ich neun Jahre alt war, hatte meine Mutter am Wall Hall College ihre Lehrerausbildung gemacht, und ich war im dortigen Pool beim Bahnentauchen gegen die gekachelte Wand geknallt. Benommen war ich aus dem Wasser gestiegen, während mir das Blut aus der Nase lief. Die darauffolgende OP, die meine in Mitleidenschaft gezogenen Atemwege erweitern sollte, war erfolgreich, allerdings nur zum Teil.

»Wenn du einundzwanzig bist, können wir deine Nasenscheidewand begradigen. Ab dann wirst du sehr viel besser Luft bekommen«, erklärte der Arzt. Damals konnte keiner von uns

Mein Leben in den Schlagzeilen – Mum hat sie alle archiviert.

ahnen, dass ich mit einundzwanzig mitten in der Whamania stecken würde. Ich beschloss, die Zeit vor der Veröffentlichung von *Make It Big* zu nutzen, um mich der OP zu unterziehen, damit ich genug Zeit hätte, mich zu erholen. Doch wenn die Presse Wind davon bekam und schrieb, ich hätte mich einer Schönheits-OP unterzogen, dann Gute Nacht, Marie. Doch Simon glaubte, die perfekte Coverstory für die Verbände mitten in meinem Gesicht in petto zu haben.

Während ich mich im Krankenhaus erholte, leakten die Nomis die Story, ich sei auf der Tanzfläche Opfer eines tragischen Discounfalls geworden.

Sie behaupteten, ich sei auf einer Party gewesen, als der etwas übermütige David Mortimer, der nun David Austin hieß, bei einem wilden Tanz einen der Eiskübel über seinen Kopf geschwenkt hatte.

Patz!

Ich war ihm aus Versehen in die Quere gekommen. Meine Nase hatte alles abbekommen und nun war eine Not-OP von Nöten.

Der arme Andrew!

Auf dem Papier las sich die Geschichte wie einer von Simons persönlichen Klassikern: feuchtfröhliche Eskapaden, Slapstick und ein wenig Pathos. Doch keiner von uns beiden ahnte, dass David am Ende als das wahre Opfer dastehen würde. Während ich mich zu Hause in einem Meer aus Karten, Blumen und Geschenken von Familie, Freunden und Fans erholte, war David zum Prügelknaben geworden. Er wurde mit wütenden Anrufen und ausfallenden Briefen überschüttet, weil er mir ernsthaften körperlichen Schaden zugefügt hatte.

Die Klatschpresse witterte Blut, Wham!-Fans standen vor seiner Tür und drohten ihm mit Rache. Weniger als vierundzwanzig Stunden, nachdem die Story erschienen war, rief mich seine Mum wutentbrannt an.

»Du solltest dich schämen, Andrew«, entfuhr es ihr. »Was hast du dir nur bei dieser geschmacklosen Aktion gedacht? Hast du auch nur eine Sekunde überlegt, wie schlimm das für David werden könnte?«

Nein, das hatten wir natürlich nicht. In meinem ganzen Leben hatte ich noch nie so eine Schelte kassiert. Es gibt nichts Schlimmeres, als von der Mutter eines Freundes die Leviten gelesen zu bekommen. Ihr Sohn hatte gelitten, und nun würde ich dafür doppelt büßen. Am Ende musste ich mit der Wahrheit herausrücken: Ich hatte einen korrektiven Eingriff gehabt, und David mit der ganzen Sache nichts zu tun. Der wütende Mob in seinem Vorgarten verlor schnell das Interesse.

Dieses eine Mal hatte ich mir den Rummel selbst eingebrockt, und auch in Zukunft blieb es dabei, dass meine Beziehung zur Showbiz-Presse immer angespannter wurde.

»Wake Me Up Before You Go-Go« wurde im Mai released und stürmte direkt auf Platz 4 der Charts, eine Woche später stand der Song an der Spitze.

Unsere erste Nummer 1!

George und ich waren bei dem Gedanken daran, dass wir es an diesen begehrten Platz geschafft hatten, völlig aus dem Häuschen, und das unter anderem, weil wir in genau den Radiosendungen rauf und runter liefen, die wir als Jugendliche nie verpasst hatten. Wir feierten den Anlass mit einer Party in Jacks Restaurant in Edgware. Selbst Georges Vater wurde nun klar, dass wir etwas erreicht hatten, das eine Feier verdiente.

»Wake Me Up« hatte uns durch seine Allgegenwärtigkeit im Radio und in den Clubs ein Publikum jenseits der kreischenden Mädchen beschert, die uns auf der Club-Fantastic-Tour verfolgt hatten, und beflügelte Georges kühnste Ambitionen. Er hatte allen bewiesen, dass er wahrhaftig zu großen Hits im Stande war.

Wir verhalfen »Wake Me Up« mit einem stimmungsgeladenen Video zum Erfolg, das in der Brixton Academy in South London vor einigen tausend kreischenden Fans gedreht wurde. Einen Teil der Performance verbrachten wir damit, in den kurzen, knalligen Shorts über die Bühne zu toben, die wir erstmals bei der Club-Fantastic-Tour eingeführt hatten, doch heute ist das Video den meisten wegen eines neuen Outfits im Gedächtnis geblieben. Vor dem komplett in Weiß gehaltenen Set trugen wir weiße T-Shirts, auf die in dicken schwarzen Lettern der Slogan »CHOOSE LIFE« gedruckt war. Die Modedesignerin Katharine Hamnett hatte sie zu einer Zeit entworfen, in der die Spannungen des Kalten Krieges einen neuen Höhepunkt er-

reicht hatten, und der Gedanke an eine mögliche atomare Apokalypse schrecklich real schien. Der Slogan war als eine universelle Kampfansage gegen die Übel der Welt gedacht. Das vom Buddhismus inspirierte Design war zunächst jemandem aus Georges Freundeskreis aufgefallen, der der Meinung war, dass es sich um ein bedeutsames Bild handelte, das im Gedächtnis haften blieb. Politische Aussagen waren sicher nicht das, was uns umtrieb, als wir beschlossen, die Shirts im »Wake Me Up«-Video zu tragen, trotzdem war dieser unwiderstehliche Aufruf dazu, sein eigenes Leben zu leben und voll auszukosten, einfach perfekt. Schließlich wurden die Shirts zu einem der prägenden Looks des Jahrzehnts. »Wake Me Up« war *der* Sommersoundtrack, und alles fühlte sich für uns so an, als würden wir auf der perfekten Welle reiten.

Mit dem massiven Erfolg des Songs im Rücken kam für George die Einsicht, dass seine Ideen bei den Massen gut ankamen und er nun bereit dafür war, das nächste Ass aus dem Ärmel zu schütteln.

Wir waren uns des riesigen Potenzials von »Careless Whisper« immer bewusst gewesen, sodass wir im Vorjahr beschlossen hatten, mit der Release auf einen geeigneten Moment zu warten – den richtigen Moment, in dem der Song in vollem Glanz erstrahlen konnte. Da wir mit »Wake Me Up Before You Go-Go« nun auch in den USA auf Platz 1 standen, war dieser Moment gekommen.

Wir wussten auch, dass der Song meilenweit von den knackigen Rhythmen all unserer früheren Songs entfernt war, und waren schon vor der Club-Fantastic-Tour übereingekommen, dass die Veröffentlichung umsichtig abgewickelt werden musste. Auf eine Art war eine melancholische Ballade ein radikaler Schritt für Wham!. Der Song wich stark von unserer gesamten Diskografie ab, und war trotzdem der beste, den wir je geschrieben hatten. Neben »Wake Me Up« und »Club Tropicana« wirkte er völlig deplatziert. Darüber hinaus war es für uns eine Art Test: Wir wollten »Careless Whisper« in Großbritannien und in den USA am selben Tag herausbringen. Wenn wir zu den größten Popacts der Welt gehören wollten, mussten wir Amerika erobern.

Zuvor hatten wir uns darauf geeinigt, dass der Song im Vereinigten Königreich als Georges Solotrack released werden würde, während er in den USA unter »Wham! Featuring George Michael« rauskommen würde. Der Gedanke dahinter war, dass Wham! zu Hause bereits eine große Nummer waren, jedoch noch nicht jenseits des Atlantiks. Wenn die Band auf lange Sicht das Fundament für Georges Solokarriere liefern sollte, mussten wir beide Gebiete im Sturm erobern.

Obwohl ich den Song mitgeschrieben hatte, konnte ich ihn George leichten Herzens als Soloprojekt herausbringen lassen: Er hatte ihn im Studio auf ein völlig neues Level gebracht.

Und wir beide wussten, dass es selbst den wenigen skeptischen Zweiflern die Augen bezüglich dessen öffnen würde, was für George Michael jenseits von Wham! möglich sein könnte. Wer weiß, hätten wir die Band nicht von Anfang an als kurzlebiges Popphänomen konzipiert, dann hätte »Careless Whisper« für uns vielleicht das sein können, was »Save A Prayer« für Duran Duran oder »True« für Spandau Ballet war. Doch ich konnte Georges Verlangen, ein eigenständiger Künstler zu werden, gut nachvollziehen. Es stand völlig außer Frage, dass er irgendwann allein vorauspreschen würde. Und bis es so weit war, wollte ich alles daransetzen, unsere gemeinsamen Ziele rigoros zu verfolgen, damit sich Wham!s Potenzial voll entfalten und die Band für ihn zu genau dem Sprungbrett werden konnte, das für seine Solokarriere nötig war.

Ich sagte George, dass ich die Idee, den Song als seine erste Solosingle zu veröffentlichen, voll und ganz unterstützte.

18

Let it Snow, Let it Snow, Let it Snow – hoch hinaus

Make It Big stieg direkt an die Spitze der Charts, und das nicht nur in England, sondern auch in Australien, Holland, Italien, Japan, Neuseeland und schließlich auch in Amerika. Selbst wenn man unsere hochgesteckten Ziele betrachtete, war das Album zweifelsohne ein riesengroßer Erfolg. *Make It Big* verkaufte sich weltweit etwa zehn Millionen Mal. Als das Album im Oktober erschien, war »Wake Me Up Before You Go-Go« gerade im Juli von »Careless Whisper«, das unter Georges Namen rausgekommen war, an der Spitze der Charts abgelöst worden. Beide Singles waren auf *Make It Big* zu hören. Und neben dem globalen Verkaufserfolg zeigte sich – in unseren Augen völlig gerechtfertigt – auch eine gewisse kritische Würdigung, die recht lange auf sich hatte warten lassen.

Seit dem Release von »Careless Whisper« wurden allerdings Stimmen lauter, die behaupteten, das Ende von Wham! sei in Sicht. Sie spekulierten, Georges erste Single sei ein Zeichen für seinen Ausstieg bei Wham! und eine Solokarriere, und obwohl dies natürlich auf lange Sicht sein erklärtes Ziel war, verstanden die Leute nicht, wie ernst es uns war, zuerst eine der größten Popbands auf diesem Planeten zu werden.

Wir wollten nicht nur mit unseren Platten auf Platz eins stehen, wir wollten vor ausverkauften Stadien spielen. Unser Plan war eine Welttournee, um am Ende Amerika zu erobern. Wir wollten dort genauso erfolgreich sein wie im Vereinigten Königreich, sodass es für uns einem Misserfolg gleichgekommen wäre, Wham! frühzeitig aufzulösen. Und wenn George eines nicht zulassen würde, dann, dass Wham! auch nur ein Hauch von Misserfolg anhaftete. Wenn er es als Solokünstler schaffen wollte, musste Wham! ähnlich erfolgreich sein wie Duran Duran, Prince oder U2.

Natürlich waren die Gerüchte nicht völlig aus der Luft gegriffen. Mit zunehmendem Erfolg von *Make It Big* war George zusehends daran interessiert, als Solokünstler aufzutreten, und gab mehr und mehr Interviews im Fernsehen oder Radio allein. Mir war im Übrigen völlig klar, dass uns für unsere Ziele nicht viel Zeit blieb.

Unsere Band basierte auf einer jugendlichen Partystimmung.

Wir konnten nicht ewig Kids bleiben, und mir hatte der Gedanke immer gefallen, den Gipfel zu stürmen, uns dann zurückzuziehen, statt langsam zu verblassen – wer kann schon Gäste leiden, die nicht wissen, wann Schluss ist?

Auch Simon und Jazz kannten Georges Pläne, die Band zu verlassen, doch ich bin mir nicht sicher, ob sie ihm das so ganz abnahmen. In ein paar Interviews hatte er die Möglichkeit eines dritten Albums erwähnt. Als clevere Businessmänner konnten sie sich die Chance, mit Wham!s Potenzial Geld zu scheffeln, natürlich nicht entgehen lassen, solange die Band noch existierte. Sie organisierten eine lukrative Arenen-Tour für *Make It Big*, doch trotz der vielen Termine im Vereinigten Königreich, dem Fernen Osten, Australien und den Staaten, hielten sich in den Klatschspalten hartnäckig die Gerüchte über unser Band-Aus. Aber George hatte noch einen Trick parat, um sie von dieser Fährte abzubringen.

Wham! hatten passend zu Weihnachten einen Nummer-1-Hit aufgenommen.

»Last Christmas« erblickte an einem Nachmittag 1984 im

Harvey Goldsmith Entertainments in association with Nomis Management presents

WHAM!

BIG TOUR 84

Tuesday 11th December – **WHITLEY BAY ICE RINK**
Friday 14th December – **LEEDS QUEEN'S HALL**
Saturday 15th December – **INGLISTON ROYAL HIGHLAND EXHIBITION HALL**
Monday 17th December – **BOURNEMOUTH INTERNATIONAL CENTRE**
Tickets for above dates £6.50 (+50p booking fee from agents) from venues and usual agents. Shows start 7.30pm.
Wednesday 19th December at 7.30pm – BIRMINGHAM NEC
Sunday 23rd December at 7.30pm – WEMBLEY ARENA
Monday 24th December at 7.00pm – WEMBLEY ARENA
Tickets for Birmingham and Wembley available BY MAIL NOW.
Birmingham tickets @ £7.50 or £6.50 (inclusive of 50p booking fee) available from S & G Promotions, PO Box 4NZ, London W1A 4NZ.
Wembley tickets @ £8.00 or £7.00 (inclusive of 50p booking fee) available from D B Ticket Promotions, PO Box 4YJ, London W1A 4YJ.
Make cheques payable to Harvey Goldsmith Ents. Ltd, enclose SAE and allow 5 weeks for delivery. Promoter reserves
right to send alternative date and price subject to availability.

Haus von Georges Eltern das Licht der Welt. Wir schauten gerade zusammen Fußball, als George plötzlich die Inspiration dazu kam. Schnell entwarf er oben an seinem Keyboard den Refrain und die Strophen. Wir fügten klingelnde Synthesizer und – natürlich – Schlittenglocken hinzu, und so hatte Georges ursprüngliche, eingängige Melodie alles, was ein Klassiker für dieses Fest mitbringen musste. Schon beim ersten Anhören des Demos war mir klar, dass »Last Christmas« ein Riesenhit werden würde. Nachdem George dem Song in den Londoner Advision Studios kurz nach den Aufnahmen von *Make It Big* seinen Feinschliff verpasst hatte, setzten wir ein Veröffentlichungsdatum im Dezember fest und warteten gespannt.

Stars wie Slade oder John Lennon hatten bereits unter Beweis gestellt, dass sich eine hitverdächtige Weihnachtssingle durchaus zu einem zeitlosen Lieblingssong entwickeln konnte. Außerdem konnten wir uns auf Georges Weihnachtsparty freuen. George liebte Weihnachten und hatte im Vorjahr zum ersten Mal zu sich eingeladen, was für einige Zeit bei uns Tradition

221

Was genau das zur Show beitragen sollte, ist mir schleierhaft!

blieb. Nach einem feuchtfröhlichen Dinner waren wir mit fünfundzwanzig Leuten von Tür zu Tür gegangen, um Weihnachtslieder anzustimmen, nur dass uns statt Spendendose und Liederbuch eben eine aufblasbare Gummipuppe Gesellschaft leistete. Das hatte nicht allen Nachbarn gefallen.

Offenbar sorgte Weihnachten dafür, dass wir uns von unserer schlechtesten Seite zeigten, denn auch beim Videodreh zu »Last Christmas« verhielten wir uns wie die Rabauken. Unsere Regisseure hatten für November einen Dreh im schweizerischen Skiort Saas-Fee arrangiert. In den Achtzigern haftete Skiurlauben ein gewisser luxuriöser Glamour an, sodass ein Dreh in einem gemütlichen Chalet mit loderndem Kamin und allem Drum und Dran das perfekte Winterpendant zu unserem sommerlichen Hedonismus im »Club Tropicana«-Video darstellte, in dem George und ich ein paar fantastische Tage lang auf Ibiza unser Unwesen getrieben hatten. Diesmal tobten wir in Begleitung zahlreicher übermütiger Freunde tagelang im Schnee herum und tranken literweise lokalen Wein, was mehr als einmal dazu führte, dass irgendwer blankzog.

Die eigentliche Story des Videos war eine opulente Weihnachtsfeier, während der sich ein kurzer Blick auf verletzte Gefühle und eine neue Romanze auftat, doch hinter den Kulissen ließen wir die Sau raus. Unseren Freunden schien es nicht so sehr darum zu gehen, dass sie Statisten im Video zu einer Single waren, die ziemlich sicher zum nächsten Weihnachtshit avancieren würde, sie waren vielmehr aus dem Häuschen, dass sie dank uns einen Urlaub spendiert bekamen. Da war ein Spesenbudget, das verprasst werden musste, und das wollten sie in vollen Zügen auskosten. Zugegeben, uns ging es genauso. Als George und ich mit einem Tag Verspätung in Saas-Fee eintrafen, hatten die anderen schon ganz schön einen im Tee. Unser erster gemeinsamer Abend endete frühzeitig damit, dass einige von uns nackt in den Pool sprangen, einer unserer Freunde zwei Liter Chlorwasser schluckte und in einen der Wasserfilter kotzte.

Mit dabei waren Georges Freundin Pat Fernandez, Pepsi und Shirlie sowie einige andere langjährige Freunde, darunter auch mein Kumpel Dave. Derselbe Übermut, den wir bei dem Pooldesaster an den Tag gelegt hatten, zeigte sich auch am ersten Drehtag. Im Chalet war ein wahrhaftiges Weihnachtsbankett eingedeckt worden: Truthahn mit zahlreichen Beilagen, Kerzenlicht und Lichterketten. Doch als der Regieassistent hereinkam, fehlten ihm die Worte.

»Welcher Idiot war *das* denn bitte?«, fragte er und deutete auf die vielen Weingläser, die jemand wenig elegant bis zum Rand gefüllt hatte. Das zeugte nicht gerade von der noblen Atmosphäre der geplanten »Last Christmas«-Party.

»Keine Sorge, Chef«, sagte Dave und drückte sich an uns und der Crew vorbei. »*Ich kümmere mich drum.*«

Dave machte in gleichem Maße nonchalant wie zielstrebig seine Runde um den Tisch und brachte alle sechzehn Gläser auf ein passenderes Level, so dass er danach sicher an die zwei Flaschen Wein intus hatte. Nach dieser selbstlosen Tat konnte er kaum noch stehen, und als sich der Drehtag dem Ende zuneigte, ging es uns nicht anders. Der Wein floss in Strömen, nur das Festmahl vor uns durften wir im Interesse der Continuity nicht anrühren. Wir tranken also auf nüchternen Magen und benahmen uns mehr und mehr wie Rowdys. Irgendwann hatte ich so lange Tränen gelacht, dass meine Augen geschwollen und blutunterlaufen waren, mich musste also der wenig begeisterte Regisseur noch vor der letzten Einstellung der Dinnerszene vom Set schicken. Ich war sternhagelvoll.

Auch am nächsten Morgen, beim Außendreh, besserte sich unsere Disziplin nicht. Laut Skript sollte es nun eine Schneeballschlacht geben. Kämpferisch ignorierten wir unseren Kater und gaben alles, bis ich in einer denkwürdigen Szene des finalen

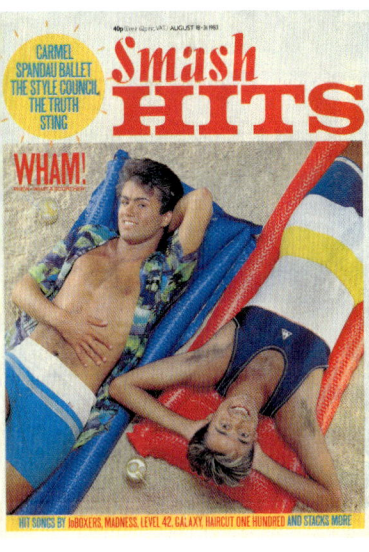

Ein Treffen mit Ihrer Majestät – Elizabeth II. – im Guards Polo Club.
Wir wurden ihr von Bryan Morrissey vorgestellt, der uns allen sehr fehlt.
Die Queen behandelte uns extrem freundlich (ich bezweifle jedoch,
dass sie auch nur den geringsten Schimmer hatte, wer wir waren), und
verwickelte uns in ein Gespräch über unsere Chinareise.

13. Juli 1985: Live Aid. An dem Tag gab es viele Gründe für Applaus.

The Final: Elton John leistete uns bei einer Zugabe Beistand. Bizarr!

»ANDY, ANDY, ANDY, ANDY, ANDY, ANDY, ANDY, ANDY, George, ANDY, ANDY …«

Wham! – The Final, unser Abschiedskonzert am 28. Juni 1986 im Londoner Wembley-Stadion. Nicht die schlechteste Art, sich zu verabschieden!

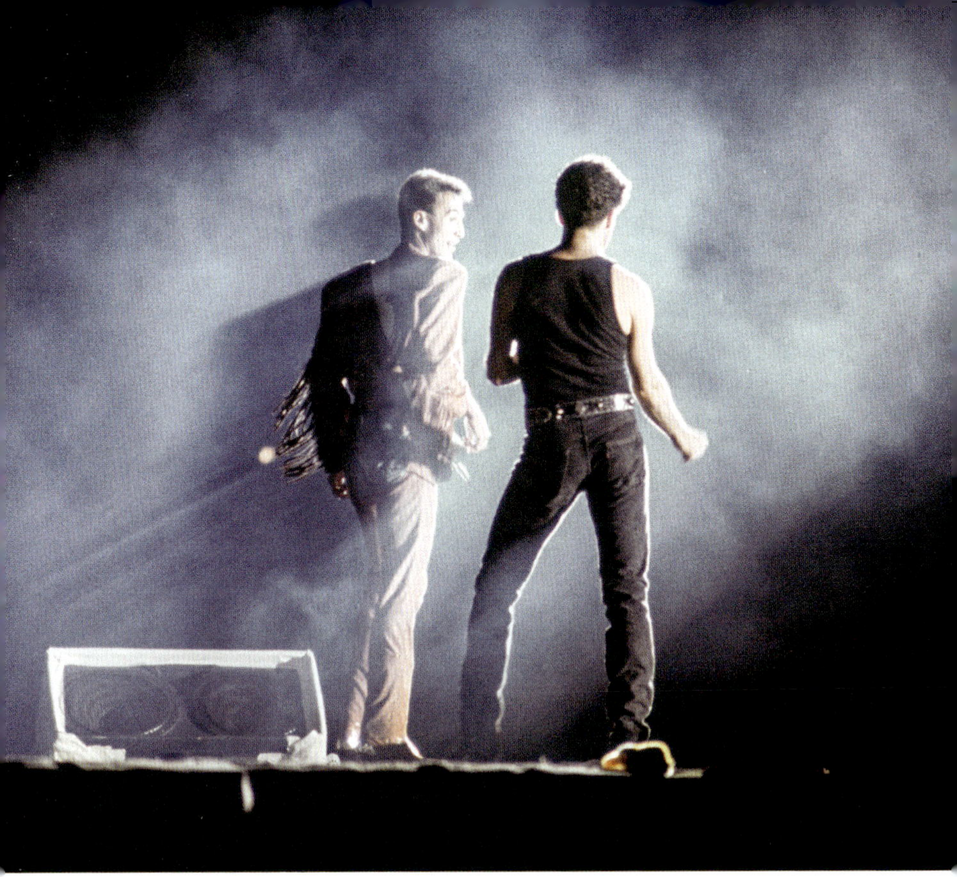
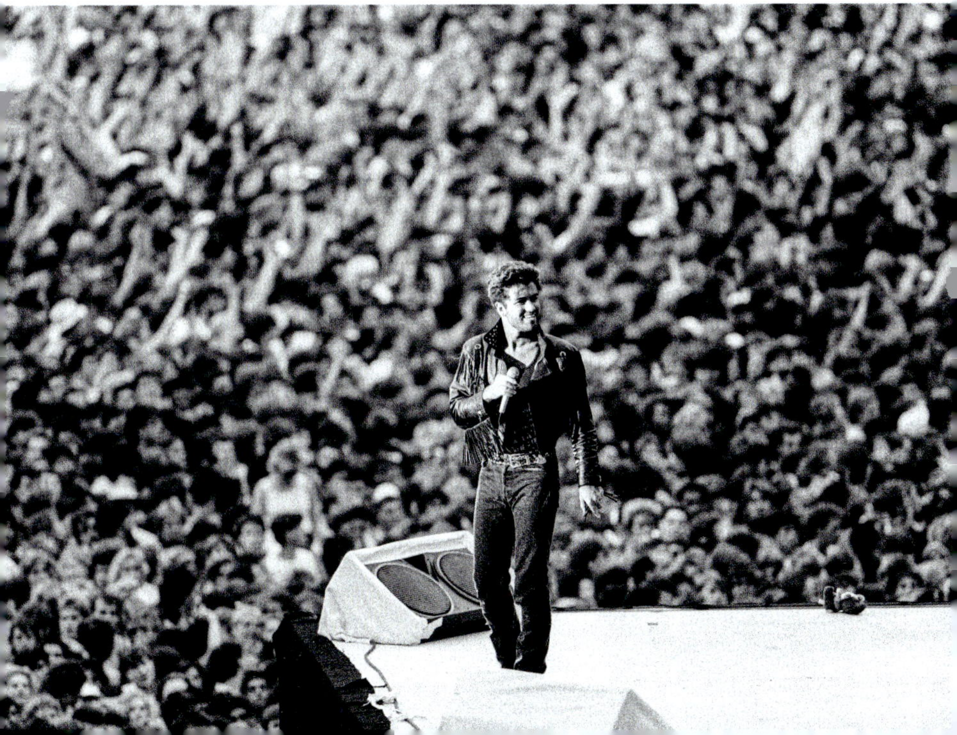

Mit 72000 Zuschau-
ern war das Stadion
ausverkauft.

Rock in Rio, 1991, wo George und ich noch ein letztes Mal zusammen auftraten. Es passen bis zu 200 000 Zuschauer ins Maracaña-Stadion. Dagegen wirkt selbst ein ausverkauftes Wembley wie eine Dorffete.

Pepsi und Shirlie und ich während den Brit Awards am 22. Februar 2017, bei denen wir Georges mit einer Trauerrede gedachten. Mir war besonders wichtig, seinen Fans eine Stimme zu geben. Bisher hatte es dazu keine Möglichkeit gegeben.

Cuts so heftig über einen Zaun fiel, dass ich tatsächlich glaubte, mir etwas gebrochen zu haben. George wäre das alles wohl erst aufgefallen, wenn ich mit einer Halskrause aufgetaucht wäre. Während der Dreharbeiten stand er häufig neben dem Stuhl des Regisseurs und sezierte die Aufnahmen bis ins kleinste Detail, und Footage, auf dem er seiner Meinung nach ungepflegt oder pummelig aussah, flog direkt raus. Auch die Einstellungen, in denen seine Haare auch nur andeutungsweise nicht richtig lagen, fielen sofort dem Schnitt zum Opfer. Bei einer Gelegenheit war er so auf sein Äußeres fixiert, dass er, nachdem er mit seiner fiktionalen Freundin im Schnee herumgerollt war, darauf bestand, den Film zurück zu spulen und nach einer Einstellung zu suchen, in der er grüblerisch schmollte, statt eines Takes, in dem er lachte und scherzte, was eigentlich besser zu der Szene gepasst hätte. Ohne sich dessen bewusst zu sein, kreierte er so einen Shot, bei dem er aussah, als hätte er gerade einen Schneeball in die Weichteile bekommen.

Der Abend endete mit einem betrunkenen Hindernislauf über die Hotelbalkone. Nur mit Schneeschuhen bekleidet kraxelten wir über die Trennwände. Vermutlich boten wir durch die Eiseskälte einen wenig beeindruckenden Anblick. Völlig außer Atem drehte ich mich an der Ziellinie um und sah den Regisseur und seine Frau, die zu Recht gedacht hatten, dass sie, vor fremden Blicken geschützt, nun selbst ein wenig Spaß haben könnten. Seine Frau kreischte beim Anblick unserer blanken Hintern, die wir gegen die Scheibe pressten, während wir über die Schulter sahen und winkten. Unser Verhalten während des Drehs hatte dem Regisseur allen Grund gegeben, sich zu wünschen, uns nur noch von hinten zu sehen – aber vermutlich nicht auf diese Weise …

19

Feeding the World – Chance verpasst

Kurz nachdem wir aus Saas-Fee zurückgekehrt waren, wurden wir eingeladen, an einer der größten Singles der Popgeschichte mitzuwirken. Ein Fax flatterte ins Haus, das für den 25. November meine Anwesenheit in den SARM West Studios in Notting Hill erbat, um bei einer Weihnachtssingle mitzumachen. Abgesehen davon enthielt es keine weiteren Angaben, auch wenn ich wusste, dass der Besitzer von SARM Trevor Horn war, der Produzent von Frankie Goes to Hollywood. Ich steckte bis zum Hals in den Vorbereitungsproben unserer geplanten Tour. Wie so viele Anfragen, die unser Management an uns weiterleitete, tat ich das Fax als unwichtig ab. Durch den fehlenden Namen eines Plattenlabels, einer Adresse oder der Reisedetails verstärkte sich mein Eindruck, dass es nichts Offizielles sein konnte. Erst später wurde mir klar, dass die fehlenden Angaben bewusst dazu gedient hatten, eine der größten Aufnahmen in der britischen Popgeschichte unter Verschluss zu halten, bis man sie mit maximalem Effekt ankündigen konnte. Und so entging mir Band Aid.

Während George in London mit der Crème de la Crème britischer Rock- und Poptalente »Do They Know It's Christmas?« aufnahm, blieb ich am Sonntagmorgen lange im Bett liegen und las in Ruhe bei einem Bacon-and-Egg-Sandwich die Zeitung. Erst bei späteren Proben mit George wurde mir endlich das Ausmaß dessen bewusst, was dort vor sich gegangen war.

Der Boomtown-Rats-Frontman Bob Geldof hatte, gemeinsam mit Midge Ure von Ultravox, Superstars aus Bands wie U2, Heaven 17, Kool & the Gang, Spandau Ballet, Culture Club, Bananarama und Status Quo für Band Aid zusammengebracht. Auch Phil Collins, Paul Young und Sting waren mit von der Partie. George hätte sich glücklich schätzen sollen, einer von ihnen zu sein, doch nach den Aufnahmen war er unglücklich. Anfang des Jahres hatte George den Vorsitzenden der Minenarbeitergewerkschaft Arthur Scargill als »Wichser« bezeichnet, und Paul Weller hatte George gegenüber danach seinem Unmut Ausdruck verliehen. Ohne es zu wissen, hatte Weller einen wunden Punkt getroffen.

Wenige Monate zuvor hatte Wham! einen Platz auf der Setlist eines in der Royal Festival Hall stattfindenden Benefizkonzertes für den Minenarbeiterstreik bekommen, worum es einige Diskussionen gegeben hatte. Die Musikpresse hatte »Club Tropicana« als Betrug am sozialen Gewissen gedeutet, das wir in »Wham Rap!« oder »Young Guns« vorgeschoben hatten. Dass wir das Konzert ganz in Weiß spielten, verlieh uns sicher auch keine politische Schlagkraft. Wir hatten die Organisatoren gegen uns aufgebracht, da George darauf bestand, unser Set lieber Playback zu singen, statt die Songs live zu spielen. Er hasste es, nicht die volle Kontrolle über unseren Sound zu haben, und hatte zudem nach den anfänglichen fiesen Kommentaren über unsere Teilnahme Angst, die Soundtechniker könnten versuchen, uns zu blamieren. Wir waren uns der wachsenden Antipathie gegenüber Wham! durchaus bewusst, die einige Musik-snobs im Business an den Tag legten, und George hatte das Gefühl, dass man uns auf Schritt und Tritt sabotierte. Er wollte verhindern, dass die Lästermäuler gegen uns punkteten. »Aber wir sind gut genug«, versuchte ich vor dem Auftritt zu argumentieren. »Wir spielen doch ständig live. Das wird schon.« George schüttelte den Kopf. »Nein, wir lassen das Backing-Tape laufen. Dann kann uns keiner die Tour vermasseln.« Ich versuchte zu argumentieren, dass es kontraproduktiv sein könnte, Playback zu singen. Ich fürchtete, dass wir unseren Gegnern damit nur noch mehr Munition lieferten, falls das rauskam, und in Musikerkreisen umso mehr behauptet würde, Wham! sei nichts als heiße Luft.

Das war im Übrigen nicht das erste Mal. Wir hatten bei einem Channel-4-Auftritt bei *The Tube* ähnlichen Ärger gehabt. Die Macher waren stolz darauf, dass sie eine Liveshow produzierten, und wieder brachte George alle gegen sich auf, da er darauf bestand, wie bei *Top of the Pops* Playback zu singen. Weil er unbedingt die volle Kontrolle über unseren Sound haben wollte, ließ er nicht mit sich reden, doch seine Sturheit ging nach hinten los. Nachdem wir den ersten von zwei Songs performt hatten, ließ der Tontechniker das zweite Band laufen, während George den Song noch ankündigte. George kochte vor Wut. Seiner Meinung nach war unsere Performance mutwillig während einer Livesendung sabotiert worden, und nun lachte alle Welt über uns.

Tja, du hast es nicht anders gewollt, Kumpel, dachte ich. Diesen Reinfall hatte er sich selbst zuzuschreiben.

Doch während der Aufnahmen zu »Do They Know It's Christmas?« von Paul Weller angegangen zu werden – *während eines Charity-Events* –, verstärkte Georges Gefühl, ständig attackiert zu werden. Seiner Meinung nach waren Wellers Kommentare unangemessen gewesen und einen anderen Künstler hätte er unter ähnlichen Umständen niemals so behandelt. George war bei Band Aid, weil es eine altruistische Geste war, die er unterstützen wollte. Von einem anderen Künstler, der sich ebenfalls beteiligte, in die Mangel genommen zu werden, war eine schmerzliche Erfahrung.

Mir fiel es nicht schwer, die Kritik dafür, dass ich die Aufnahme verschwitzt hatte, an mir abprallen zu lassen, denn natürlich bedeutete dies nicht, dass ich mich nicht um die Situation in Äthiopien scherte. Im Gegenteil, Michael Buerks Reportagen für die BBC über die Hungersnot waren schrecklich und unfassbar aufwühlend, und da sich die Veröffentlichung von »Last Christmas« näherte, beschlossen George und ich, unsere Tantiemen für diesen Song ebenfalls zu spenden. Es schien das einzig Richtige zu sein, zu helfen, wo wir nur konnten. Und da wir nun nicht mehr in dem Vertrag mit Innervision feststeckten, handelte es sich potenziell um eine nicht unbedeutende Summe.

»Last Christmas« und »Do They Know It's Christmas?« kamen am selben Tag heraus. Wir waren mittlerweile sehr ehrgeizig, was die Chartplatzierungen von Wham! betraf, doch dieses eine Mal mussten wir wohl hinnehmen, dass unser Song, den wir vom ersten Moment an für einen Nummer-1-Hit gehalten hatten, dieses Mal den Kürzeren ziehen würde, und so sollte es wohl auch sein.

»Do They Know It's Christmas?« schlug ein wie eine Bombe, verkaufte sich in der ersten Woche eine Millionen Mal, und wurde zur am schnellsten verkauften Single aller Zeiten, verkaufte sich anschließend noch drei Millionen Mal und wurde somit auch zur erfolgreichsten UK-Single aller Zeiten. »Last Christmas« blieb, zusammen mit der B-Side »Everything She Wants« dreizehn Wochen lang auf Platz 2. Von nun an hatten wir die Ehre, die Trivial-Pursuit-Antwort auf die Frage zu sein, welche erfolgreichste Single es nie auf den ersten Platz geschafft hat.

Es wäre gelogen, wenn ich behaupten würde, dass George und ich damit überhaupt kein Problem hatten. Natürlich waren wir überglücklich darüber, dass Band Aid so viel Geld für die Opfer der Hungersnot in Äthiopien einnahm, doch versteckt darunter lag auch ein wenig Enttäuschung. Für mich war es etwas leichter, meine Gefühle über die Situation miteinander zu vereinen, zumal ja der Erlös beider Singles in dieselbe Sache floss. Doch für George war das anders. Für ihn war der Erfolg in den Charts zu einer wichtigen Bestätigung für sein Selbstwertgefühl geworden, und es auf Platz eins zu schaffen, war ihm wirklich wichtig gewesen. Schon bald machten wir Witze über den mehrjährigen Stiefkindstatus von »Last Christmas«, doch ich wusste, dass es ihn trotz aller Witzchen wurmte.

Glücklicherweise wurde sein Talent einige Monate später aus anderer Quelle bestätigt. Der renommierte Ivor Novello Award war eine Auszeichnung für Songwriter, und 1985 war Wham! präsent genug gewesen, um Nominierungen in drei unterschiedlichen Kategorien abzusahnen. Für uns beide war es ein emotionales Event. Zunächst folgte eine weitere Enttäuschung, als »Wake Me Up Before You Go-Go« in der Kategorie Bester Song gegen Phil Collins' »Against All Odds« verlor. Doch dann gewann »Careless Whisper« den Preis als meistgespielter Titel – in anderen Worten: Es war der Song, der am häufigsten im Radio lief und somit eine schmeichelhafte Anerkennung der Massentauglichkeit des Liedes. Doch eine weitaus wichtigere Verleihung stand noch bevor. George war als Songwriter des Jahres nominiert, und als die Namen aller Nominierten verlesen wurden, stand für mich fest: Wenn George nicht gewann, würde ich aus Protest unseren Most-Performed-Award zurückgeben. Für mich bestand kein Zweifel, dass George es mehr verdient hatte als seine Rivalen.

★★★

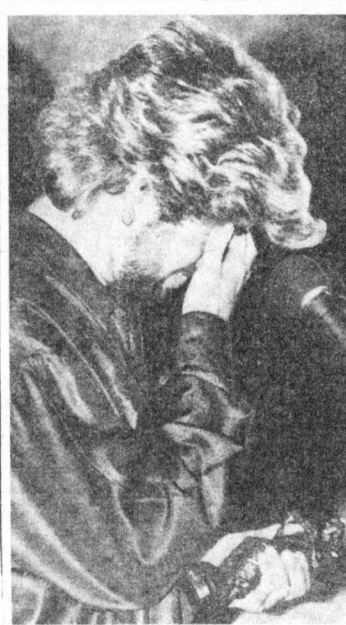

Tears as George receives his trophy Picture : DOUGLAS MORRISON

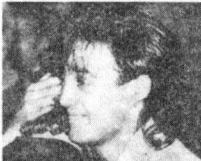

Andrew comforts his partner

Weep year
for Wham!

POP STAR George Michael of Wham wept on stage yesterday when he was named Songwriter of the Year at the Ivor Novello Awards in London.

The 21-year-old heartthrob broke down after receiving the trophy from Elton John. He said : "This is the most important thing that has ever happened to me."

George and Wham partner Andrew Ridgeley also won the Most Performed Work award for their hit song Careless Whisper.

Als sein Name tatsächlich als diesjähriger Gewinner fiel, war dies ein unglaublich ergreifender Moment. Die Ivor Novellos schienen der einzige Preis der Musikindustrie zu sein, der George wirklich etwas bedeutete, da in seiner Jury Songwriter, Komponisten und Autoren saßen – seine Kollegen –, und nicht Musikkritiker oder Plattenbosse. Sie besaßen Glaubwürdigkeit und Expertise, die George schätzte und respektierte. Nachdem er seinen Preis von einem seiner Helden, Elton John, überreicht bekommen hatte, war George sichtlich bewegt. Bei seiner Dankesrede konnte er die Tränen nicht zurückhalten. Und mir ging es im Zuschauerraum genauso. Er war von den Menschen, die er am meisten bewunderte, und mit denen er sich identifizierte, mit offenen Armen empfangen worden. Und als Nächstes würde er die ganze Welt erobern.

20

The Clothes Show –
Kleider machen Leute

Ende 1984 stand *Make It Big* noch immer weltweit ganz oben in den Charts. Besonders vielversprechend war, dass die Whamania nun auch in den USA an Fahrt aufnahm, wo unser Album, nachdem es Platz eins der Charts erklommen hatte, sich gerade unglaubliche sechs Millionen Mal verkaufte. Ich fieberte nicht nur mit dem Erfolg des Albums mit, sondern freute mich obendrein auf die Tour, zumal wir diese jetzt – nach der verrückten Club-Fantastic-Tour – etwas größer aufziehen konnten. Die Zeiten überfüllter Tourbusse und schäbiger Hotelzimmer waren vorbei. Und diesmal lagen unsere Ziele auch jenseits des Vereinigten Königreichs. Für uns waren Amerika und der Ferne Osten die wichtigen Eroberungsgebiete für jede neue Popband, die etwas auf sich hielt. Wir starteten unsere Big Tour jedoch in den viel weniger exotischen Gefilden des Whitley Bay Ice Rink, gefolgt von einem kurzen Ausflug durchs winterliche England: Unter anderem spielten wir an Heiligabend und am zweiten Weihnachtsfeiertag Konzerte in der Wembley-Arena. Erst dann flogen wir für unser nächstes großes Abenteuer nach Japan.

Japan war die erste Liga. Hier trafen Ost und West, Antike und Moderne aufeinander, und Bands wurden mit einer Beatlemania-ähnlichen Hysterie empfangen.

Dem Gekreische nach zu urteilen, waren wir in Japan genauso beliebt wie zu Hause. Mindestens. Von unseren Zeitgenossen wurde vielleicht nur Duran Duran ein ähnlicher Empfang beschert. Man hielt uns auf Schritt und Tritt Wham!-Merchandise vor die Nase, die Nachfrage nach unseren Autogrammen ließ sich nicht stillen. Die Verehrung, die uns umgab, fühlte sich fast religiös an. Alles drehte sich um zwei Jungs aus Hertfordshire mit Karoanzug und Fönfrisur. Völlig surreal.

Die Karoanzüge waren allerdings ein klamottentechnischer Schritt nach vorne, wenn man an die freizügigen Fila-Outfits zurückdachte. Was Mode anging, hatten Wham! nie wirklich eine große Welle gemacht. Mit Künstlern wie David Bowie, Adam Ant und Culture Club, die sich mit extravaganten Maßanfertigungen und wilden Frisuren Ausdruck verschafften, konnten George und ich nicht mithalten. Als wir noch pleite gewesen waren, hatten wir uns auf Levis und Stangenware verlassen, nicht auf Galliano, Alexander McQueen, Issey Miyake und Comme des Garçons.

Aber damit war nun Schluss.

Da nun dank unseres neuen Plattenvertrags langsam Tantiemen reinkamen, war es an der Zeit für ein paar ausgesuchte Stücke von angesehenen Designern. Ich war noch weit entfernt davon, mein Geld zu verprassen, denn das ganz große Geld und der Ferrari ließen noch auf sich warten, aber ich genoss es, mir endlich stylishe Klamotten leisten zu können.

Und mittlerweile hatten sich meine Möglichkeiten dramatisch verbessert. Allerdings war elegante Kleidung nun nicht mehr nur schön, sondern sogar notwendig. Wir mussten bei jedem der vielen Fotoshootings anders aussehen – da musste unsere Garderobe erst einmal mithalten. Es gab niemanden, der

WHAM JAPAN TOUR '85

DATE	VENUE	TRAVEL	HOTEL
Jan 7 MON		1:30Am Baggage Down 2:30p. Depart Hotel 3:40p Lv Tokyo by ANA#259 5:25p Arr Fukuoka	MIYAKO HOTEL TOKYO 1-1-50, Shirogane-dai Minato-ku, Tokyo PH: 03-447-3111 TLX: 242-3111
Jan 8 TUE	FUKUOKA SUN PALACE 092-272-1123 8:00pm Stage call 4:00pm Sound check 6:00pm Doors open 6:30pm Show Time	7:30Am Crew Depart 3:30pm Band Depart	ZENNIKU HOTEL (ANA) 3-3-3, Hakata Ekimae PH: 092-471-7111
Jan 9 WED	OFF	1:00pm Baggage Down 1:45pm Depart Hotel 2:50p. Lv Fukuoka by ANA#210 3:50pm Arr Osaka	HOTEL NIKKO (JAL) OSAKA
Jan 10 THU	OSAKA FESTIVAL HALL PH: 06-231-2221 9:00Am Stage call 4:00pm Sound check 5:45pm Doors open 6:30pm Show time	3:30pm Band Depart	HOTEL NIKKO (JAL) OSAKA. 7, Nishino-cho Minami-ku, Osaka PH: 06-244-1111 TLX: 522-7575
Jan 11 FRI	OSAKA TAIIKUKAN PH: 06-631-0121 8:00am Stage call 4:00pm Sound check 5:30pm Doors Open 6:30pm show time	7:20am Crew depart 3:30pm Band depart 10:30pm Baggage down	Ditto

ANDREW'S JAPANESE NOTES
— FOR USE ON STAGE

① KONiCHi WA — GOOD AFTERNOON

①A KON BAM WA — GOOD EVENING
(KOM BOW WA)

② KO'CHIR(A) WA - SAM DESU -

③ HAJIMEMASHITE DOZO YO ROSHiiKU
(HA JiMMY MASHTY) ⁂
I'M PLEASED TO MEET YOU —

④ O GEMKi DES(u) KA = HOW ARE YOU

⑤ YOi — GOOD

⑥ SKOi(G). — GREAT.

⑦ CAMPAE! — (CHEERS)
(CAMPAi)

YES. - HAi
No — EAi.

George und mir vorschrieb, was wir zu tragen hatten, doch manchmal halfen uns Stylisten mit ihren vollgepackten Kleiderstangen bei den unterschiedlichen Outfits. Häufig waren diese Klamotten zu hässlich oder gewagt – vergessen wir nicht, das war Mitte der Achtziger –, und keiner von uns beiden holte sich Inspiration von den Catwalks. Mode per se war nicht unbedingt mein Ding, gutes Aussehen allerdings schon, und beides ließ sich nicht immer unter einen Hut bringen. Ich hatte schon immer meinen ganz eigenen Stil gehabt, und je bekannter Wham! wurden, desto mehr hielt ich mich an meinen eigenen ästhetischen Geschmack, statt mich an anderen Bands zu orientieren. Ich trug zwar nicht mehr den Kilt, mit dem ich das Publikum von The Executive malträtiert hatte, sondern Jacketts und Anzüge. Nur schrieben wir wie gesagt das Jahr 1984, und so neigten manche der Designer, die ich mochte, noch immer zu einem *touch too much*.

Ich identifizierte mich nicht wirklich mit einem bestimmten Künstler oder einer Stilikone, doch ich bewunderte die Art Mode, die Stars wie David Bowie oder später Bryan Ferry für sich entdeckt hatten, die häufig einen sehr schicken Anzug mit einem aufgeknöpften Hemd und zerzausten Haaren kombinierten. Ich kaufte mir Mäntel von Yohji und Versace und versuchte, neue Trends mit der zurückhaltenden Eleganz eines Ferry zu verbinden.

Allerdings nur privat. Auf der Bühne musste es gewagter sein. Ich wollte etwas mehr Flair mit zur Party bringen. Ich wollte Outfits, die schon von Weitem auffielen und sich vor allem von Georges unterschieden. Das musste einfach sein. Denn er hatte sich nämlich auf einen Look festgelegt, der schlicht und ergreifend gegen jede Vernunft ging.

Ich glaube ja, George hatte einfach keinen Sinn für Fashion. Er trug Blusen und Rüschenhemden. Häufig kamen unförmige Strickpullover à la John Craven und klobige Boots hinzu.

Manchmal wünschte ich mir, George hätte mich vor einem Shoot oder einem öffentlichen Auftritt nach meiner Meinung gefragt, denn manche seine Outfits muteten dann doch etwas merkwürdig an, aber sein modischer Stil war einer der wenigen Bereiche, zu denen er mich nicht befragte. Hätte er es getan, hätte ich mich gegen die Boleros und engen Leggins, den blauen Seidenkummerbund und die chinesischen Slipper ausgesprochen. In diesem Ensemble sah er aus, als hätte er sich von Rudolf Nurejew inspirieren lassen.

238

Immerhin schien George inzwischen etwas sicherer bezüglich seines Gewichts zu sein. Nur mit seinen Haaren stand er beständig auf Kriegsfuß, und das sich ausweitende Ozonloch in den Achtzigern hatte vielleicht etwas mit Georges exorbitantem Haarsprayverbrauch zu tun. George blondierte, formte und föhnte seine Haarpracht so ausgiebig, dass unsere Freunde ihn manchmal auf dem Cover einer Zeitschrift mit Lady Di verwechselten.

Als man mich in einem Interview fragte, was mich auf Tour an meinem alten Schulfreund am meisten nervte, nörgelte ich: »Der stechende Geruch, das Herumhantieren mit seinem Föhn, dieses endlose Rumgefummel an seinen Haaren …«

Ich wiederum war mit meiner Aufmachung ziemlich zufrieden. Ich trug einen Royal-Stewart-Tartan-Karoanzug mit weißem Seidenfutter, dazu eine passende Fliege im Wild-West-Stil und Metallkettchenverschluss. Das Outfit komplettierte ich mit einer passenden, maßgeschneiderten Jacke, enger Hose und weißem Hemd. Für meinen Geschmack war ich ein ziemlicher Hingucker und fesch genug für unseren zukünftigen Job angezogen.

21

Orient Excess –
Wham! in China

»Habt ihr Lust, in China aufzutreten?«
Als Simon und Jazz uns zum ersten Mal vorschlugen, ein
Land zu bereisen, das damals noch als feindlich gesinnter Kom-
munistenstaat galt, waren George und ich nicht gerade begeistert. Wir hatten just unsere ersten Schritte in Amerika mit gerade einmal sechs kleineren Shows getan, sodass der Gedanke
völlig abwegig wirkte, in einem so weit entfernten Land wie
China aufzutreten. Doch der Wahnsinn hatte Methode. Simon
wusste, was für einen riesigen Effekt eine solch große Geste
medial haben konnte, und darüber hinaus wusste er auch, wie
sehr Georges Vorbehalte gegenüber einer ausgeweiteten US-
Tour uns am großen Durchbruch im dortigen Markt hinderten,
mit dem wir aber richtig abkassieren könnten. Da wir also nicht
mit einer ausführlichen landesweiten Tour Furore machen
konnten und uns so auch die lokale Publicity entging, die dies
mit sich gebracht hätte, musste Simon sich etwas mit mehr
Durchschlagskraft ausdenken. Er musste den Hype ein wenig
ankurbeln.

Und auf seine ganz eigene, unnachahmliche Weise schluss-

folgerte Simon, dass sich dies am besten bewerkstelligen ließ, wenn Wham! ihren ureigenen, knalligen Pop ins Reich der Mitte exportierten. Wenn wir als erste westliche Band dort auftraten, würden wir in Amerika und rund um die Welt Schlagzeilen machen – so seine Theorie.

Ich war trotzdem sicher, dass das mit China eine Schnapsidee war! Ich wusste, dass der Trip uns ein Vermögen kosten würde, und war nicht ganz überzeugt, dass die beiden von Simon arrangierten Konzerte in Peking und Kanton (wie Guangzhou damals noch hieß) die weltweite Aufmerksamkeit so auf uns lenken würden, wie er vorhersagte. China war derart fremd und abgelegen, dass die ganze Unternehmung eher auf Hoffnung denn auf Überzeugung fußte. Es war also Daumendrücken angesagt.

Doch Simon war sich weiterhin seiner Sache sicher, er hatte, während wir *Make It Big* aufnahmen, jede Menge Deals mit diversen politischen Funktionären ausgehandelt, um unsere Auftritte sicherzustellen. Und wir erklärten uns einverstanden, als er sein Ass aus dem Ärmel zog: dass uns sein Masterplan eine

Tour kreuz und quer durch Amerika sowie endlose Radio- und
TV-Promo-Termine ersparen würde. Auch eine ähnlich an-
strengende Europatournee wurde durch Simons Cleverness
überflüssig. Wir würden uns auf neues Territorium vorwagen.
Wham! schrieb also gerade Popgeschichte.

Wir flogen im April 1985 nach Peking. China wirkte auf mich
genauso, wie ich es mir in meiner Fantasie vorgestellt hatte. Auf
den Straßen hallte das Klingeln hunderter und aberhunderter
vorbeizischender Fahrradfahrer wider. Fast alle von ihnen trugen die mausgraue Mao-Uniform aus einem Oberteil und pas-
sender Hose. Sie sollte die Einigkeit unter Chinesen symboli-
sieren, doch ich bezweifelte, dass die Menschen dabei wirklich
eine Wahl hatten. In der gesamten Stadt gab es nur ein einziges
westliches Hotel, in dem wir dann auch untergebracht wurden.
Zwar war es vergleichsweise modern, doch die Ausstattung war
recht einfach im Vergleich zu unserem sonstigen Standard zu
Hause und im restlichen Ausland. Es roch überall nach Reini-

gungsmitteln. Doch was mir am meisten im Gedächtnis blieb, war die Reaktion der Menschen auf uns. Man vergisst leicht, wie abgeschottet China damals war, und so begegneten uns alle Menschen, die wir trafen, mit Skepsis.

Wir fühlten uns dadurch schon bald ein wenig eingeschlossen. Unser Aufenthalt in China sollte zehn Tage dauern, doch jenseits der offiziellen, für uns zuvor organisierten Ausflüge durften wir die Stadt nicht erkunden. Überallhin folgten uns Aufpasser. Wir reisten zur Chinesischen Mauer und besuchten Tempel, man begleitete uns zu einem Markt, wo wir als Teil des kulturellen Austauschs »Wake Me Up Before You Go-Go« auf einem Kassettenrekorder laufen ließen, wobei unser Publikum hauptsächlich aus den amüsiert dreinblickenden dortigen Arbeitern bestand, von denen die meisten zwischen sechzig und siebzig Jahre alt waren. Wir aßen bei großen Banketten die exotischsten Fleisch- und Gemüsegerichte, von denen wir kaum eines kannten. Und wo auch immer wir hinfuhren, wir wurden von vorsichtiger Neugier begleitet. Das war ein so großer Un-

GOOD NEWS!
EXTRA SEATS ADDED AGAIN

JESU INTERNATIONAL ENTERTAINMENT LTD. proudly presents

WHAM!
HK'85

Book Now

HIT SONGS INCLUDE: CARELESS WHISPER FREEDOM WAKE ME UP BEFORE YOU GO GO

APRIL 2nd, 3rd, '85 (8pm)
PLACE : HONG KONG COLISEUM
TICKET PRICE : $120, & $80
AVAILABLE AT : TOM LEE PIANO CO. BRANCHES
(Man Yee Bldg. Cameron Lane)
CENTURY CINEMA

terschied zu den schreienden Mädchen und Autogrammjägern, die uns sonst überall verfolgten. Stattdessen schüttelten wir Ministerhände und verneigten uns demütig vor Chinas Ranghohen. In einer etwas surrealen Situation fand ich mich bei einem edlen Dinner als Redner vor einem ganzen Saal voller chinesischer Würdenträger in einem feinen Rathaus wieder. Ich gab mein Bestes, zwischen den Kulturen zu vermitteln.

»Mein Partner George und ich haben festgestellt, dass unsere Performances in vielerlei Hinsicht mit gewissen Facetten des chinesischen Theaters verwandt sind«, sagte ich. Momente zuvor hatten wir uns noch darüber gestritten, welchen Ton wir in diesem uns so fremden Land anschlagen sollten. Ich war mir nicht einmal sicher, ob es angemessen war, mit »Verehrte Damen und Herren« zu beginnen. Würden überhaupt Frauen zugegen sein? Ich wusste es nicht.

Doch ganz egal, was wir taten oder wohin wir gingen, wir standen gefühlt die gesamte Zeit unter genauester Beobachtung, als fürchteten die chinesischen Autoritäten, ihre Jugend könnte von diesen zwei westlichen Popstars mit extravaganten Frisuren und Phillips-Tailor-Karoanzügen zu stark beeinflusst werden. Wir traten lediglich in China auf, um uns eine US-Tour zu ersparen, aber die Kommunistische Partei war sich unterdessen anscheinend nicht mehr ganz so sicher, ob unser Besuch wirklich so eine gute Idee gewesen war. Alles, was wir taten, schien mit ungewöhnlicher Anstrengung verbunden zu sein.

Am meisten bekamen wir diese Diskrepanz bei unserem ersten Auftritt im Pekinger Arbeiterstadion zu spüren, einer riesigen überdachten Halle, die fünfzehntausend Menschen Platz bot. Außerhalb Chinas kannte man es hauptsächlich von der Tischtennis-WM 1961. Bevor wir die Bühne betraten, hatte man die Zuschauer gewarnt, unsere Ankunft nicht zu überschwänglich zu feiern, und später hörte ich, dass vor der Show

Flugblätter mit strikten Verhaltensregeln an die Fans verteilt worden waren. Der Kulturminister riet den chinesischen Kids sogar, sich unsere Performance »anzuschauen, sich aber nichts abzuschauen«. Nach Betreten der Bühne bemerkte ich mehrere Reihen von Polizisten, die sich vor dem Publikum als einschüchterndes Autoritätsbollwerk aufgebaut hatten. Jeder neue Wham!-Fan hatte mit dem Ticket eine Kassette mit unseren Songs erhalten. Auf der einen Seite waren unsere Songs im Original zu hören, auf der anderen unser Opening-Act, ein chinesischer Sänger namens Cheng Fangyuan, der Songs wie »Club Tropicana« und »Wake Me Up Before You Go-Go« auf Chinesisch coverte. Die Texte waren mit einer ordentlichen Prise Kommunismus umgeschrieben worden:

> Wake me up before you go-go,
> Compete with the sky to go high-high.
> Wake me up before you go-go,
> Men fight to be first to reach the peak.
> Wake me up before you go-go,
> Women are on the same journey and will not fall
> behind.

Tja. Besser hätte ich es auch nicht ausdrücken können.

Auch nach Beginn unserer Performance konnten wir die merkwürdige Atmosphäre nicht vergessen. Oh Mann, eine normale Show wird das hier nicht …, dachte ich, als der unpassende Synthiepop von »Bad Boys« über die Köpfe der stocksteifen Polizisten tönte, die mit dem Rücken zur Bühne standen. Ein paar wenige Grüppchen tanzten. Die ausländischen Studierenden, die glücklicherweise nicht unter dem strengen Regelwerk lebten, an das sich alle anderen im Saal zu halten hatten, durften sich amüsieren, doch als sich einer der Chinesen zu ihnen gesellen wollte, stürzten sich einige Polizisten auf ihn, um ihn zu ermahnen, bloß an seinem Platz zu bleiben. Als er Ärger machte, wurde er grob weggezerrt. Pepsi und Shirlie hatte dieser Anblick sichtlich verstört, und natürlich nahmen wir alle an, dass der Mann dafür schreckliche Prügel kassiert hatte oder, schlimmer noch, vielleicht sogar zu Schwerstarbeit in irgendeinem furchtbaren Arbeitslager verurteilt worden war. Doch trotz der schwierigen Atmosphäre stellte sich unser Auftritt im Nachhinein als eine Art Wendepunkt heraus. Jahre später, nachdem aus China ein offeneres Land geworden war, das Gäste leichter willkommen hieß, tauchten Geschichten davon auf, was für einen Einfluss wir auf Chinas jüngere Generationen gehabt hatten. Plötzlich wollten die Kids Jeanshosen und -jacken tragen. Andere versuchten, an noch mehr westliche Musik zu kommen, was britischen und amerikanischen Bands Tür und Tor öffnete, um dort aufzutreten – wie The Police kurz nach uns.

Ich persönlich war fasziniert von dem meilenweiten Unterschied zwischen dem Leben in China und meiner eigenen Existenz in einer westlichen Demokratie – George dagegen hätte das alles nicht weniger interessieren können. Er hatte nur die Musik im Kopf. Trotz der beeindruckend merkwürdigen Welt, die sich jenseits unserer Tour-Blase zeigte, zog er sich zurück und scherte sich einzig und allein um die jüngsten Angaben über die internationalen sowie die Albumcharts, und ganz besonders über die Verkaufszahlen von *Make It Big*. Er war wie besessen von diesen Zahlen. Sie waren für ihn die einzige wirkliche Messlatte unseres Erfolges und fungierten als Barometer dafür, wie sehr er sich als Songschreiber entwickelte. Im Vergleich dazu gab er wenig auf Kritiken oder die Länge der Artikel über uns. In China verließ er sein Hotelzimmer ausschließlich für die Konzerte oder das nächste VIP-Meet-and-Greet auf unserem Reiseplan. Und selbst bei diesen Ausflügen, umringt von einem Pulk westlicher Journalisten und Fotografen, interessierte er sich kaum für die dortige Kultur, die Architektur oder Landschaft um uns herum. Die eigentliche Erfahrung des Reisens sagte ihm einfach nicht zu, denn das Musikmachen nahm ihn so sehr in Anspruch, dass kaum etwas anderes zählte. Es war fast ein wenig krankhaft, und George belagerte unseren Radiopromoter Gary Farrow förmlich, sobald Mitte der Woche die neuesten Chartpositionen, Radiostatistiken und Verkaufszahlen vorlagen. Hits bedeuteten, dass sein Songwriting gut war. Nummer-1-Platzierungen bewiesen, dass er der Beste war. Wenn es nach George ging, nutzte uns dieses Chinaabenteuer nur, wenn es die weltweiten Verkaufszahlen ankurbelte.

Um mit unserem Trip noch mehr Aufmerksamkeit zu generieren, wollte Simon, dass wir eine Dokumentation drehen ließen. Hierzu wählte er den Regisseur Lindsay Anderson aus, der für düstere Filme des sozialistischen Realismus wie *Lockender Lorbeer* oder *Blick zurück im Zorn* bekannt war. Weshalb sich eine Dokumentation unserer Reise lohnte, war offensichtlich, aber Anderson als Regisseur auszuwählen, schien hingegen völlig plemplem. Simon hatte dieser Gedanke gefallen, da es dem Projekt Gewicht und künstlerische Glaubwürdigkeit verlieh, und George war aus dem einfachen Grund dafür, dass er Andersons politische und soziale Positionen vertretbar fand – doch keiner dieser beiden Gründe machte ihn zur richtigen Wahl. Auch wenn mir nicht ganz klar war, weshalb wir jemanden anheuerten, der so offensichtlich nicht zu einem Wham!-Publicity-Stunt passte, spielte ich mit, sobald die Kamera auf mich gerichtet war. Wenn ich ehrlich bin, ging ich wohl davon aus, dass aus der Sache am Ende ohnehin nichts würde.

An mangelnder Brisanz würde es allerdings nicht liegen. Wenn man nach unserer zweiten Show ging, schien sich die Whamania auch hier Bahn zu brechen. In Kanton lag eine weitaus wildere Energie in der Luft, und die Fans durften auf ihren Plätzen tanzen.

THERE'S SO MUCH M-

China bound Wham! make it a family affair

TOP pop duo Wham! lined their parents up for a very special treat yesterday.

As the smash-hit singing pair left Britain on the first leg of their trip to China, both sets of parents went too —a thank-you present for all their help and support.

In all there were 96 people, including minders, sound engineers and film crew, on board the group's Hong Kong-bound plane.

Star George Michael, pictured with his parents

By DAVID WIGG

Jack and Lesley Pates (above, left) said : " I like my parents travelling with me. I feel I owe them that.

" The closeness we have as a family has prevented me from ever feeling lonely in spite of the pressures of this business," he added.

Andrew Ridgeley was just as keen to have his parents Albert and Jenny (right) along too.

After playing two concerts

in Hong Kong, the entourage will move on for the first visit of a Western group to Communist China.

A lavish banquet in their honour is to be held in Peking on Friday night.

The historic tour is being filmed by top British director Lindsay Anderson.

G e o r g e, 21, enthused : " We need to have it caught on celluloid because we can hardly believe it's happening. We are overjoyed about being allowed into China. It's a fantastic coup."

Auf Langstreckenflügen hielt George seine Haare immer mit einem Teekannenwärmer in Form.

Das Saxophonintro von »Careless Whisper« sorgte tatsächlich sogar für lautes Geschrei! Das denkwürdigste Bild unserer Reise war am Ende noch ein wenig ergreifender: George und ich posierten auf der Chinesischen Mauer mit einem drei- oder vierjährigen Jungen in Militäruniform, mit Offiziersmütze auf dem Kopf. Besser hätte man die Welten, die zwischen uns lagen, wohl nicht festhalten können. Und genau diese kulturelle Kluft war es wohl auch, die die mediale Fantasie auf der ganzen Welt anregte. Vielleicht hatte unser Trip keinen unmittelbaren Einfluss auf unsere Plattenverkäufe, doch er sorgte dafür, dass Wham! sich zu einem anscheinend globalen kulturellen Phänomen mauserten.

Ich kehrte erfüllt von der Dankbarkeit heim, dass wir die Freiheit besaßen, uns selbst Ausdruck zu verschaffen. Die Reise nach China hatte sich angefühlt wie eine Reise zum Mond.

Leider gelang es Lindsay Andersons Film nicht einmal im Ansatz, irgendetwas von dem Erhofften festzuhalten. George und ich waren wie immer spät dran für eine Vorführung im kleinen Kreis. Der Titel des Films lautete *If You Were There*. Wir hätten ihn uns sparen können. Es trat genau das ein, was ich befürchtet hatte: ein künstlerisch einwandfreier, trostloser Blick auf das Leben in einem kommunistischen Land, statt einer aufregenden Doku über die Abenteuer einer westlichen Popband in China. Für uns war es einfach ein reiner Flop, also taten wir den Film als misslungenes Projekt ab, das dringend überarbeitet werden musste. Ton und Stil zeigten so wenig Verständnis vom eigentlich Notwendigen, dass man, sollte er tatsächlich eines Tages veröffentlicht werden, im Grunde mit dem ursprünglichen Material von vorn beginnen musste.

Es war wirklich schade um ein schönes Projekt, aber noch lange nicht das dicke Ende unseres Trips nach China: Schließlich waren da ja noch die Kosten. Wir hatten nicht nur für alles bezahlt, sondern mussten auch noch feststellen, dass all unser eingenommenes Geld in China bleiben würde, da die Behörden jedwede Überweisung an Ausländer untersagten. Uns wurde stattdessen die Lieferung einiger hundert Arbeiterfahrräder angeboten, die wir jedoch höflich ablehnten.

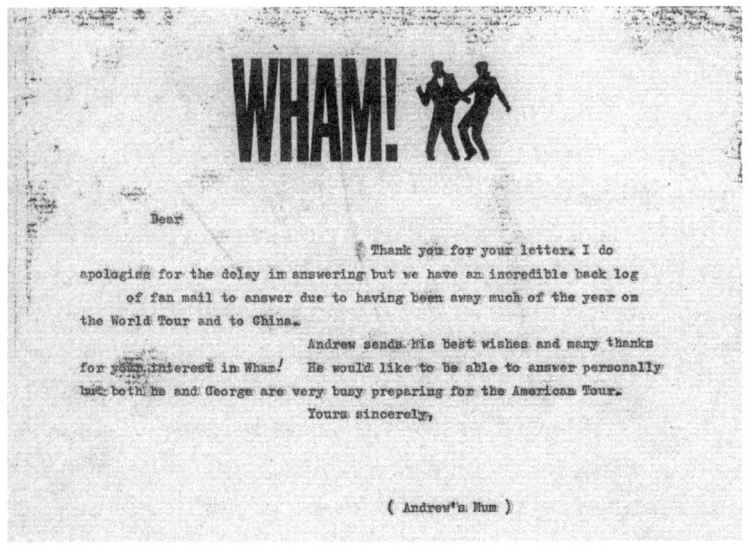

22

Come Together –
Stars unter Stars

George konnte mir mit seinem Gesang wirklich eine Gänsehaut verpassen. Einen Vorgeschmack davon hatte ich beim Schreiben und Aufnehmen von »Wake Me Up Before You Go-Go« bekommen, doch bei unserer *Big*-Tour machte seine Entwicklung als Sänger und Songwriter noch einen weit mächtigeren Satz nach vorne. All das lag anscheinend auch an seinem wachsenden Selbstbewusstsein. Er war noch nicht vollkommen ausgereift, aber die Leute begriffen langsam, dass man mit ihm rechnen musste. Ganz besonders in Amerika.

Als wir zum ersten Mal nach Amerika reisten und in TV-Sendungen wie *American Bandstand* und *Solid Gold* auftraten, machte es bei Musikjournalisten und Fans augenblicklich klick. Man empfing Wham! mit offenen Armen als reine Popband, ohne all die Probleme, die uns die sozialkritischeren Texte von »Wham Rap!« und »Young Guns« in England eingebracht hatten. Und besonders nach dem Platz-1-Erfolg von »Careless Whisper« in den Staaten hatte man George als aufstrebendes Songschreibertalent auf dem Radar.

Sein Ruf eilte ihm derart voraus, dass er sogar zum fünfzigs-

ten Geburtstag des Apollo Theatres in Harlem, New York, auftreten durfte. Der legendäre Veranstaltungsort war dafür berühmt, Shows mit unglaublichen Künstlern wie Aretha
Franklin, Otis Redding, Marvin Gaye und James Brown veran-
staltet zu haben, die dort sogar ein paar Livealben aufgenommen hatten. Die Setlist jener Galashow las sich wie ein *Who is
Who* des Showgeschäfts: Stevie Wonder, Diana Ross, Little Richard, Al Green, Joe Cocker, Rod Stewart und viele mehr soll-

END OF THE BIG TOUR PARTY

Sunday 3rd March
You and one guest are invited
to help participate in the
festivities to end three months
of hard graft around the world.
at
Legends, 29 Old Burlington Street, London W1.
Admittance by invitation only · don't leave it at home.

from
Dress: Decently
9.30 pm onwards

ten während der sechsstündigen Show auftreten, deren Erlös ebenfalls an die Opfer der Hungersnot in Äthiopien ging. Und unter ihnen war nun auch der einundzwanzig Jahre junge George für Duette mit Smokey Robinson und Stevie Wonder eingeplant. Ich glaube nicht, dass er zuvor schon einmal mit je- jemandem von einem solchen Kaliber gesungen hatte. Ich sah ihm – umgeben von zahlreichen A-Promis von einer der Logen aus – dabei zu, wie er eine makellose Performance hinlegte, und Stevie Wonders Klassiker »Love's In Need Of Love Today« mit seinem ganz eigenen, samtigen Stil und Charakter durchzog. Die beiden sangen abwechselnd die Zeilen und George bekräf- tigte mich in meiner festen Überzeugung, dass er all diesen Be- rühmtheiten, mit denen er an jenem Abend die Bühne teilte, in nichts nachstand.

Er war fantastisch. So gut, dass es selbst mich noch über- raschte. Seine Darbietung von »Careless Whisper« mit Smokey Robinson klang unglaublich. Plötzlich kam es mir so vor, als wäre ich nicht mehr der Einzige, der das Ausmaß von Georges

255

Talent wirklich begriffen hatte. Nun konnte es jeder sehen und der Abend rief mir erneut ins Gedächtnis, dass Wham! für George nur ein Schritt auf seinem Weg war. Er näherte sich langsam seinem Höhenflug, der schon immer in ihm gesteckt hatte. Jenseits von Wham! gab es nur die Schranken, die er sich selbst auferlegte. Die Menge erhob sich zu stehenden Ovationen für Georges meisterliches, gospelgetränktes Duett mit Stevie Wonder, und es bestand kein Zweifel mehr, dass wir uns in Gegenwart von wahrhaftiger Größe befanden. George hatte einen riesigen Sprung nach vorne gemacht. Aber auch das war erst der Anfang.

Zwei Monate später, am 13. Juli 1985, war George zurück in London, um die größte Bühne zu betreten, auf der er je aufgetreten war. Das Wembley-Stadion war für Live Aid bis auf den letzten Platz gefüllt. Nach dem grandiosen Erfolg von Band Aid hatten Bob Geldof und Midge Ure noch einmal all die Großzügigkeit und Durchschlagskraft des Projektes mobilisiert, um ihr Event in die größte Charity-Show aller Zeiten zu verwandeln. Auch auf der anderen Seite des Atlantiks, in Philadelphia, platzte ein weiteres Stadion aus allen Nähten.

Mir wurde schon allein vom Gedanken an den schieren Aufwand schwindelig, den dieses unfassbare Line-up mit all seinen Rock- und Popgrößen jenes Tages gekostet haben muss.

In London spielten unter anderem die Boomtown Rats, Spandau Ballet, Nik Kershaw, Sting, U2, die Dire Straits, Queen, David Bowie, The Who, Elton John und Paul McCartney. In Philadelphia war die Liste nicht minder hochkarätig. Das Publikum im JFK-Stadion freute sich auf Acts wie die Four Tops, Black Sabbath, Run-D.M.C., Madonna, Bryan Adams, Simple Minds, die Beach Boys, Tina Turner, Tom Petty, Neil Young, Eric Clapton, Bob Dylan und einige Mitglieder der Rolling Stones.

Der größte Coup auf amerikanischer Seite war jedoch vermutlich ein Auftritt der speziell für diesen Anlass noch einmal zusammengekommenen Band Led Zeppelin. Sie hatten sich 1980 nach dem Tod ihres Drummers John Bonham aufgelöst, aber für die Reunion Phil Collins hinters Schlagzeug geholt.

Ich war seit der Schulzeit ein riesiger Fan, denn George hatte von einem Freund seiner Familie den gesamten Backkatalog der Band geschenkt bekommen. Und da ich selbst ein wenig Gitarre spielte, bewunderte ich Jimmy Pages Musikalität und Sound. Zu meinem eigenen Erstaunen damals hatte ich Page sogar einmal während der *Big*-Tour persönlich kennengelernt. Ich saß gerade backstage, als es an meiner Garderobentür klopfte. Es war unser nun etwas nervös wirkende Tour-Director, Ken Watts.

»Ähm, Andrew«, sagte er. »Das klingt jetzt vielleicht etwas merkwürdig, aber Jimmy Page ist mit seiner Tochter hier und lässt fragen, ob du vielleicht kurz Hallo sagen könntest.«

Mir schwirrte der Kopf. *Jimmy Page wollte mich treffen.* Augenblicklich vergaß ich, wer bei ihm war und was um Himmels willen er hier zu suchen hatte. Ich hörte nichts mehr, ich konnte nicht mehr klar denken, ich konnte einfach nicht fassen, dass eine Ikone der Rock-'n'-Roll-Geschichte, ein Gitarrengott, da draußen vor der Tür stand. Ich riss mich zusammen, ging hinaus und stand tatsächlich Jimmy gegenüber, der geduldig neben seiner Tochter wartete. Er war es tatsächlich – das Ganze war kein Aprilscherz.

Oh Mann. Oh Mann. Oh Mann … dachte ich. Das ist Jimmy Page.

Und plötzlich wurde mir etwas Furchtbares klar: *Oh mein Gott, ich kann nicht glauben, dass man ihn ausgerechnet zu einem Wham!-Konzert mitgeschleift hat. Das muss vermutlich das Letzte sein, was er sehen will …?* Doch nun gab es kein Zurück mehr. Ich schüttelte seine Hand und grinste wie ein Idiot.

»Meine Tochter ist ein riesiger Fan von euch«, sagte er und lächelte zurück. »Das ist wirklich nett von dir, dass du dir Zeit für uns nimmst.«

Ich fühlte mich wie in einem Paralleluniversum. Ich, ein einundzwanzigjähriger Jungspund, der in einer Band spielte, die für luftige Pop-Hooks und clubkompatible Tanznummern bekannt war, wurde von einem der größten Rockgitarristen aller Zeiten mit unterwürfiger Höflichkeit behandelt. Ich konnte oben nicht mehr von unten unterscheiden. Und nachdem er Wham! neunzig Minuten lang live über sich hatte ergehen lassen müssen, nahm ich an, dass es dem Hohepriester des höllischen Blues genauso ging. Zumindest würde sich diese Szene bei Live Aid nicht wiederholen, da Led Zep in Philadelphia auftraten. Meine Gefühlslage allerdings war ähnlich, als ich mit George in Wembley eintraf. Für mich ging mit dem Auftritt dort eine Art Kindheitstraum in Erfüllung, trotzdem schämte ich mich ein wenig. Gegen Namen wie Queen, Paul McCartney und The Who wirkten wir wie Newcomer, die frisch aus den

Windeln waren. Es schien völlig absurd, uns dieselbe globale Bühne zu geben wie diesen weltberühmten Acts. Und zusätzlich fühlte ich mich deplatziert, da ich bei Live Aid noch nicht einmal performen würde – zumindest nicht offiziell.

George war eingeladen worden, um gemeinsam mit Elton John »Don't Let The Sun Go Down On Me« zu singen. Ich würde auf der Bühne nur mit den Backing-Vocals helfen. Und so kam ich mir die längste Zeit des Tages wie das fünfte Rad am Wagen vor. Doch gleichzeitig war mir bewusst, wie wichtig wir für den guten Zweck waren. Ziel der Show war es, so viele Spenden wie möglich für die Hungerleidenden in Äthiopien zu sammeln, und Bob und Midge wussten, dass ein breitgefächertes Line-up unterschiedlicher Genres das größtmögliche internationale Bewusstsein und Interesse erzeugen würde, und somit auch den Erlös maximierte. Wham! waren mittlerweile so angesagt, dass unsere Teilnahme, neben Bands wie Duran Duran, dafür sorgte, dass Live Aid auch den jüngeren Fans gefiel. George und ich wollten unbedingt mit allem, was in unserer Macht stand, helfen.

Bob Geldof schwirrte hinter der Bühne herum, um alte Freunde zu begrüßen und sich jedem vorzustellen, den er bis dato noch nicht getroffen hatte. Uns allen war klar, dass seine Energie unaufhaltsam war, er riss auch die dickköpfigsten Persönlichkeiten mit sich. Kein Promi, und sei er auch noch so bekannt, würde ihn davon abbringen, diesen Job zu erledigen. Auch wenn er dem Publikum mit dem erhobenen Zeigefinger im Gesicht herumfuchtelte und rief: »Gebt uns euer verdammtes Geld«, so war er doch etwas sanfter und höflicher, als er auf mich und George zukam. Der Effekt war derselbe.

»Danke fürs Kommen, Jungs«, grüßte er uns, bevor er mich augenblicklich zum Mitmachen animierte. »Weißt du, es wäre großartig, wenn du mitkommen und deinen Teil beitragen würdest, Andrew. Geh ins Fernsehen und bitte die große britische

Nation um etwas Geld!« Ich zögerte keine Sekunde, denn mir blieb auch gar nichts anderes übrig! Er war einfach unwiderstehlich. Er hatte diesen Abend mit seiner rastlosen, unermüdlichen Kraft so sehr vorangetrieben, dass es unmöglich war, nicht vom körperlichen, emotionalen und organisatorischen Aufwand überwältigt zu werden, den all das gekostet haben musste.

Wir freuten uns darauf, kurz nach Anbruch der Dunkelheit auf die Bühne zu kommen, und so verging der Tag in einem atemlosen, staunenden Nebel. Im Grunde war mein Spendenaufruf für das Fernsehen eine kurze Pause von der Reizüberflutung, die von überall auf uns hereinprasselte. Wohin man auch sah, wartete eine weitere, sonst nur aus der Ferne bewunderte Legende: Bowie, Freddie Mercury, Bryan Ferry.

Was seine Performance anging, war sich George sicher, dass er den Erwartungen gerecht werden würde. Er war zwar aufgekratzt und fühlte sich geehrt, mit Elton John singen zu dürfen, aber war trotzdem meilenweit vom Glauben entfernt, in derselben Liga zu spielen. Auch wenn er mit dem Ivor Novello Award und der Apollo-Theatre-Performance einige Schritte in diese Richtung getan hatte, betrachtete er diese Größten der Musikindustrie eher als Helden denn als Ebenbürtige. Aber ihm war bewusst, dass er einige Leute mit seinem Live-Aid-Auftritt überraschen konnte – immerhin wurde er live vor Milliarden Menschen in die ganze Welt übertragen. Im Vergleich zu manch anderen Bands des Abends, das wussten wir, schienen Wham! jenseits der Teenies im Publikum ein Fliegengewicht zu sein. George betrachtete sein Duett mit Elton als Chance, mit seinem Gesang ein wenig Furore zu machen. Natürlich war es das oberste Gebot, möglichst viele Spenden zu sammeln, doch wenn obendrein noch jemand dachte: »Wow, der Wham!-Junge kann ja wirklich singen …«, dann umso besser. Und »Don't Let The Sun Go Down On Me« war der perfekte Song dafür. Er steckte in Georges musikalischer DNA. Hätte er eine Liste der »Songs, die mich geprägt haben« anfertigen sollen, wäre dieser mit Sicherheit dabei gewesen, darüber hinaus war er für seine Stimmlage ideal. Die Bühne war bereit für eine von Georges denkwürdigsten und wichtigsten Performances.

George und ich lugten von hinten durch den Vorhang, und der Anblick war einfach unglaublich: ein schier endloser Ozean aus zweiundsiebzigtausend glücklichen Menschen. Die Atmosphäre im Publikum war einzigartig. Wenn Bands wie Queen oder die Rolling Stones in Wembley spielten, hatte das etwas von einem Gottesdienst – die Gläubigen versammelten sich, um eine heiß geliebte Band zu hören. Und heute ging es um so viel mehr als nur Musik. Ein Gefühl der Einheit und des Zusammenhalts machte das Konzert intensiver als alle Events, die ich je besucht hatte. Und mir wurde gleichzeitig klar, dass ich nie vor einem größeren Publikum gestanden hatte. Als sich Eltons Duett mit Kiki Dee (»Don't Go Breaking My Heart«) dem Ende näherte, war die Aufregung einfach überwältigend.

»Ich möchte euch einen Freund von mir vorstellen, der nun eines meiner Lieder singen wird«, begann Elton. »Ich bewundere ihn sehr, ganz besonders für sein musikalisches Talent. Also, ab auf die Bühne«, er führte George zum Klavier, »Mr. George Michael … und Mr. Andrew Ridgeley.«

Die Geräuschkulisse war unglaublich, tosender Applaus und Geschrei erhoben sich, als George zum Mikrofon ging und erklärte, »Don't Let The Sun Go Down On Me« sei einer seiner Lieblingssongs von Elton John. Ich gesellte mich hinter ihnen zu Kiki Dee, während John die ersten Noten des Songs anschlug, der eine meisterliche Gesangsdarbietung erforderte. George segelte schier durch die Melodie und zeigte aller Welt, wozu er im Stande war. Für mich waren George und Freddie Mercury die zwei größten britischen Sänger aller Zeiten. Bei

Live Aid konnten sich Milliarden von Menschen selbst davon überzeugen.

Die Bühne gehörte George. Als die Menge in den Refrain mit einstimmte, schien er vor ihren Augen als neuer Künstler aufzutauchen. Die Energie des Wembley-Stadions brach über uns herein. Und als Bob und Midge alle Teilnehmer für eine Gruppendarbietung von »Do They Know It's Christmas?« auf die Bühne baten, pumpte das Adrenalin noch immer durch meinen Körper. Als wir die Bühne wieder betraten, drehte ich mich um, und bemerkte hinter uns Künstler wie David Bowie, Elton, Roger Daltrey, Sting und Mark Knopfler. Ich sah mich um und klammerte mich an das Textblatt, das man mir in die Hand gedrückt hatte, falls ich den Text vergessen sollte. Verständlich – zumal ich es ja fertiggebracht hatte, die ursprüngliche Aufnahme des Songs zu verpassen.

Plötzlich fand ich mich zwischen Paul McCartney und Bono wieder, und genau wie bei meinem Treffen mit Jimmy Page ein Jahr zuvor, kam mir die gesamte Erfahrung wie ein merkwürdiger, existenzieller Taumel vor.

»Den nächsten Song kennt ihr vermutlich«, sagte Bob, und gab das Zeichen für die ersten Akkorde von »Do They Know It's Christmas?«: »Das geht jetzt vielleicht in die Hose, aber wenn man es schon vermurkst, dann wenigstens vor zwei Milliarden Zuschauern. Also, vermurksen wir es zusammen …«

Der Ausblick war unglaublich, ein schier endloses Menschenmeer, das wie ein einzelner Organismus hin und her wogte, doch was neben mir geschah, war ebenso surreal. Da war plötzlich Freddie Mercury, der mir einen Arm um die Schulter legte, während wir den Band-Aid-Refrain abwechselnd sangen. »Feed the World! Let them know it's Christmas time …« Live Aid war von Anfang bis Ende eine einzige Party. Bandzwiste und kreative Differenzen waren vergessen, Egos

wurden für den Moment auf Eis gelegt. Es kam nicht auf die einzelnen Auftritte an, auch nicht auf den »Murks«. Ganz offensichtlich war allen Künstlern klar, dass sie Teil von etwas wirklich Großem waren.

Die Tatsache, dass ich mir gerade mit Freddie Mercury ein Mikrofon teilte, ließ sich dadurch trotzdem nicht leichter begreifen. Queen war Teil des Soundtracks meiner Jugend und zahlloser Nachmittage mit George, und ich konnte nur daran denken, wie sehr ich ihm sagen wollte, was mir die Musik seiner Band bedeutet hatte. (*Freddie, ich hab dich '79 im Ally Pally gesehen, du warst absolute Spitzenklasse ... Und ich bin auch zu deiner Show im Earls Court gekommen ...!*) Doch der Moment kam nicht. Ich bekam auch nie eine zweite Chance, um ihm zu sagen, wie viel mir Queen in meiner Teenagerzeit bedeutet hatten. Als das Live-Aid-Kollektiv von der Bühne geführt wurde, verließ Freddie über den linken Aufgang die Bühne und verschwand dann aus meinem Blickfeld.

Und ich wusste, dass George, zumindest in Bezug auf mich, bald dasselbe tun würde.

23

The End of a Party –
die Entscheidung, aufzuhören

Georges unvergesslicher Auftritt bei Live Aid und der Erfolg, den wir bereits bei einer Handvoll von Auftritten in Amerika vorweisen konnten, ließen uns frohen Mutes eine Reihe Stadionkonzerte planen. Die Whamamerica!-Tour würde uns im August und September nach Illinois, Toronto, L.A., Oakland, Houston, Miami, Philadelphia und Pontiac führen. *Make It Big* war zu der Zeit bereits mehrfacher Platinerfolg, und wir wollten unbedingt in Locations vor bis zu fünfzigtausend Zuschauern spielen. Von all den Zielen, die wir uns gesetzt hatten, war die Eroberung Amerikas sicherlich die schillerndste Trophäe. Allerdings wäre es nicht einfach, die amerikanischen Promoter davon zu überzeugen, Stadien für eine Band zu buchen, die jenseits des großen Teiches kaum Tourerfahrung vorzuweisen hatte – ganz gleich, wie erfolgreich sie weltweit war. Um es trotzdem zu schaffen, ließen sich unsere US-Agenten etwas Cleveres einfallen. Sie fanden heraus, in welchen Regionen sich unsere Platten am besten verkauft hatten, und boten dort Optionen auf Tickets für unsere Shows an, um zu zeigen, dass wir selbst die riesigen Hallen füllen würden. Der Plan ging auf, und als die Stadien erst einmal gebucht waren, verkauften sich zehntausende Tickets binnen weniger Stunden nach der jeweiligen Ankündigung.

Und nicht nur unsere Fans wollten uns sehen. Wham! hatten mittlerweile derart Furore gemacht, dass sogar einige große Namen zu unseren Konzerten kamen.

Im Hollywood Park kam Stevie Nicks von Fleetwood Mac, um uns zu sehen, wurde jedoch unglaublicherweise von einem unserer Securityleute abgewiesen, was zu einer unschönen Szene führte. Es gab einen Aufruhr, und ich wurde hinzugezogen, um die Situation zu beschwichtigen. Ich sorgte dafür, dass Stevie in den Backstagebereich gelassen wurde und sich das Konzert ansehen konnte und tat mein Bestes, um die Künstlerin zu beruhigen, die für mich persönlich eine Göttin war. Leider muss man sagen, dass Stevie bereits mehr als müde und aufgewühlt war, sodass ich mir nicht sicher bin, ob ich darin erfolgreich war.

Andere Promitreffen glückten wesentlich besser. In Miami kamen die Bee Gees zu unserer Show und luden uns für den nächsten Tag zum Abendessen ein. Später führten sie uns durch das Studio, in dem sie den Soundtrack zu *Saturday Night Fever* aufgenommen hatten. Wenn man unseren minderjährigen Ausflug ins Empire-Kino in Watford und die zahllosen Stunden bedachte, in denen wir uns ihre Musik angehört hatten, kann man sich wohl vorstellen, wie aufregend dieser Tag für uns beide war, an dem wir ihren Geschichten lauschen durften.

Für mich persönlich aber war das Beste an der Tour, wieder Zeit mit George zu verbringen. Wir amüsierten uns prächtig. Die täglichen Späße und unser Lachen während Whamamerica! erinnerten mich an unsere Schulzeit. Auf Tour verbrachten wir unsere gesamte Zeit miteinander, wir lösten gemeinsam Probleme, und immer wieder gab es Momente, in denen wir uns einen Blick zuwarfen, der sagte: *Wie zur Hölle sind wir hier gelandet?* Bei einem Promotermin einer Plattenfirma mussten wir zum Beispiel mal mit Models posieren, die aus irgendeinem unerfindlichen Grund Flamingokostüme trugen.

Selbst die Reise durch Amerika fühlte sich surreal an. Für die Anreise zum Konzert in Hollywood Park hatte der Promoter uns eine Fahrt in einer Stretchlimousine mit getönten Scheiben arrangiert. Gekrönt wurde dieser Trip von der dazugehörigen Polizeieskorte. Wir wurden von vier Fahrzeugen flankiert, deren Insassen mit Aviator-Sonnenbrillen und engen Uniformen aussahen, als seien sie geradewegs der Serie CHiPs entsprungen, sie wechselten sich jeweils ab, Gas zu geben und vor uns den Weg frei zu machen. Geschützt vor neugierigen Blicken, kringelten George und ich uns vor Lachen auf dem Boden und konnten nicht glauben, wie grotesk das alles war.

Da wir nun wieder auf engstem Raum zusammen waren, kamen all die Insiderwitze zurück, die wissenden Blicke und bissigen Kommentare. Nicht, dass sie je ganz weg gewesen wären, doch wenn wir nicht mit Wham! unterwegs waren, sahen George und ich uns nicht mehr so häufig wie früher. Ab und an gingen wir noch zusammen aus, doch die meiste Zeit, die wir miteinander verbrachten, spielte sich bei Aufnahmen im Studio oder bei Promoterminen ab. Auf Tour waren wir zwei wieder viele Stunden ununterbrochen zusammen, sodass die einfache Verbundenheit und das wortlose Verständnis unserer Schulzeit schnell zurückkehrten. Allerdings verdarben uns diesmal keine Hausaufgaben den Spaß.

Dass unsere Freundschaft in ihren Grundfesten intakt blieb, war für George vielleicht noch wichtiger als für mich. Er schaute den Touren nie so enthusiastisch entgegen wie ich. Er mochte es nicht, von zu Hause weg zu sein, und musste weitaus mehr tagtägliche Anforderungen erfüllen. George wurde immer mehr Aufmerksamkeit zuteil, und allmählich gab er dem Druck nach, immer mehr Interviews zu geben oder Auftritte zuzu-

sagen. Zum Glück redete George gerne, und er war auch gut darin. Wenn wir zusammen Interviews gaben, war es für mich manchmal schwer, zu Wort zu kommen, doch im Grunde ließ ich ihn gerne weiterplaudern.

George schien so beflügelt vom Erfolg der Amerika-Tour, dass meine Ansichten schlichtweg überflüssig waren, zumal er offen über die Möglichkeit eines dritten Albums sprach. »Wir werden einfach weitermachen und etwas ganz anderes ausprobieren«, sagte er auf MTV. Er klang so, als sei er nun, mit der Qualität unserer tourenden Band im Rücken, zu mehr Spontanität bereit. »Also, ich würde Teile des neuen Albums gern live aufnehmen und bei allem mehr … ich weiß auch nicht … *Risiko eingehen.*«

Ich hatte nicht den Hauch eines Zweifels, dass das ihm vorschwebende Album das Potenzial hatte, Wham! zu einer der größten Bands aller Zeiten zu machen – doch leider wurde daraus nichts.

Stattdessen begann nun die finale Runde. Und obwohl wir bei Whamamerica! so viel Spaß miteinander gehabt hatten, sagte er mir später im Vertrauen, dass ihm diese Zeit besonders schwergefallen war. Wir beide machten uns Gedanken über die Zukunft.

Wir hatten alles erreicht, was wir uns erhofft hatten, und das rasant. Das überwältigte uns manchmal – allem voran das Tempo, mit dem wir Amerika erobert hatten. Während wir über den US-Highway tourten, wurde mir klar, dass all meine jugendlichen Träume während unseres ersten Gigs mit The Executive nun in Erfüllung gegangen waren. Es gab keinen Raum mehr nach oben.

Ich wusste, dass George fast an dem Punkt angekommen war, an dem er sich eine Solokarriere zutrauen würde. Er war aus seinen musikalischen Kinderschuhen beinahe herausge-

wachsen. Und mit *Fantastic, Make It Big,* unseren Tourneen, Live Aid und dem Apollo-Auftritt hatte er ein ausreichend großes Sprungbrett, um George Michael zu werden, der vielfach mit Platin ausgezeichnete Solo-Superstar und Grammy-Gewinner. Während diese Figur heranwuchs, beobachtete ich auch seine äußerlichen Veränderungen. Die Fila-Shorts, Crop Tops und Baseballkäppis waren nur noch eine vage Erinnerung. Stattdessen gehörten nun enge Jeans und weit ausgeschnittene T-Shirts zu seinem Styling, dazu eine Bikerjacke und ein perfekt getrimmter Stoppelbart. Dieses neue Styling stand ihm fantastisch. Trotzdem war es weit von dem Menschen entfernt, der er wirklich war. Als wir in den späten Siebzigern anfingen, miteinander Musik zu machen, war er ein unbeholfener, pummeliger und vor allem unsicherer Junge gewesen. Er war in Bezug auf seine Sexualität verwirrt und hielt sich für unattraktiv. Es brauchte lange und viel Arbeit, um dieses Selbstbild abzulegen, doch die Kunstfigur, die er für die Öffentlichkeit erschaffen hatte, gab George nicht gerade viel Raum, um hinter den Kulissen sein wahres Ich zu entwickeln.

Er wollte mit allen Mitteln sein eigenes Potenzial ausschöpfen, aber das hatte seinen Preis. Er war ein junger Mann, der sich selbst noch finden musste, und sein alles überragender Ehrgeiz hinderte ihn unter anderem daran, seine Sexualität öffentlich auszuleben.

Seine Entscheidung, sich nicht zu outen, heizte die Gerüchteküche um sein öffentliches Image weiter an. Was dies wirklich für George bedeutete, kann ich nicht sagen, nur dass er sich mit dem zusätzlichen Interesse nach dem großen Durchbruch von Wham! nie wirklich wohlgefühlt hat. Nicht nur stand er dadurch unter Druck, Hits zu schreiben und zu performen, auch sein Privatleben wurde bis ins kleinste Detail durchleuchtet. Jeder wollte wissen, wer die beiden Jungs von Wham! wirklich waren. Sie fragten uns über unsere Freundschaft aus, als hofften sie, auf versteckte Reibereien und Streit zu stoßen. Sie befragten uns zu unseren Familien. Sie wollten alles über die Mädchen und die angeblichen Partys wissen, vor denen wir uns ihrer Meinung nach gar nicht retten konnten. Das war wohl normal bei einer Band, die von öffentlichem Interesse war, doch da George seine sexuelle Orientierung unter allen Umständen für sich behalten wollte, bescherte ihm das ganze Theater noch mehr Stress, mit dem er klarkommen musste. Dabei lag es eigentlich ohnehin in seiner Art, Privates für sich zu behalten. Ich für meinen Teil habe während unserer Zeit als Band keinen seiner Freunde kennengelernt. George fürchtete, ein öffentliches Coming-out während Whamamerica! könnte seine Chancen ruinieren, mit Künstlern wie Madonna oder Michael Jackson in den Staaten konkurrieren zu können. Zusätzlich machte er sich Sorgen um die aufkommende Aids-Epidemie. Heute weiß ich, dass ich nicht der einzige Freund war, der sich in jener angstvollen Zeit Sorgen um George machte. Als man George schließlich so sehr in Bedrängnis gebracht hatte, dass er 1998 über seine Sexualität sprechen musste, hatte er 1993 bereits den Verlust seines an Aids verstorbenen Partners Anselmo Feleppa verkraften müssen. George war am Boden zerstört gewesen, hatte es jedoch nicht fertig gebracht, öffentlich darüber zu sprechen. Vielleicht wäre einiges anders gekommen, hätte er dies schon früher getan.

Zu der Zeit war ich noch der Meinung, dass es eigentlich für George nicht problematisch wäre, öffentlich zu seiner Sexualität zu stehen. In der britischen Popmusik und der Plattenindustrie gab es so viele homosexuelle Menschen, dass die Nachricht wohl keine großen Wellen schlagen würde, und der hundertprozentigen Unterstützung seiner engsten Freunde konnte er sich ohnehin sicher sein. Im Nachhinein betrachtet sehe ich das gänzlich anders. Ich hatte zu dem Zeitpunkt bereits selbst so viel negative Aufmerksamkeit vonseiten der Presse über mich ergehen lassen müssen, dass mich zwischenzeitlich jeder Blick in die Zeitung deprimiert hatte. Aus diesem Grund las ich schon lange keine Klatschblätter mehr und hatte dementsprechend auch keine Ahnung, wie furchtbar ihre Einstellung gegenüber Schwulen sein konnte. Ich vermute, dass man sich auf George, hätte er die Wahrheit eher öffentlich gemacht, ab da an ausschließlich mit einer einleitenden Anmerkung zu seiner Sexualität bezogen hätte:»Schwulenikone«,»schwuler Sänger« oder »schwuler Star«. Natürlich war ihm seine Sexualität wichtig, aber er hätte sicher nicht gewollt, dass sie jedes Mal erwähnt wurde, wenn jemand über seine neue Platte schrieb. Seit den Achtzigern hat sich einiges verändert.

Für das, was George als Nächstes vorhatte, mussten die Voraussetzungen in Bezug auf seine Kreativität und die Nachfrage nach seinen Songs perfekt sein. Das Letzte, was er wollte, war ein lüsternes, herablassendes Interesse an seinem Privatleben. In Retrospektive bin ich froh über meine damalige Naivität hinsichtlich Georges Dilemma. Zwischen uns beiden spielte das Ganze keine Rolle. Jedoch hatte Georges Unwohlsein gegenüber dem unbarmherzigen öffentlichen Auge Auswirkungen auf das Ende von Wham!.

Nachdem wir Simon und Jazz unseren Entschluss, Wham! aufzulösen, eröffnet hatten, blieb nur eine Entscheidung offen: Wie könnten wir die Wham!-Erfolgsstory bestmöglich zu Ende bringen? Eine Story, aus der so viele Welthits hervorgegangen waren. Wenn wir eine große letzte Welttournee ankündigten, das wussten wir, wäre die Ticketnachfrage riesig. Genau wie Simon und Jazz war ich der Ansicht, dass wir eine weltweite Abschiedstour machen sollten, um uns von unseren Fans in aller Herren Länder zu verabschieden und mit einem schillernden Feuerwerk aufzuhören. Ich liebte es, vor den Massen aufzu-

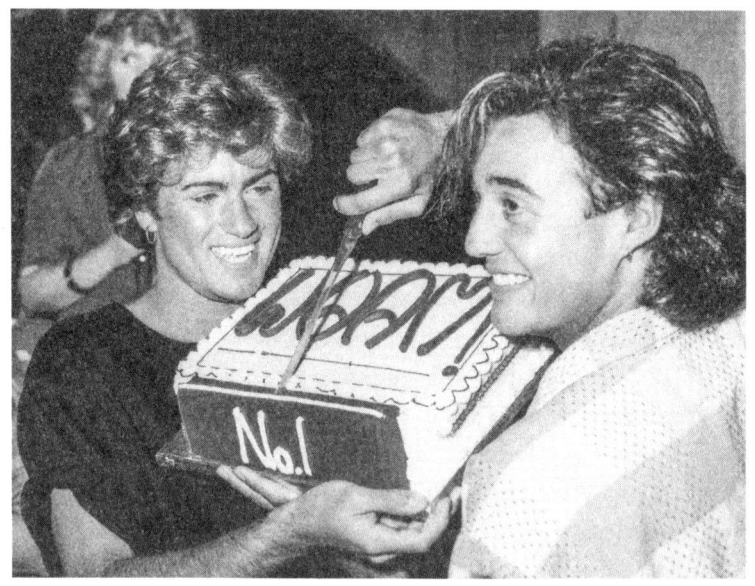

treten. Ich hätte ewig weitertouren können, doch davon wollte George nichts wissen.

»Ich will eine einzige Show«, sagte er, und wir schauten ihn verwirrt an. »Es kann nur einen Abschied geben, ein einziges Konzert, bei dem Wham! sich verneigt und geht.«

Damals fand ich das den Fans gegenüber unfair. Ich war der Ansicht, dass wir ihnen einen richtigen Abschied schuldig waren, all den Orten, die uns so herzlich und mit offenen Armen empfangen hatten: Australien, Amerika und Europa, um nur einige zu nennen. Doch George hatte dabei zwei Bedenken. Erstens konzentrierte er sich bereits auf seine Solokarriere und zweitens hatte er genug von seinem Wham!-Image. Der Charakter, den er für die Band spielen musste, tat ihm psychisch nicht gut – darunter litt er schon seit geraumer Zeit, und beschrieb Wham! später als Klotz am Bein. Gegen so starke Gefühle konnte man nicht argumentieren. Ich verstand die Entscheidung und akzeptierte sie. Das Einzige, was mir zu dieser

Zeit gegen den Strich ging, war die Auflösung eines Werbevertrags mit Pepsi über drei Millionen Dollar. Es ging um einen einzigen Spot und ich sah keinen Grund, den Vertrag nicht einzuhalten, doch George dachte wieder einmal über Wham! hinaus. Der Spot sollte achtzehn Monate lang ausgestrahlt werden, sodass Wham! weiterhin in den Köpfen bleiben würde, während er es solo schaffen wollte. Zuerst war ich wütend, als sich George weigerte, zumal wir mit dem Geld etwas von den Kosten hätten decken können, die eine einzige große Show mit sich brachte, doch am Ende sah ich etwas angefressen ein, dass wir es würden absagen müssen.

So kam es zu der Entscheidung, dass Wham! ein einziges Konzert im Wembley-Stadion spielen und sich selbst noch einmal zelebrieren würden, inklusive der Filmpremiere von *Foreign Skies*, der überarbeiteten, neu gefilmten und geschnittenen Dokumentation unserer Abenteuer in China, die vor Konzertbeginn auf den riesigen Leinwänden laufen würde. Dieses letzte Ereignis, das wir The Final tauften, war für den 28. Juni 1986 angesetzt. Jetzt hieß es nur noch, unseren Fans die Neuigkeiten beizubringen. Nachdem achtzehn Monate lang wild über Georges Ausstieg spekuliert worden war, wollten wir ihnen die Neuigkeiten auf unsere eigene Art beibringen. Aber Pustekuchen.

24

How Not To Be A Popstar – das Finale

Mir war klar geworden, dass ich aus dem Rampenlicht verschwinden wollte. Ich war den Stress leid, den das Leben in einer berühmten Popband mit sich brachte, und ich verachtete die Klatschpresse dafür, dass sie meine Privatsphäre auf Schritt und Tritt missachtete. Hinzu kam, dass ich zum ersten Mal seit zwei Jahren in einer Beziehung war. In Florida hatte ich das amerikanische Model Donya Fiorentino kennengelernt.

Damals war sie noch mit *Miami-Vice*-Darsteller Don Johnson liiert, doch zwischen uns hatte es sofort gefunkt. Dass wir bald ein Paar wurden, schien die Medien brennend zu interessieren, und so wurden wir ständig von Paparazzi belagert. Sie verfolgten Donya und mich auf Motorrädern durch halb London, so oft es ging. Hätte George sich für ein drittes Wham!-Album entschieden, hätte ich den Rummel vielleicht als notwendiges Übel ertragen, doch da in dieser Hinsicht nur noch unser Finale auf mich wartete, fehlte mir jedwede Geduld, und ich zählte nur noch die Tage.

Für George war meine Situation mit Donya eine Erleichterung. Auch auf ihm lastete der mediale Druck, doch nun kon-

zentrierte man sich so sehr auf mein Verhalten, dass George nun aus der Schusslinie war und in Ruhe seine Solokarriere planen konnte. Er war bei Wham! das Unschuldslamm, während man mich zum schwarzen Schaf erkoren hatte. Diese Situation kam ihm gut zupass. Während die Presse nämlich mit mir beschäftigt war, entging ihr die Wahrheit über seine sexuelle Orientierung. Dass George schwul war, war ein wohlbehütetes Geheimnis, doch da er nun häufiger in Schwulenclubs ging, zogen immer mehr Menschen daraus ihre eigenen Schlüsse. Innerhalb der Musikindustrie könnte ich mir vorstellen, dass Neil Tennant – der frühere *Smash-Hits*-Redakteur, der schließlich mit den Pet Shop Boys zum Popstar avancierte – einer derer war, die Bescheid wussten. Doch jenseits dieses engen Kreises blieb es ein Geheimnis, und auch wenn es George nicht unbedingt zerriss, diese Fassade aufrechtzuerhalten, zahlte auch er einen Preis dafür. George fühlte sich noch immer gefangen, und hatte manchmal Wutausbrüche. Einmal stritt er sich mit seinem Freund David Austin vor einem Club. Ein anderes Mal ging er auf einen Journalisten los und drückte ihn gegen eine Wand. Das Rampenlicht folgte ihm auf Schritt und Tritt, und dass er sein Privatleben so sehr unter Verschluss halten musste, bedeutete auch, dass der Frust manchmal hochkochte.

Zu Beginn unserer Karriere hatte ich gegen die Pressetermine nichts einzuwenden gehabt. Die Interviews über unsere Musik verliefen meist friedlich, und es störte mich nicht, bei den Fotoshootings für *Smash Hits* oder *Just Seventeen* Faxen zu machen, doch auch meine Laune kippte, wenn ich mit Fragen zu meinem Privatleben bombardiert wurde. Es war das eine, nach meinen liebsten Schokokeksen gefragt zu werden, aber etwas anderes, ständig von Paparazzi ins Restaurant und auf der Straße verfolgt zu werden. Natürlich kann man argumentieren, dass der Medienrummel beiden Seiten diente. Und natürlich war er von zentraler Bedeutung für Wham!s Erfolg gewesen. Ich verstand all das, doch das machte es auch nicht leichter, mit der unaufhörlichen Aufmerksamkeit klarzukommen, mit der wir 1985 leben mussten.

Wir hatten damals keine Berater. Wir waren Anfang zwanzig, wir waren berühmter, als wir es uns je hätten träumen lassen, und wir hatten keinen Mentor, der uns Ratschläge gab oder Tipps in petto hatte, was man in Interviews sagte und was eben nicht. Simon und Jazz warnten uns nicht davor, was passieren konnte, wenn man betrunken aus einer Disco stolperte, wie es mir einige Male passierte. Heute ist das alles offensichtlich, aber als wir mit Wham! anfingen, war ich neunzehn. Trotzdem hatten die Klatschblätter auf dem Gipfel unseres Ruhms alle mög-

lichen Spitznamen für mich. Sie nannten mich »Animal Andy«
oder »Randy Andy« – die meiste Zeit war es mir egal. Ich fand
es witzig, wenn mir völlig unbekannte Frauen meiner Leistung
im Bett zehn von zehn Punkten gaben. Doch als ich Donya
kennenlernte, meinte ich es ernst mit ihr und wollte unsere Beziehung von diesem Trubel fernhalten. Leider respektierten das
die wenigsten Redakteure, und man jagte uns so lange hinterher, bis es unsere Lebensqualität im Grunde zunichtemachte.
Ich schätze, ich hätte damals einfach einen klugen Kopf gebraucht, der mir durch den Dschungel als Person des öffentlichen Lebens geholfen hätte. Doch ich musste mich alleine
durchschlagen.

Ich reagierte unklug in Situationen, in denen ich mir einfach
auf die Zunge hätte beißen sollen: Ich wurde Journalisten gegenüber patzig und lieferte ihnen Munition, indem ich sichtlich
angeheitert von Partys wegtorkelte. Ich war also selbst mein
schlimmster Feind.

Im Nachhinein betrachtet war es naiv, anzunehmen, ich
könnte mein Privatleben von meinem öffentlichen Image trennen. Sie waren fest miteinander verbunden, ganz besonders, als
die Band zum wahrhaftigen Popphänomen wurde. Ich hätte die
Situation nicht vermeiden, sondern regeln müssen. Aber zum
Schluss waren Wham! so bekannt, dass wir nicht einmal mit
Journalisten sprechen mussten, um in die Schlagzeilen zu kommen.

Es reichte der Besuch einer Party oder eines Restaurants, um
in die Klatschspalten zu geraten. Eine Boulevardzeitung nahm
uns aufs Cover, einfach weil »Freedom« auf Platz eins gelandet
war.

Da sich Wham! dem Ende näherte, hatte ich absolut nichts
dagegen, ein wenig dem Rampenlicht zu entkommen. Doch
während George an seiner weiteren musikalischen Karriere
feilte, wollte ich mich nach Wham! als Rennfahrer versuchen.

Ich war schon lange ein Motorsportfan und hatte als Kind häufig im Fernsehen den Großen Preis von Großbritannien mitverfolgt. Ich liebte die schillernden Persönlichkeiten der Formel 1 der Siebzigerjahre, wie Emerson Fittipaldi, Jackie Stewart und James Hunt. Alle Rennen waren dramatisch und aufregend. Meine beiden Onkel waren begeisterte Rennsportenthusiasten und nahmen mich und meinen Bruder zu Treffen auf der Brands-Hatch-Rennstrecke mit. Dass mein Onkel Pete Rennfahrer im Club gewesen war, heizte mein Interesse als Junge zusätzlich an. Man hatte mich schon einmal zu einem Rennen im Celebrity Car der Renault-5-Championship eingeladen, wo es richtig gut lief, bis ich in der ersten Warm-up-Runde im Schlamm auf der Strecke ins Schleudern geriet und in die Begrenzung krachte. Mein Interesse fürs Rennfahren blieb nicht unbeachtet. Eine Promotionsfirma namens Two Four Sports fragte an, ob ich mich einmal im Einsitzer versuchen wolle, da sie der Meinung waren, meine Fähigkeiten reichten für den nächsten Schritt aus.

Zu der Zeit war das Rennfahren für mich eher eine aufregende Herausforderung als eine ernsthafte Karriere. Und obwohl Welten zwischen Wham! und der Rennstrecke lagen, war ich fest entschlossen, mein Bestes zu geben – alles andere wäre mit Blick auf die harte Arbeit des Teams und der Fahrer unfair gewesen. Leider fingen die Probleme schon an, bevor ich es überhaupt an den Start schaffte. Nach ein paar vielversprechenden Testfahrten sagte ich für eine volle Rennsaison zu, doch nachdem ich unterschrieben hatte, wurde ich darauf hingewiesen, dass es mir als Künstler – der im nächsten Sommer im ausverkauften Wembley-Stadion auftreten sollte – seitens meiner Versicherung verboten war, gefährliche Sportarten wie Skydiving, Skifahren oder, natürlich, Rennfahren auszuüben. Und so konnte ich in den drei Monaten vor unserem Final-Konzert keine Rennen fahren. Ein schlechter Start, von dem sich meine Ergebnisse im Laufe der Saison nicht erholen würden.

Trotzdem blieb ich meiner neuen Aufgabe verpflichtet und reiste Anfang 1986 zum Saisonbeginn für einige Testfahrten zum Circuit de Nogaro im Südwesten Frankreichs. Und dann, wie aus dem Nichts, geschah das Unfassbare. An einem kalten, feuchten Februarmorgen saß ich zum ersten Mal in meinem Rennwagen und blickte nervös auf die vor mir liegende Strecke. Eine dünne Eisschicht überzog den Asphalt, was die Gefahr eines Kontrollverlustes oder Unfalls zusätzlich erhöhte. Als ich mich gerade darauf vorbereitete, aus der Boxengasse an den Start zu rollen, lehnte sich ein Rennstreckenmitarbeiter zu mir ins Cockpit.

»Ähm, Mr. Ridgeley, da ist ein Anruf für Sie in der Kontrollstation. Es ist Ihr Anwalt aus London.«

Es war unfassbar – als wenn die Aussicht auf eine Fahrt mit irrsinnigem Tempo über eine zugefrorene Rennstrecke nicht stressig genug gewesen wäre, wurde ich nun auch noch völlig unerwartet von England her aus dem Konzept gebracht. Ich löste den Gurt und ging nach oben, wo ich die Neuigkeiten erfuhr: George hatte Simon und Jazz gefeuert. Nachdem sie von der geplanten Wham!-Auflösung erfahren hatten, hatten unsere Manager beschlossen, ihre Managementfirma für fünf Millionen Pfund an eine Firma zu verkaufen, die zum Teil dem südafrikanischen Geschäftsmann Sol Kerzner gehörte, dem Kopf hinter dem umstrittenen Sun City Resort. Als er das hörte, ging George an die Decke. Die Schlagzeile »WHAM! AN SUN CITY VERKAUFT« machte es nicht besser. Simon sagte später, er sei sich der Verbindung zur Apartheid in Südafrika nicht bewusst gewesen, und zu seiner Verteidigung muss man wohl sagen, dass dieser Verkauf ein seltener und für ihn untypischer Fehler war. Was uns anging, war es leider sein letzter. Und so steuerten wir plötzlich ohne jede Führung auf einen der wichtigsten Momente in unserer bisherigen Musikkarriere zu.

»Was wollen Sie nun tun?«, fragte der Anwalt nervös. »Sie warten auf Ihre Antwort …«

Ich war sprachlos. Eben war ich noch dabei gewesen, unter schlechtmöglichsten Bedingungen zum ersten Mal ein Formel-3-Auto zu fahren, und plötzlich wurde ich mit so einer Hiobsbotschaft überfallen. Ich fühlte mich auf einmal furchtbar niedergeschlagen. »*Was ich tun möchte?* Nun, ehrlich gesagt würde ich mich am liebsten in Luft auflösen! Ich brauche ein wenig Zeit zum Nachdenken.«

Am Ende überließ ich das Problem dem armen George, doch auch das hatte ungewollte Konsequenzen. Die Nachricht hinterließ eine Schneise der Verwüstung. Eine Pressemitteilung, die unsere Trennung von Simon und Jazz bekanntgab, wurde gleich als Auflösung der Band interpretiert. Und obwohl diese Annahme ja ausnahmsweise einmal der Wahrheit entsprach, durchkreuzte es unsere Pläne, die Band auf unsere eigene Weise aufzulösen. Die Schlagzeilen über unsere Trennung dominierten die Nachrichten, und George war gezwungen, mit der

Wahrheit herauszurücken. Er gab also zu, dass wir später im Jahr ein Abschiedskonzert geplant hatten. Zusätzlich durfte er auch noch meine Abwesenheit erklären.

»Unglücklicherweise war Andrew gerade für ein Rennen in Monaco«, sagte er gegenüber dem Talkshow-Moderator Michael Aspel. »Das Statement wurde so verstanden, als würde ich mich von Andrew trennen und nicht vom Management, was wirklich nicht der Fall war. Andrew und ich treffen uns nächste Woche in Los Angeles, um die letzte Wham!-Single aufzunehmen, und das Konzert kann hoffentlich stattfinden. ... Zwischen uns beiden gibt es nicht den geringsten Grund für Streit. Darauf hat die Presse ja nur allzu lange gewartet. ... Ich glaube, wenn wir das richtig über die Bühne bringen, wird es das freundschaftlichste Band-Aus der Popgeschichte.«

Als die Tickets schließlich in den Verkauf gingen, verstopften Millionen von Fans die Telefonleitungen im Vorverkauf. Wham! hätten ein Dutzend Mal im ausverkauften Wembley-Stadion spielen können, ohne die Nachfrage zu stillen.

The Final war das begehrteste Ticket des Jahres.

Unsere letzte Single, »The Edge Of Heaven«, kam am 18. Juni 1986 raus. Der Song war ganz offen sexuell aufgeladen:

I'm like a maniac, at the end of the day
I'm like a doggie barking at your door.

Wie so einige von Georges späteren Wham!-Songs verströmte er eine zeitlose Anziehungskraft und strotzte nur so vor Lebenslust. Wir hatten ihn bereits während der Whamamerica!-Tour gespielt, und »The Edge Of Heaven« wurde zu meiner liebsten Liveperformance.

Was Georges Image anging, etablierte das Video den klassischen George-Michael-Look, den er auch bei der Veröffentlichung seines ersten Soloalbums im darauffolgenden Jahr wei-

terhin zeigte: Bikerjacke und getrimmter Stoppelbart. Seine Entwicklung in Richtung Solo-Superstar nahm an Fahrt auf, Wham! dagegen war am Ende des Weges angekommen.

Ich konnte das Gefühl noch immer nicht abschütteln, dass wir die Fans um etwas betrogen hatten. Wie bereits erwähnt, war ich unglücklich über die Entscheidung, nur eine einzige Abschiedsshow zu spielen. Eine letzte Welttournee, mit der wir einen Bruchteil der internationalen Nachfrage hätten befriedigen können, wäre eine einmalige Chance gewesen. Doch leider war George am Ende seiner Kräfte. Er war von Wham! emotional ausgelaugt, und der Gedanke, noch einmal quer durch Amerika zu touren und Songs wie »Bad Boys« oder »Young Guns« zu singen, war einfach zu viel. Und ehrlich gesagt wollte ich zwar mehr Konzerte geben, aber war es vielleicht ebenso leid. Ich ertrug die endlosen Presse- und TV-Termine nicht mehr, die gnadenlose Durchleuchtung meines Privatlebens, die

eine weitere Tour mit sich gebracht hätte. Stattdessen entfloh ich dem lieber.

Nachdem Wham! zwei Warm-up-Shows in der Brixton Academy gespielt hatten, war der große Tag schließlich da. Und ich war natürlich mal wieder spät dran. Ich hatte in den letzten Wochen, in denen Wham! für The Final probten und die Pre-Production lief, bei einem Freund in Rickmansworth gewohnt. Da wir mit ein paar Freunden zur Show fahren wollten, wollte ich für den Trip nach Wembley ein Auto mieten, doch unser Timing war schlecht. Alles hatte sich verzögert, und nachdem wir durch die Londoner Vororte gerast waren, erspähte ich mit einiger Erleichterung die berühmten Zwillingstürme in der Ferne.

In dem Moment sah ich im Rückspiegel das Blaulicht eines Polizeiautos, das mich an den linken Straßenrand beorderte. Ich war zu schnell. Die dadurch verlorene Zeit war die reinste Folter. Wir waren einen Katzensprung von Wembley Park Station entfernt, wo bereits zehntausende Fans in Richtung Wembley Way liefen. Ich parkte hinter einem ganzen Reisebus voller Jugendlicher in Wham!-Shirts, die wohl keinen blassen Schimmer hatten, was gerade direkt vor ihrem Fenster passierte.

»Ist Ihnen bewusst, wie schnell Sie gefahren sind, Sir?«, fragte der Polizist und holte seinen Notizblock hervor.

Ich blickte auf. Eines der Mädchen auf der Rückbank des Busses bemerkte uns. Ihr klappte die Kinnlade runter, und sie starrte mich an, als wollte sie schreien, ohne dazu in der Lage zu sein.

»Ähm, Officer … Ich möchte nicht unverschämt sein, aber ich trete hier heute Abend auf und bin etwas spät dran.«

Ich deutete auf den Bus vor uns und ahnte, dass hier gleich das Chaos ausbrechen könnte.

Der Polizist begriff: »Sind Sie etwa …?«, fragte er. »Oh, Mr. Ridgeley, ich verstehe. Ich werde das als außergewöhnliche Umstände durchgehen lassen.«

Er kritzelte etwas auf seinen Block. »Einen Strafzettel bekommen Sie aber trotzdem.«

Das Knöllchen akzeptierte ich nur allzu gern, dann sah ich zu, dass ich Land gewann. Punkte und ein Bußgeld waren nichts im Vergleich dazu, vor dem Stadion von einem Mob Fans überrannt zu werden.

Beim Final war die Stimmung hinter der Bühne beinahe schon unheimlich in ihrer Vertrautheit. Während sich Pepsi und Shirlie in ihrer Garderobe für den Auftritt fertig machten, wehte aus unserer Garderobe der Geruch von versengten Haaren herüber. Wäre dies das letzte Mal, dass ich neben George saß, wenn er sich mit einem Glätteisen die Haare verkokelte?

Nervös war ich nicht – ich bekam selten Lampenfieber vor einer Show –, und das Gefühl, dass nun eine Ära zu Ende ging, wurde durch die glückliche, entspannte Atmosphäre backstage vertrieben. Während die neue Version von *Foreign Skies* vor einem Rekordpublikum im Stadion gezeigt wurde, interviewte man George und mich hinter der Bühne.

Was ist mit den Fans? Das hier ist ein Dankeschön an sie, oder?

»Ein riesiges Dankeschön«, antwortete ich. »Vor allem auch für all die Menschen, die leider kein Ticket bekommen haben. Wir hätten uns gerne bei allen verabschiedet …«

Also bereut ihr die Trennung nicht?

»Nicht im geringsten«, sagte George.

Vor laufender Kamera tat ich nun so, als wollte ich ihn erwürgen.

George erzählte später, am Ende der Show habe ihn eine Welle der Traurigkeit überrollt, als wir zurück in unsere Garderobe gingen, mit einer ganzen Arena voller kreischender Fans im Rücken. Wir schlossen ein Kapitel unseres Lebens ab, und das tat weh. Auf eine Art würde unsere Beziehung nie wieder dieselbe sein, ganz gleich, was nun geschah. Ich konnte seine Stimmung nachvollziehen. Für uns beide würde das Leben nun wahrlich anders verlaufen, jetzt, wo sich unsere Wege trennten. Wir hatten die letzten zehn Jahre miteinander verbracht, erst als Schuljungen und dann als Bandkollegen. Doch gleichzeitig war ich mir sicher, dass sich das Herzstück unserer Freundschaft nicht im Geringsten verändern würde. Wir trennten uns schließlich nicht voneinander, und in den Stunden nach The Final gingen George und ich als beste Freunde auf eine Party.

In meine Notizen für die Show hatte ich geschrieben: »Wir alle wachen irgendwann mitten in unseren Träumen auf.« Irgendwie kam ich mir so vor, als hätte ich die letzten Monate in

einer verrückten *Twilight Zone* verbracht, als hätte ich mich schlafwandlerisch auf diesen Moment zubewegt. Und da war er nun.

Wham! war vorbei.

Während sich der Sommer in den Herbst wandelte, sahen wir einander seltener, doch wenn wir es taten, war alles beim Alten. Wir lachten noch immer über dieselben Insiderwitze. Wir zankten uns und zogen einander wie immer auf. Wir wollten immer noch beide das letzte Wort behalten. Uns war klar, dass unsere Freundschaft weitergehen würde, nur machte ich mir manchmal Sorgen um meinen Freund.

Ich hatte George ein paar Monate nach The Final besucht und bemerkt, dass seine Stimmung deutlich gedrückt war. Ich glaube, damals schrieb er gerade *Faith*. Wir gingen einige Male aus und verbrachten lange Nächte miteinander, und etwa nach der Hälfte meines Besuchs spielte er mir »Kissing A Fool« vor. Der Song haute mich um. Schon beim ersten Hören war ich begeistert und war der Ansicht, George habe eine strahlende, aufregende Zukunft vor sich. Doch obwohl es ihm nun freistand, seine ehrgeizigen Pläne als Solokünstler in die Tat umzusetzen, etwas, das er sich so sehr gewünscht hatte, machte ihm etwas zu schaffen: Seine Selbstzweifel waren zurück. Obwohl sein Selbstvertrauen am Ende von Wham! gewachsen war, musste George nun mühsam herausfinden, was es wirklich bedeutete, George Michael zu sein. Was war aus ihm geworden? Er haderte damit, ob er nun zu jemandem wurde, mit dem er leben konnte.

George hatte noch immer nicht das Gefühl, öffentlich zu seiner Sexualität stehen zu können, doch der von ihm eingeschlagene Weg bedeutete, dass er nur *noch* berühmter werden würde. Mit all dem weiteren Erfolg und dessen Konsequenzen klarzukommen, war eine enorme Aufgabe – vermutlich noch viel stressiger als alles, was wir je mit Wham! erlebt hatten. Ich war

ehrlich. Ich sagte ihm, was er mit ziemlicher Sicherheit bereits wusste: Er würde nur glücklich werden, wenn er sein Talent nutzte.

Die Musik war das Einzige, was ihn zufrieden stellte und erfüllte. Er hatte im Grunde gar keine andere Wahl. Ich wusste, dass George nur eines tun konnte: Er musste seinen Platz als größter Singer-Songwriter seiner Generation einnehmen.

25

You Have Been Loved –
Abschied

In meinem Leben ergaben sich nach dem Aus von Wham! einige unerwartete Wendungen. Meine Karriere als Formel-3-Fahrer war nur recht kurzlebig, denn während meiner ersten Saison 1986 baute ich mehr Unfälle, als ich Rennen beenden konnte, und meine arme Crew musste das Auto mehr als einmal über Nacht wieder zusammenflicken.

An eine Schauspielkarriere verschwendete ich keine Gedanken mehr, seit ein Schauspieltrainer versucht hatte, mir beizubringen, wie ich auf Knopfdruck weinte, indem ich mir den Tod meiner Mutter vorstellen sollte. Nach dieser Erfahrung, und obwohl ich ein, zwei Angebote aus Hollywood bekam, sah ich mich nicht als Schauspieler. Wenn man dabei bedachte, wie sehr ich damals die Videodrehs gehasst hatte, hätte ich im Grunde auch eher darauf kommen können!

Doch 1988 fing ich wieder an, Songs zu schreiben, und nachdem ich Wham!s früherem Label Epic ein paar Demos vorgespielt hatte, schlugen sie mir vor, ein Album aufzunehmen. Ich persönlich hätte mich lieber mit einer Single ausprobiert, doch in der Musikindustrie hatte sich einiges verändert, und wirtschaftlich ergab eine Veröffentlichung nur Sinn, wenn darauf eine LP folgte.

So kehrte ich im nächsten Jahr ins Studio zurück, um mein eigenes Soloalbum aufzunehmen: *Son of Albert*. Es fühlte sich gut an. Der Aufnahmeprozess, der sich in etwa über ein Jahr erstreckte und mich in diverse Studios in London und L. A. führte, gab mir viel und machte Spaß. Einen Track, »Shake«, hatte ich gemeinsam mit David Austin geschrieben, meinem früheren Bandkollegen von The Executive. Bei einem anderen, »Red Dress«, unterstützte mich George mit Backing-Vocals, nachdem er sich eine Rohversion angehört und sie gemocht hatte. Als er vorbeikam, um mir unter die Arme zu greifen, machte mir noch ein Gesangsteil der Bridge zu schaffen. Er stürzte sich auf die Arbeit, und wir hatten binnen kürzester Zeit den Part auf Band, wir nahmen erst meinen Lead-Gesang auf, danach kam George für den Hintergrundgesang. Er kam runter ins Studio, nahm die Zügel in die Hand und beherrschte das Mischpult, als wäre es sein eigenes. Wie in alten Zeiten.

Doch zu dem Zeitpunkt war George bereits als Solokünstler extrem erfolgreich. Sein erstes Album, *Faith*, erschien 1987 und etablierte ihn als genau die Art Künstler, die er immer hatte sein wollen. Er trug Leder, hautenge Jeans und seine Aviator-Brille, so dass George nun auch optisch dieser Rolle entsprach, doch wie immer war es diese hervorstechende Qualität. Songs wie »I Want Your Sex«, »Faith«, »Father Figure« und »Kissing A Fool« – Letzteren hatte er mir vorgespielt, als er noch daran arbeitete – kamen bei einem Publikum an, das sich nicht noch mehr hätte von den Teenagerinnen unterscheiden können, die uns früher bei der Club-Fantastic-Tour ihre Unterwäsche auf die Bühne geworfen hatten.

Der gesamte Aufnahmeprozess war nun in Georges Hand und obwohl er »Red Dress« ein wenig von seiner Magie zuteilwerden ließ, half es *Son of Albert* auf lange Sicht dennoch nicht.

Das Album schaffte es knapp in die UK-Charts und die Single-auskopplung »Shake« erklomm nur in Australien die Top 20. Am Ende war es eine Enttäuschung, daher beschloss ich kurz darauf, dass ich vom Musikgeschäft nun endgültig die Nase voll hatte.

Allerdings mit einer spektakulären Ausnahme. Anfang 1991 startete George seine zweite Solotour. Er gab Konzerte in Nord- und Südamerika, Japan, Kanada und im Vereinigten Königreich und nannte sie die Cover-to-Cover-Tour. Neben einer Auswahl an Songs von *Faith* und Wham! packte George die Show mit eigenen Interpretationen einiger seiner Lieblingssongs voll, von den Eagles bis Stevie Wonder, von »Papa Was A Rolling Stone« bis hin zu »Lady Marmelade«.

Ich hatte das Glück, die Proben zu seiner Show miterleben zu dürfen, und seine Version von »What A Fool Believes« von den Doobie Brothers haute mich von den Socken. George hatte das Talent, dass er so klingen konnte wie die Besten. Schon als Vierzehn- oder Fünfzehnjähriger konnte er sich in seinem Zimmer neben seinen Kassettenrekorder stellen und es mit Elton oder Freddie aufnehmen. Und nun stand ich da und beobach-tete sprachlos, wie er durch Songs segelte, die für jeden Künst-ler zu den schwersten überhaupt gehörten. Michael McDonald hatte für die ursprüngliche Aufnahme eine virtuose Perfor-mance hingelegt, doch George stand ihm in nichts nach – im Gegenteil. Und schon bald würde ich mit eigenen Augen sehen, wie sich der Song auf ein Livepublikum auswirkte.

Nachdem er seine Tour mit zwei Auftritten im Birmingham NEC eröffnet hatte, flog George nach Brasilien, um als Head-liner bei dem riesigen Festival Rock in Rio zu singen. Und er hatte mich dazu eingeladen, ihm auf der Bühne vor beinahe zweihunderttausend Menschen im Maracaña-Stadion Gesell-schaft zu leisten. Im Vergleich dazu wirkte Wembley wie eine Dorffete. Leider plagte mich damals eine Husteninfektion, was die Freude ein wenig schmälerte, doch abgesehen davon war der Anlass ein willkommenes Revival der alten Zeiten. Es war großartig, sich wieder eine Gitarre umzuhängen und neben George aufzutreten, der nun auf der Höhe seines Könnens war. Wir spielten »I'm Your Man«, gefolgt von »Freedom '90« von Georges zweitem Soloalbum, *Listen Without Prejudice Vol. I.* Es fühlte sich richtig an, ein letztes Mal zusammen vor unserem größten Publikum zu spielen, und gemeinsam genau den Song zu performen, der beschrieb, dass unsere Zeit bei Wham! nun hinter George lag – das war der perfekte Schluss für unsere Bandgeschichte.

Während seiner Cover-to-Cover-Tour konnte George sein gesangliches Talent unter Beweis stellen, indem er die Songs anderer Künstler sang. Und so war es auch eine Coverversion, die er vor einem weltweiten Publikum darbot und die einen der denkwürdigsten Momente seiner Solokarriere markierte.

Freddie Mercury starb im November 1991 an Aids. Im folgenden April organisierten die hinterbliebenen Bandmitglieder – Gitarrist Brian May, Drummer Roger Taylor und Bassist John Deacon – ein Konzert, dessen Gesamterlös in die Aids-Forschung fließen sollte. Statt mit Freddie trat die Band mit einer Reihe weltberühmter Stars auf, darunter David Bowie, Elton John, Annie Lennox, Axl Rose und Robert Plant. Und mit George, den sie eingeladen hatten, »Somebody To Love« zu singen. Er liebte diesen Song, und Freddie hätte gesehen, wie viel er uns während unserer Jugend bedeutet hatte. Er vereinte alles in sich, was George an der Band gefiel. Freddies Gesang war unglaublich, und der Song gehört zu den besten von Queen, doch George mochte auch die musikalischen Anspielungen auf klassische Stücke, über denen die Gitarren tönten. George und ich hatten oft über den Song gesprochen. Und ich hatte zwar meine Chance verpasst, Freddie all das bei Live Aid zu sagen, doch zumindest konnte ich es nun gegenüber Brian May, neben dem ich zufällig bei einer von Eltons Partys saß. Während des Dinners ließ er mich in meiner Aufregung langmütig darüber schwafeln, wie großartig ihr Auftritt 1979 im Ally Pally und wie wichtig mir seine Band schon immer gewesen war.

Auch für George war es sicher unglaublich schwer, in Wembley in Freddies Fußstapfen zu treten, doch nur eine Handvoll Künstler hätten diese Möglichkeit überhaupt in Betracht ziehen können. Einen Song seines Idols im Wembley-Stadion zu singen, und dann auch noch begleitet von Queen höchstselbst, war für ihn sicher unglaublich aufregend. Und dass Freddie uns viel zu früh durch eine unbarmherzige Krankheit genommen worden war, lud die Situation zusätzlich emotional auf.

Die Tribute-Show wurde live im Radio gesendet, als ich gerade auf dem Rückweg von der Donington Rennstrecke war, auf der ich mir eine Runde der Superbike World Championship angesehen hatte. Ich fuhr die M1 in südlicher Richtung, als man George auf der Bühne ankündigte. Die jubelnden Wembley-Zuschauer erfüllten das gesamte Auto. Ich drehte lauter und hörte ihm dabei zu, wie er eine Gänsehaut verursachende Performance hinlegte. Er sang kraftvoll, berührend und mit unglaublich viel Gefühl, und wieder einmal staunte ich über Georges Gesang. Schon mit »Don't Let The Sun Go Down On Me« hatte er allen zeigen können, was als Sänger in ihm steckte, und auch »Somebody To Love« brachte sein Gesangsvermögen auf eine Art hervor, wie es, merkwürdigerweise, seine eigenen Songs meiner Meinung nach nicht vermochten. Meinem besten Freund dabei zuzuhören, wie er einen Song sang, den wir früher gemeinsam bewundert hatten, war einer der rührendsten musikalischen Momente meines Lebens.

Und nur für eine Sekunde versetzte mir die Sehnsucht einen Stich. Ich wollte dort sein und auf der Bühne stehen. Es war kein Gefühl von Neid oder Reue, sondern die Erkenntnis, dass ich die Auftritte vermisste, die Massen von Fans, die an meinen

Lippen hingen. Für einen Moment regte sich ein altes Verlangen. Je älter ich werde und je länger meine Zeit bei Wham! her ist, desto schwächer sind diese Regungen geworden, doch als ich an jenem Tag nach Hause fuhr, waren sie nur allzu deutlich zu spüren.

Ich habe ihnen nie nachgegeben. Der letzte Bühnenauftritt mit George in Rio blieb *mein* Finale.

Am Weihnachtstag im Jahr 2016 klingelte gegen sechzehn Uhr mein Handy. Ich verbrachte Weihnachten bei Freunden in London und hatte George gerade eine SMS geschrieben. Wie jedes Jahr hatte er mir einen Geschenkkorb voller Leckereien geschickt, das war für ihn seit Jahren Tradition, und ich hatte mich dafür bedankt. »Yog, danke, wie immer, für den Präsentkorb!«, hatte ich ihm geschrieben. »Ich wünsche dir über die Feiertage viel Spaß. Ich hoffe, wir sehen uns im neuen Jahr, sag Bescheid, wann du wo sein wirst. A xx.«

Keine fünf Minuten später klingelte mein Handy. Es war Georges Schwester Melanie. Ich dachte wirklich, dass sie mir fröhliche Weihnachten wünschen wollte oder dass sie vielleicht bei George und der Familie war und wegen eines Treffens durchklingelte. Nichts deutete auf die furchtbaren Neuigkeiten hin, die ich von ihr erfuhr.

»Andrew, es tut mir leid, dir das sagen zu müssen, aber George ist tot.«

Die Nachricht traf mich wie ein Hieb in die Magengrube. Als zöge mir jemand den Boden unter den Füßen weg. Ich verlor die Fassung und verstand einfach nicht, was ich gerade gehört hatte. Die Umstände seines Todes ratterten an mir vorüber. Mein bester Freund war am frühen Weihnachtstag gestorben, und nun musste seine Schwester mir per Telefon die traurigen Neuigkeiten übermitteln. Ich kann mir nicht vorstellen, wie schwer das für sie gewesen sein muss, so viele Menschen zu Hause anrufen zu müssen, und immer wieder dieselben schrecklichen Worte auszusprechen. Doch Melanie gelang es auf bewundernswerte Weise, die Fassung zu bewahren und mit viel Takt von den Umständen zu berichten.

Ich ließ das Handy sinken, fiel in mich zusammen und schluchzte.

Ausgerechnet an Weihnachten. George hatte Weihnachten geliebt, und »Last Christmas« war zu einem alljährlichen Boten geworden, der ankündigte, dass die Feiertage vor der Tür standen. Selbst dreißig Jahre nach seiner Veröffentlichung gab es kein Entkommen vor dieser Melodie. Jedes Jahr schlich es sich in die Playlisten der Radiosender, weil George sein Ziel, einen zeitlosen Klassiker zu schreiben, erreicht hatte. Genau wie Paul

McCartneys »Wonderful Christmastime« oder Slades »Merry Xmas Everybody«, stand der Song für alles, was den Menschen zu dieser Zeit des Jahres wichtig war: die Familie, miteinander zu teilen, zu feiern und einander zu lieben.

Von nun an würden die Tage immer unter dem Stern von Georges Dahinscheiden stehen.

Ich rief Freunde an, um ihnen die Nachricht beizubringen, und stand völlig neben mir. Die Realität fühlte sich katastrophal an, und das Geschehene war schwer zu begreifen. Über die folgenden Tage fühlte ich mich verloren und blieb in London, da die Presse mein Haus in Cornwall belagerte. Ich konnte damals einfach noch nicht über George sprechen. Die Trauer erdrückte mich schier. Ich hörte von der Wohltätigkeitskampagne irgendeiner Zeitung, »Last Christmas« auf Platz eins zu verhelfen, doch weder ich noch Georges Familie unterstützten das Vorhaben, da die Presse George häufig so schäbig behandelt hatte, und vor allem, weil sie es weiterhin tat, ganz besonders, nachdem Stück für Stück Details über seinen Tod durchsickerten. Die Menschen taten per Social Media ihre Meinungen und Gefühle kund. Dass die Umstände von Georges Tod unklar waren, machte alles noch viel schlimmer. Ohne einen greifbaren Abschluss blieb die Trauer wie eine frische Wunde. Am Ende wurde ein Herzfehler als Todesursache angegeben, trotzdem blieben einige Fragen offen. Er hatte sich damals bester Gesundheit erfreut und es gab unterschiedliche Aussagen über den Abend vor seinem Tod. Wir werden wohl leider nie erfahren, was genau passiert ist, denn wenn jemand alleine stirbt, ist es schlichtweg nicht möglich, alle Fragen abschließend zu beantworten. Trotzdem bleibt ein gewisses Unwohlsein zurück. Ich kann mir gar nicht erst vorstellen, wie schwer es für Georges Familie sein muss.

Für mich wurde es ungeheuer wichtig, George im Februar 2017 bei den Brit Awards zu würdigen.

Die Einladung dorthin war ein Privileg und eine Ehre. Ich musste diese Rede einfach halten, denn es war mir wichtig, im Namen von Georges Fans und der Öffentlichkeit zu sprechen. Ich wusste bereits, dass es keine öffentliche Trauerfeier für die Fans geben würde, doch die Menschen, die George und seine Musik geliebt hatten, brauchten das Gefühl, dass sie ihren Frieden damit machen konnten. Sie hatten mein Mitgefühl – all die Fans, diese Menschen, die sich nach Georges Tod an nichts Greifbarem festhalten konnten. Ich empfand ihnen gegenüber ein Verantwortungsgefühl, und so lag mir meine Rede bei den Awards sehr am Herzen.

Pepsi und Shirlie ging es nicht anders, und so kamen auch sie ins Londoner O2, um vor einem riesigen Publikum George die letzte Ehre zu erweisen. Shirlie war äußerst traurig und empfand das Event als große Herausforderung, doch wir taten das Richtige. Wir mussten der Liebe und Trauer all dieser Menschen eine Stimme geben. Während unserer Zeit bei Wham! hatten wir uns unglaublich nahegestanden, teilweise wie eine Familie. Uns drei zusammen zu sehen, rief allen Fans ins Gedächtnis, dass auch sie Teil dieser Familie gewesen waren. Wham! hatten sich immer auch um sie gedreht, nicht nur um uns. Und gemeinsam wollten wir zeigen, wie sehr George unser aller Leben berührt hatte.

»Am Weihnachtstag 2016 haben wir den größten Sänger und Songwriter seiner Generation, George Michael, verloren«, sagte ich. »Ein Kometenschweif am sternerleuchteten Himmelszelt ist verglüht, und es hat sich so angefühlt, als wäre ebenjener Himmel über uns zusammengebrochen. Georges Beitrag zum großen Ganzen zeitgenössischer Musik bleibt unsterblich. … In seinen Liedern, in der transzendenten Schönheit seiner Stimme, im poetischen Ausdruck seiner Seele, hat George uns das Beste von sich vermacht. Ich habe ihn geliebt, und im Gegenzug wurde auch ich, wurdet ihr, geliebt.«

Etwa einen Monat später fand in North London die Beerdigung statt. Die Trauerfeier war elegant, schlicht und geschmackvoll. Georges jüngere Schwester Melanie hielt im Gedenken an ihren Bruder eine bewegende Rede, die jedoch anders als von mir erwartet ausfiel, denn sie sprach davon, wie viel ihm seine engsten Freunde zu Lebzeiten bedeutet hatten, ein besonders rührender Moment für mich in dieser Zeremonie, die so anders als vorherige Anlässe war. Als ich zusah, wie Georges Sarg in die Erde gelassen wurde, überwältigten mich meine Emotionen. Wir alle warfen jeweils eine weiße Rose in sein Grab.

Auch wenn mich sein Tod schmerzt, ist George in meiner Erinnerung noch heute überaus lebendig. Seit jenem tragischen Weihnachtstag sind ein paar Jahre vergangen, und trotzdem erwische ich mich manchmal dabei, wie ich an unsere Freundschaft und unsere Teenagerjahre bei Wham! zurückdenke. Auf Schritt und Tritt werde ich daran erinnert. Manchmal höre ich ein Lied von uns im Radio, ganz besonders, wenn es wieder Zeit für »Last Christmas« ist.

Ab und an lese ich eine Schlagzeile, die mich in einen gemeinsamen Moment zurückversetzt. Und dann ist es immer wieder unsere Freundschaft, die mir am meisten fehlt, nicht irgendein musikalisches oder kulturelles Ereignis. Am häufigsten erinnere ich mich an unser gemeinsames Lachen, wenn wir in einer Kneipe bei einem Bier zusammensaßen, oder backstage, wenn wir reisten oder einfach zusammen herumalberten.

Als wir noch zu zweit waren, nur George und ich.

Wenn es George gelang, ganz er selbst zu sein, war man mit ihm in fantastischer Gesellschaft – wenn wir Pause hatten, zu Hause im Urlaub, wenn er sich wohlfühlte und entspannt war. Ich kann mich glücklich schätzen, zu diesen Zeiten häufig bei ihm gewesen zu sein. Ich kann mich glücklich schätzen, ein unausgesprochenes Einvernehmen mit ihm geteilt zu haben, wie es nur zwischen besten Freunden existiert, denn zweifelsohne

war George genau das, mein bester Freund. Und seit damals
habe ich mit keinem anderen Kumpel eine derartige Verbundenheit teilen können. Nachdem ich George in der Schule kennengelernt hatte – als er noch Yog war –, hingen wir die nächsten zehn Jahre aufeinander, wir machten Faxen zusammen, ob
im Klassenzimmer oder zu Hause, und schließlich machten wir
zusammen Musik. Ich habe gemerkt, dass es mit zunehmendem
Alter schwieriger ist, diese Art der intensiven Beziehung zu jemandem zu knüpfen.

Ich glaube nicht, dass sich unsere Freundschaft von den
Freundschaften von Millionen Gleichaltriger großartig unterschied. Nur dass unsere durch die Erlebnisse mit Wham!
schneller erwachsen werden musste und sich vor den Augen der
Öffentlichkeit abspielte. Sie kam bei den Menschen gut an, weil
es sie an sich selbst erinnerte, oder an etwas, das sie sich für sich
selbst wünschten. Und auch wenn George und ich später in unterschiedlichen Welten lebten, waren die Gefühle, die uns verbanden, auch vierzig Jahre später noch immer ungetrübt.

Damals, im September 1975, war er Georgios Panagiotou gewesen – *der Neue* –, unsicher, mit widerborstigem Haarschnitt und unmodischer Brille. Als er sich Jahre später zu George Michael entwickelte, hatten er und Wham! mein Leben für immer verändert. Was mir bleibt, ist die gemeinsame Musik, die Videos auf YouTube und ein ganzer Berg von Sammelalben meiner Mum mit Artikeln und Zeitungsberichten. Und die Erinnerungen an eine glorreiche Freundschaft.

Wham! waren für kurze Zeit eine der erfolgreichsten Bands auf diesem Planeten und eine Popsensation. Doch vor allem waren George und ich allerbeste Freunde. Zwei Jungs, die gemeinsam Hitsingles schrieben, die Welt sahen und den Spaß ihres Lebens hatten – und in deren Freundschaft die Welt wiederum Liebe, Leben und Lachen sah.

Danksagung

Für ihre Hilfe bei der Umsetzung dieses Buches möchte ich folgenden Menschen danken:

Jonny Fowler von Jon Fowler Media für sein überzeugendes Plädoyer für dieses Memoir, und für seine felsenfeste Loyalität. Tim Bates von PFD für seine unerschütterliche Chuzpe. Matt Allen für seine bewundernswerte Bereitschaft, auch eine heiße Kartoffel anzufassen.

Allen bei Michael Joseph, Penguin Random House, ganz besonders jedoch: Louise Moore, weil sie an dieses Buch geglaubt hat, Rowland White und Beatrix McIntyre für ihr Wunderwerk im Lektorat, Emma Plater für ihre fröhliche Art und ihr Urteilsvermögen bei der Zusammensetzung dieses Projektes, Roy McMillan für seine wunderbare Anleitung und seinen Leichtmut, Liz Smith, Clare Parker, Gaby Young, Vicky Photiou und den Marketing- und Promoteams für ihre hervorragende Arbeit, Jill Schwartzman für ihre Unterstützung und ihren Enthusiasmus, Emma D'Cruz und Matthew Blackett für ihre Vernunft und ihr Entgegenkommen, James Keyte und Catherine Le Lievre für ihre Hilfe und Unterstützung entlang des Weges.

Seb Davey und Stephen Tregear von Russells möchte ich danken, Ersterem für seinen Fleiß und seine endlose Geduld, und Zweiterem dafür, dass er kein Pardon kannte.

Und dem Team von Peters Fraser & Dunlop, ganz besonders Alexandra Cliff, dem Team für Auslandslizenzen und Laura McNeill.

Bildnachweise

Autor und Verlag bedanken sich bei allen Rechteinhabern für die Erlaubnis, die Bilder benutzen zu dürfen. Autor und Verlag haben sich bemüht, alle Rechteinhaber ausfindig zu machen. Sollte dies nicht in allen Fällen gelungen sein, werden berechtigte Ansprüche selbstverständlich in angemessener und üblicher Weise erfüllt.

Intro: The Long Goodbye – der lange Abschied

S. 9 © PA Images / S. 10 zur Verfügung gestellt vom Autor, © nicht bekannt
S. 11 zur Verfügung gestellt vom Autor, © nicht bekannt
S. 15 Michael Putland/Getty Images
S. 16 © Topfoto
S. 19 © Michael Putland/Getty Images
S. 23 Mirrorpix

1: Decisions, Decisions – früh entschlossen

S. 29 © Pete Still/Redferns/Getty Images

2: The New Boy – der Neue

S. 38 © Martyn Goddard
S. 39 Albert Ridgeley

3: Parallel Lines – Parallelleben

S. 46 oben: Albert Ridgeley, unten: vom Autor
S. 47: oben und unten: © Albert Ridgeley
S. 51: oben: © Albert Ridgeley, unten: vom Autor

4: Teenage Kicks – Jugendträume

S. 60 © Albert Ridgeley
S. 62 vom Autor

5: Girls! Girls! Girls! – auf einmal nur das Eine im Kopf

S. 71 vom Autor
S. 79 © Mirrorpix

6: Rude Boys (oder so) – zum ersten Mal Bandmitglieder

S. 85 oben: © Simon Hanhart, unten: Michael Burdett
S. 90 © Albert Ridgeley

7: One Step Beyond – erste Auftritte

S. 94: oben: © Jeffrey Blackler/Alamy Stock Photo, beide
       unten: © Albert Ridgeley

8: Melody Makers – im Rhythmus

S. 105 zur Verfügung gestellt vom Autor, © nicht bekannt
S. 106 © Mirrorpix
S. 107 © Albert Ridgeley

9: Wham! Bam! (I Am! A Man!) – an sich glauben

S. 117 © Topfoto
S. 118 © Topfoto
S. 120 oben: © Topfoto

10: The Edge of Heaven – es wird ernst

S. 123 © Albert Ridgeley
S. 124 vom Autor
S. 192 © Topfoto
S. 133 © Albert Ridgeley

11: Becoming George – die Geburt von George Michael

S. 137 © Ian Dickson/Redferns/Getty Images
S. 139 oben: © Michael Putland, unten: © Gabor Scott/
    Redferns/Getty Images
S. 141: © Alamy
S. 147 © Mirrorpix

12: Party Nights, and Neon Lights – über Nacht im Rampenlicht

S. 151 © David Clarke/BBC Photo Sales
S. 152 © David Clarke/BBC Photo Sales
S. 156 © Alamy
S. 157 ©Mirrorpix

13: Freedom – sich neu erfinden

S. 165 © Topfoto
S. 166© Martyn Goddard
S. 169 © Albert Ridgeley

14: Revelations – neue Welten

S. 175 oben: © Topfoto, unten: © Topfoto

15: Soul Boy (Let's Hit The Town) – auf Tour

S. 183 © Pete Cronin/Redferns/Getty Images
S. 187 © Globe Photos/Zuma Press/PA Images

16: The Teenage Fan Club – auf einmal Mädchenschwarm

S. 190 oben: © Michael Putland/Getty Images, unten: © PA/
    PA Archive/PA Images
S. 193 oben: © Michael Putland
S. 195 © John Swannell
S. 197 © Michael Putland/Getty Images
S. 199 vom Autor
S. 201 © Albert Ridgeley

17: Fun and Games – wilde Zeiten

S. 206 © Michael Putland
S. 211 © The Sun/News Licensing
S. 213 © Mirrorpix
S. 215 © Rogers/Stringer/ Hulton Archive/Getty Images

18: Let it Snow, Let it Snow, Let it Snow – hoch hinaus

S. 220 © Rogers/Stringer/Hulton Archive/Getty Images
S. 222 © Albert Ridgeley

19: Feeding the World – Chance verpasst

S. 231 © Daily Express/Express Syndication

20: The Clothes Show – Kleider machen Leute

S. 238 © John Swannell
S. 239 © Michael Putland/Getty Images

21: Orient Excess – Wham! in China

S. 241 © Mirrorpix/Getty Images
S. 242 Kent Gavin/Mirrorpix
S. 243 oben: © Albert Ridgeley, unten: © Albert Ridgeley
S. 244 © Neal Preston;
S. 245 © Daily Express/Express Syndication

22: Come Together – Stars unter Stars

23: The End of a Party – die Entscheidung, aufzuhören

24: How Not To Be a Popstar – das Finale

25: You Have Been Loved – Abschied

Erster Farbbildteil

S. 1 oben © Albert Ridgeley; Mitte © Jennifer Ridgeley; unten: vom Autor

S. 2 oben links: vom Autor; oben rechts © Albert Ridgeley; unten © Albert Ridgeley

S. 3 oben links © Albert Ridgeley; oben rechts © Albert Ridgeley; unten: vom Autor

S. 4 oben © Albert Ridgeley; unten links © Albert Ridgeley; unten rechts © Jennifer Ridgeley

S. 5 oben: zur Verfügung gestellt vom Autor, © nicht bekannt; unten © Albert Ridgeley

S. 6 beide © Albert Ridgeley

S. 7 oben: zur Verfügung gestellt vom Autor, © nicht bekannt; unten © Albert Ridgeley

S. 8 vom Autor

Zweiter Farbbildteil

S. 1 oben: zur Verfügung gestellt vom Autor, © nicht bekannt; unten links: zur Verfügung gestellt vom Autor, © nicht bekannt; unten rechts © Mirrorpix

S. 2 oben: vom Autor; Mitte: zur Verfügung gestellt vom Autor, © nicht bekannt; unten © Martyn Goddard

S. 3 oben © Albert Ridgeley; unten © Martyn Goddard

S. 4 oben © Martyn Goddard; unten links © Martyn Goddard; unten rechts: vom Autor zur Verfügung gestellt, © nicht bekannt

S. 5 oben © Photoshot/TopFoto; Mitte © Phil Dent/Redferns/Getty Images; unten © Chris Craymer

S. 6 oben: zur Verfügung gestellt vom Autor, © nicht bekannt; Mitte: zur Verfügung gestellt, © nicht bekannt; unten © Albert Ridgeley

S. 7 alle vier Bilder © Chris Craymer

S. 8 oben © John Swannell; Mitte © John Swannell; unten
© Michael Putland/Getty Images

Dritter Farbbildteil

S. 2 oben: zur Verfügung gestellt vom Autor, © nicht bekannt;
unten © Mike Maloney/Shutterstock

S. 3 oben links © Topfoto; oben rechts © Mirrorpix/Getty
Images; unten © Topfoto

S. 4 oben © Getty Images; Mitte © Mirrorpix; unten © Topfoto

S. 5 oben links © Mirrorpix; oben rechts © Topfoto; unten
© Mirrorpix/Getty Images

S. 6 oben © Alan Olley/Mirrorpix/Getty Images; unten
© Topfoto

S. 7 unten © Mick Hutson/Redferns/Getty Images; unten
© Karwai Tang/WireImage/Getty Images

S. 8 © Roger Bamber/Shutterstock